岩　波　現　代　文　庫

増補版
日本レスリングの物語

柳澤　健
Takeshi Yanagisawa

社会 326

岩波書店

目次

増補版　日本レスリングの物語

写真クレジット

P 1, 9, 21＝早稲田大学レスリング部 70 年史，P 31＝ヘルシンキオリンピック公式報告書，P 33(2 点とも)＝明治大学レスリング部 70 年史，P 43＝中央大学レスリング部 50 年史，P 49, 85, 107＝提供・笹原正三，P 59＝提供・霜鳥武雄，P 79＝秩父宮記念スポーツ図書館，P 100〜101, 133＝FILA Wrestling Album FREE STYLE，P 109＝撮影・橋本篤／提供・文藝春秋，P 135, 153, 165, 177, 181＝提供・市口政光，P 183, 222＝提供・渡辺長武，P 187＝提供・吉田義勝，P 209＝提供・今泉雄策，P 225＝提供・高田裕司，P 233＝提供・菅芳松，P 234〜235＝提供・金子正明，P 243＝提供・宗村宗二，P 245＝日本体育大学レスリング部 50 年誌，P 263＝提供・宮原厚次，P 293＝提供・富山英明，P 301＝提供・太田章，P 302＝提供・佐藤満，P 305＝提供・和田貴広，P 319＝提供・西口茂樹，P 331＝提供・太田拓弥，P 345, 363, 367＝提供・福田富昭，P 349, 377, 391＝提供・全国少年少女レスリング連盟，P 375, 411＝提供・日本レスリング協会，P 390＝提供・沢内和興，P 399, 439＝撮影・保高幸子

撮影者不明の写真は提供先を判明している限り記した．

- 本文中の《 》は文献からの引用を示す．
- 第 1〜14 章の登場人物の肩書きは単行本刊行時のものである．

第1章　柔道を超えろ

講道館館長にして大日本体育協会初代会長の嘉納治五郎と，体協で秘書をつとめた八田一朗．若き日の八田は，新聞に「和製ゲイリー・クーパー」と書かれたほどの美貌の持ち主であった

東京・永田町にある国立国会図書館。新館四階の新聞資料室には「八田一朗(はったいちろう)コレクション」が所蔵されている。長く日本レスリング界を牽引した帝王・八田一朗が自ら製作した、九十九冊に及ぶスクラップブックである。新聞雑誌記事はもちろん、手紙や招待状、チケットやパンフレットなどが丁寧に貼られている。

第二次大戦の戦火で失うことを恐れ、在米の知人に無理を言って預かってもらったほど八田が大切にしたこのスクラップブックをめくっていくと、日本のレスリングが、意外にも柔道とプロレスの異種格闘技戦から始まったことがわかる。

早稲田大学柔道部の庄司彦雄とプロレスラーのアド・サンテルが戦った異種格闘技戦は、一九二一(大正十)年三月に靖国神社で行われた。

サンテルはドイツからアメリカに渡ったプロレスラーである。強いレスラーだったが、アメリカ人の中では少々小柄(一七五センチ八四キロ)だったから人気が出なかった。昔も今もアメリカ人はヘビー級だけを好む。

そこでサンテルは、ニューヨークやシカゴのような大都会ではなく、シアトルやサンフランシスコ等の西海岸の街で、日本人の柔道家や柔術家たちと柔道衣を着て異種格闘技戦を戦い、爆発的な人気を呼んだ。

明治維新以後、多くの柔道家や柔術家が海外に渡った。彼らは食うため、生きるために「誰とでも戦う」と宣言して賞金マッチを行った。

ほとんどの者は真剣勝負を行い、ごく少数が裏取引の末に金で転んだ。

西海岸には多くの日本人移民が住み着いており、移民たちは遠い故郷からやってきた柔道家たちを熱狂的に応援した。サンテルは常に敵地で戦う悪役レスラーだったのだ。

アド・サンテルが戦った最も有名な試合は、一九一五(大正四)年五月にサンフランシスコで行われた伊藤徳五郎五段(講道館)との一戦だろう。

四つん這いになったサンテルの背後から伊藤が絞めに入る。危地に陥ったサンテルは伊藤を背負ったまま立ち上がり、片手で伊藤の足を抱え、片手で伊藤の二の腕をつかむと、そのまま思い切り後ろに倒れこんだ。後頭部を強く打ちつけた伊藤は、そのまま失神してしまった。

この後も多くの日本人柔道家と戦い、そのほとんどに勝利を得たサンテルは「世界ジユードー・チャンピオン」を名乗り、ついに講道館の猛者たちに挑戦するべく、太平洋を船で渡って来日したのである。

講道館は他流試合によって名を揚げた。一八八六(明治十九)年十一月に講道館が楊心(ようしん)

うに書いている。
流戸塚派を圧倒した試合について、嘉納治五郎は講道館の広報誌『作興』の中で次のように書いている。

《(明治)維新前までは、世の中では戸塚一門こそ日本第一の強いものと認めておったのだ。しかるに、この試合があってから、いよいよ講道館の実力を天下に明らかに示すことになったのである》(「柔道家としての私の生涯」より)

ところが三十年後のサンテルの挑戦に対して、嘉納治五郎は「講道館は他流試合を許さず」と前言を翻し、柔道衣を着たプロレスラーの挑戦を断固拒否した。

このご都合主義を許せない雑誌は「日本男児、サンテル撃つべし!」と焚きつけたものの、講道館館長はさらに「サンテルと戦った者は破門する」との通達を出した。

だがまもなく、破門覚悟で遠来の挑戦者と戦おうという柔道家が現れた。

早稲田大学柔道部の庄司彦雄三段である。

強い柔道家では決してない。鳥取県境港の名家に生まれた庄司は、政治家志望の学生だった。

嘉納治五郎の「プロレスラーと戦った者は破門」という声明は講道館の評判を落とし、人々はサンテルの挑戦に応じる柔道家を求めた。

政治家志望の庄司彦雄は〝勇気ある柔道家〟という名声を欲したのである。

柔道対プロレスの異種格闘技戦は大評判を呼び、一九二一(大正十)年三月、靖国神社相撲場には一万人近い観客がつめかけた。

柔道衣をつけ、様々な制約の下で戦ったにもかかわらず、プロレスラーは柔道家を終始圧倒した。しかし、サンテルが庄司に腕ひしぎ十字固めをかけたところでタイムアップ。試合は引き分けに終わった。

リアルファイトであったかどうかは疑わしい。庄司は晩年まで家族にも真剣勝負だったと言い続けたが、「最初から引き分けという予定だった」という有力な証言が存在する。

早大卒業後、庄司彦雄はサンテルを追うように南カリフォルニア大学(USC)に留学、柔道部を新設して柔道普及にあたる一方でプロレスのリングにも上がり、プロフェッショナル興行の仕組みを肌で知った。

時は一九二〇年代。世界の覇権はヨーロッパからアメリカへと移り、空前の好景気を背景に、プロレスはフットボールスタジアムに数万人の観衆を集めていた。

アメリカンプロレス黄金期の空気を胸いっぱいに吸い込んだ庄司彦雄は、帰国後まもなく、早稲田大学レスリング部を創設する。

ロサンジェルスオリンピックを翌年に控えた一九三一(昭和六)年四月二十七日には、キャンパス内の柔道部道場で早稲田大学レスリング部の発会式が行われた。初代部長は早大きってのジャーナリスト教授である喜多壮一郎、コーチは庄司彦雄、主将に選ばれたのは八田一朗講道館四段であった。

六月十日の大隈講堂では、日本レスリング史に永遠に残る第一回の公開試合が行われた。

前夜には庄司彦雄がＮＨＫラジオに出演して、オリンピック種目であるレスリングへの本格的挑戦を大いにアピールした。新聞雑誌等への宣伝も行き届いていたから、入場料を徴収したにもかかわらず、大隈講堂は開設以来の大観衆を集めた。

大会役員には、名誉会長に初代大日本体育協会会長の嘉納治五郎（庄司への破門はすでに解けていた）、会長には早稲田大学体育会長にして学生スポーツの最高権威である山本忠興を迎えた。副会長はレスリング部長の喜多壮一郎、審査長として学生柔道界の最長老である高広三郎を招き、審査員の中にはかつてドイツで柔道を指導し、当時国士舘で柔道を教えていた工藤一三がいた。

来賓席には、後に第二代体育協会会長に就任する岸清一（岸記念体育館で知られる）までもが姿を見せた。大学レスリング部の初試合の役員席にはもったいないほどの豪華な顔触れである。ゲストとして試合の合間に漫談を聞かせたのは、当時一流の俳優である鈴木伝明と山上草人であった。

当時の庄司彦雄は潤沢な資金と幅広い人脈を持っていたということだ。

驚くべきことに、この試合は三本ロープのリングの上で行われている。恐らくはボクシングのリングを借りてきたのだろう。

庄司彦雄の頭の中にあったのはプロレスであった、と後に報知新聞記者を経て日本初のプロレスジャーナリストとなった田鶴浜弘は書く。

《当時の庄司氏のレスリング談は、早大野球部裏の下宿に、若い学生達を集めて手製のモツ鍋をつつきながら、もっぱら〝絞め殺しのルイス〟〝胴絞めの鬼ステッカー〟の豪勇談やコンデコマとか太田節三氏等の武勇伝等を披露した。彼のレスリングスタイルは、苦悶の表情などゼスチュアたっぷりで、今日のプロレス流儀に近かったように記憶している》（日本レスリング協会広報誌より）

エド・ストラングラー・ルイスの絞め殺しとはヘッドロックのこと、ジョー・ステッカーの胴絞めとはボディ・シザースのことだ。

つまり庄司は柔道部員と相撲部員を集めて、プロレスルールのリアルファイトをやらせた、ということになる。

当然、試合内容はお粗末そのもの。選手たちには、レスリングとは相撲と柔道を折衷したものという程度の認識しかなく、観客たちは目前で行われていることをまったく理解できなかった。

じつはこの大会は、翌年のロサンジェルスオリンピックへの参加をもくろんで開催されたものだった。庄司はプロレスとオリンピックの一石二鳥を狙っていたのだ。

一九三〇年代は日本スポーツの黎明期である。

中等学校野球は春と夏に甲子園球場に満員の観衆を集め、六大学野球も都市対抗野球も花盛り。数年後には沢村栄治がベーブ・ルースに投げ勝った試合がきっかけとなって、日本初の職業野球チーム大日本東京野球倶楽部、後の読売ジャイアンツが結成されることになる。

すでに一八九八(明治三十一)年から旧制中学の必修正課に入っていた柔道は、昭和に入ると立ち技と寝技の両面で史上空前のレベルに達した。

日本がオリンピックに初参加したのは一九一二(大正元)年のストックホルム大会。以後日本はテニス、水泳、陸上でメダルを獲得してきた。海外旅行は一部の特権階級に独占されていたが、オリンピック代表になれば公費を使って無料で〝洋行〟できる。

右のような状況下で、庄司は自らの野望を早大柔道部の後輩である八田一朗と山本千春に熱く語った。

「柔道はレスリングに応用できる。柔道の有段者ならば、オリンピックという華やかな国際的舞台で最も楽に、早く世界チャンピオンになることが可能だ。この国にレスリングを根づかせよう。俺たちは日本レスリングのパイオニアになるのだ」

八田一朗は広島県江田島の生まれ。海軍兵学校の教官であり、機関大佐でもあった父は退役後、コロムビアレコードから重役として招かれた。一家は広島から鎌倉へ、やがて東京へと移ったが、八田一朗は東京の中学を三つも変わった。上級生を殴って退学処分を受けたからだ。警察のブラックリストに載せられるに及んで、ついに不良仲間ときっぱり縁を切ると、何かに取り憑かれたように柔道に励んだ。

山本千春は福岡県大牟田の生まれ。父は熊本の名門女子高等学校の創設者兼初代校長であり、大牟田市黒崎に広大な土地を所有していた。英語とフランス語を自在に操り、ボディビルで鍛え上げた見事な筋肉が自慢。学生の身分でありながら、なじみの女に銀座に店を持たせるほどの色男であった。

レスリングは他の輸入スポーツ同様、裕福な家庭に育ったお坊ちゃんたちによって支えられていたのである。

アド・サンテルと戦った庄司彦雄(左)と八田一朗．日本のアマチュアレスリングはふたりの出会いから始まっている

仲の良いふたりは、レスリング普及を目指す同志だったが、性格や資質は大きく異なっていた。

八田一朗には日本のレスリングを作り上げていくためのアイディアも行動力もあったが、殿様である山本千春にはそのような野望など最初からない。持ち前の語学力を生かしてレスリング関連の書籍を翻訳し、後には国際審判員として活躍したが、結局のところ、山本にとってレスリングは単なる道楽にすぎなかった。

大隈講堂での公開試合からわずか二週間後の六月二十八日、八田一朗は本場ヨーロッパのレスリングを学ぶために、シベリア鉄道経由で視察旅行に出かけた。八田の父親は、〝洋行〟を息子に許すだけの経済的余裕を持っていたということだ。

八田の欧州視察旅行における最大の成果は、ロンドンで谷幸雄に出会ったことだろう。谷幸雄は一九〇〇（明治三十三）年にイギリスに渡り、全英各地で飛び入り歓迎の賞金試合を行った天神真楊流の柔術家である。身長は一六〇センチに届かず、体重は六〇キロに満たない。

「バカにするな、あんな小男はひとひねりだ」と、雲をつくような大男や腕自慢が次々と小さな日本人に挑んだものの、次々に絞め落とされ、賞金を獲得した者はひとりもいなかった。谷が生涯に戦った相手は数千人に及び、その中には多くのプロレスラーが含まれている。

かくしてスモール・タニとジュウジツの名は欧州中に轟いた。当時の流行小説であるコナン・ドイルのシャーロック・ホームズやモーリス・ルブランのアルセーヌ・ルパンに日本の柔術が登場するのは、すべて谷幸雄の影響であり、講道館とは無関係だ。

レスリングのことを何も知らない遠来の訪問者に、谷幸雄はレスリングの技や、柔道技をレスリングに応用する方法を教授したばかりでなく、FILA国際アマチュアレスリング連盟の名誉主事であり、柔術やレスリングに関する本を多数著したパーシー・ロングハーストや、英国レスリング協会のマッケンジー理事長らを紹介してくれた。

英国レスリング界の大物たちもまた、ジュウジツの国日本から西洋のレスリングを学ぶためにやってきた謙虚な青年を心から歓待した。後に明らかになる八田一朗の驚くべき国際性と広い人脈は、この欧州視察旅行の時に形づくられたものなのである。

八田一朗の帰国後まもなく、庄司彦雄はフィリピン代表チームを招聘して、早大レスリング部との日比対抗戦を企画した。

日本チームはすべての試合に完勝したものの、内容は決して褒められるものではなかった。日本を勝たせるためのマッチメークによって退屈な試合の連続となり、観客もほとんど集まらなかった。

あてにしていた入場料収入が入らなかったために、フィリピンチームに帰国旅費を渡せぬまま予定の船が横浜を出航してしまったから、狼狽したフィリピン選手団はアメリカ領事館に駆け込んだ。

金銭的な迷惑を被ったばかりか、下手をすれば国際問題にまで発展しかねない不祥事を起こした庄司彦雄に喜多部長は激怒、レスリング部の解散を命じた。しかし、八田一朗と山本千春が部の維持を必死に懇願した結果、喜多部長は庄司彦雄と縁を切ることを条件に解散命令を取り消してくれた。

かくして庄司彦雄は追放され、早稲田大学レスリング部は八田一朗と山本千春の双頭体制の下で再出発することになったのである。

大隈講堂で日本初のレスリング試合が行われる二年前、八田は早稲田大学柔道部の一員としてシアトルに遠征、ワシントン大学レスリング部と交流試合を行い、柔道ルールとレスリングルールの二試合を戦っている。

早稲田大学柔道部は最初に行われた柔道ルールでは圧勝したものの、いったん道衣を脱いでしまえば、レスラーの敵ではなかった。強豪として聞こえた尾崎西郷主将は身体をエビのように折り曲げられて脊髄を傷め、一週間も入院させられた。八田は戦慄した。レスリングは柔道の亜流などでは決してない。なめてかかっては大変なことになる。

だが、帰国後、学内や講道館でレスリングの重要性を説いて回った八田に周囲の目は冷たかった。すでに人気雑誌『キング』に「シアトルで柔道が大勝利！」などという虚報が伝えられていたからだ。

嘉納治五郎も八田を諫めた。

「レスリングを始めるのもいいが、五十年はかかるよ」

しかし、八田は嘉納の言葉を励ましと受け取った。ならば五十年かけてやろう。八田は大望を抱いていた。俺はレスリングの嘉納治五郎になってみせる。

一九三二（昭和七）年三月、八田と山本は大日本アマチュアレスリング協会を設立した。

しかし、ロサンジェルスオリンピックが近づくと、「このままレスリングを早稲田ひとりのものにさせてなるものか」と考える者たちが現れた。

講道館である。

じつは講道館には、八年も前に本格的なレスリングが紹介されていた。紹介したのは内藤克俊二段（当時）である。鹿児島高等農林高校からアメリカのペンシルベニア州立大学に留学すると、柔道の経験を生かそうとレスリング部に入部、たちまち頭角を現してキャプテンに選ばれた。白人ばかりのレスリング部主将に指名されたのだから、よほどの人物であったに違いない。

大正末期の日米関係は緊迫し、排日移民法が成立直前の状態だった。国交断絶につながりかねない緊急事態を打開すべく、駐米大使・埴原正直（はにはらまさなお）はひとつのプランを思いついた。

アメリカの大学で活躍している内藤克俊をパリで行われるオリンピックに出場させれ

ば、必ずや日米友好のシンボルとなるに違いない。

かくして内藤克俊は大西洋を船でパリに渡り、奮闘の末にフリースタイルフェザー級で堂々たる銅メダルに輝いた。

一九二四年パリオリンピックの日本選手団は陸上競技八名、水泳六名、レスリング一名、テニス四名の計十九名。そのうちメダルを獲得したのは内藤克俊ただひとりだった。

一躍英雄となった内藤は、暮れに講道館に招かれた。レスリング講習会を開いた後で、内藤はこう語った。

「日本固有の柔道の偉大な基礎の上に、新しいレスリングなるものを編み出したならば、実に面白い立派な、柔道化されたレスリングが生まれるに相違ありません」(宮澤正幸『遥かなるペンステート』より)

しかし、講道館内部に内藤の言葉に真剣に耳を傾け〝新しいレスリング〟を作り出そうとする人物はひとりも現れなかった。柔道衣を着た内藤二段は、五段、六段の大家に紙くずのように投げられてしまったから、講道館は「なんだ、こんな弱いヤツが三位ならば、五段六段を出せば簡単に優勝できるだろう」と考えたのである。

実際に講道館は次のアムステルダムオリンピックに新免伊助六段を出場させたが、巴投げの名手は簡単にフォールされて惨敗した。それでも、日本初のＩＯＣ(国際オリンピック委員会)委員である嘉納治五郎率いる講道館が、オリンピックへの興味を失うことはなかった。

サンテルからの挑戦を拒否した際に、講道館の広報誌『有効の活動』はレスリングを散々にこき下ろしている。

《レスリングは両方の肩を同時に畳につけると勝ちでつけられた方が負けになる。技もあるにはある、投げることもないではない。関節を逆にすることもあるが、目的は両肩をつけることにあるので、投げそのもの、逆技（注・関節技のこと）そのものとして成立していないし、従ってその研究ははなはだ幼稚である。要するに力の争いが主で、技の争いと発達していない。これは米国においても重、中、軽の三種に体重の区別をして同階級の者で試合する。これはサンテルの動作を見てもいかに力の用法が幼稚であるかがわかることでも証明される。体重の差異はつまるところいわゆる力の差異である。（中略）要するに力づくで両肩をつける、これがレスリングだといえる。ところが柔道は投も発達しているし抑えも発達している。絞め技もあり、関節技もあり当て身技もあり。或る場合には武器も使用するのである。技術の内容の広さと深さ共に到底比すべくもない》

このようにレスリングの悪口を散々並べ立ててきた講道館が、あろうことかオリンピックのレスリング競技は自分たちが仕切ると八田たちの前に立ちふさがったのだ。

八田一朗、山本千春らと共にレスリング草創期を支え、ロサンジェルスオリンピックにも出場した宮崎米一（早大OB）が当時の事情を語っている。

「講道館は、日本レスリングを作るなら総本山を講道館に置きなさい。その代わり、諸君の段を一段ずつ昇段させてあげよう、と言った。ところが八田は『そんなばかなことはできませんよ』と断固反対したんだ。レスリングは早稲田が作った、そのことを守り抜こうとしたんだね」(宮澤正幸のインタビューより)

さらに早稲田大学を追放されたOBの庄司彦雄も、なおレスリングをあきらめてはいなかった。実業界と政界に顔がきく庄司は、プロとアマチュアの両方を含む大日本レスリング協会を設立し、明治と立教の柔道家を味方につけたのである。

八田一朗のはらわたは煮えくり返った。

庄司にとってのレスリングは、政治家になるための道具にすぎない。講道館レスリング部の連中はもっとひどい。心の中ではレスリングを見下しているくせに、一度洋行がしてみたい、オリンピックという舞台に立ってみたい、うまくいけば内藤克俊のような英雄になれる、という程度の考えしか持っていないのだ。

柔道の技術がレスリングに応用できることは間違いない。だが、そのためにはレスリングをもっと深く知る必要がある。世界は広く、各国はそれぞれ異なるレスリングスタイルを持つ。敵を知らない日本は井の中の蛙だ。悲しいことに、誰もそのことがわかっていない。

アメリカとヨーロッパの両方を知る八田には、日本のレスリングの未来をはっきりと見通しているのは自分ひとりだ、という自負があった。

八田一朗率いる早稲田大学レスリング部は講道館に楯突く異端者として、早大柔道部からも様々な形で妨害を受けた。

《周囲の迫害は思いのほか激しいものがあった。第一、練習するのに道場を使わせてくれない。——日本には古来柔道がある。これは万邦無比皇道を翼賛する道である。ボクシングやレスリングのような毛唐の遊びとは違う。だから柔術とはいわず柔道と呼ばれている。これは武の道であり人の道である——。といった、いささか神がかり的な考えが当時の柔道界を、そしてまた世間を支配してきた。このときからずっとレスリングは冷や飯を食わされ続けてきた。早稲田大学道場の私たちの名札がはずされた。道場の名札をはずすということは、柔道部を除名するということと同じであった。当時わたしは五段であったが、この段位を取り上げるとおどかされた》(八田一朗『わが道を行く』)

まだ大学から正式に認められていないレスリング部は体育館を使えず、柔道部の道場からも追い出された。困り果てた八田は、大学周辺の町道場に「レスリングの練習をさせてほしい」と片っ端から頼み込んだものの、ことごとく断られ、ようやく小滝橋の中沢道場だけが了承してくれた。

ロサンジェルスオリンピックが近づいてきた。しかし三派の話し合いはまったくつかない。

八田には喜多部長との約束があるから、庄司彦雄と手打ちをすることはできない。講道館の軍門に下ることも問題外だった。

さすがの八田も一時はオリンピック参加を絶望視したほどだったが、結局、朝日新聞運動部長の山田午郎が仲介し、早稲田、講道館、明治の三派がそれぞれ二、三名ずつ選手を派遣するという極めて日本的な妥協案でまとまった。

一九三二(昭和七)年ロサンジェルスオリンピックのレスリング競技に参加した選手は計七名。いずれも柔道の高段者ばかりで、八田一朗五段もそのひとりだった。しかし、レスリングを本格的に学んだ者は誰もいない。全員が必死に戦ったが、結果は惨敗に終わった。

《柔道家という意識が強すぎた。グラウンドに自信がなかったために、仕方なしに立って勝負を決しようとした。腕力も弱かった。結局、我々は裸で柔道をした》(八田一朗『体協八〇年』)

レスリングは着衣の柔道とは異なる裸体格闘技だ、だからレスリングは柔道とは違う道を行かねばならない。その一方で、柔道経験者をレスリングに引き入れる必要がある。中学や高校に柔道部はあっても、レスリング部は存在しないからだ。

柔道のベースを持つ人間に、レスリング独特の技術を叩き込む。

それこそが日本のレスリングにとって最も現実的な道であった。

である。

初期の日本レスリングは、柔道とつかず離れずの距離を保たなくてはならなかったのである。

ロサンジェルスオリンピックが終わると、庄司彦雄も講道館もレスリングから手を引いた。結局、八田のような情熱を持った人間は他にひとりもいなかったのだ。

まもなく早稲田大学レスリング部に道場ができた。フェザー級(六一キロ)に佐藤竹二という選手がいて、姉が日映社という出版社の社長をしていた。「練習場がないのなら寄付しましょう」と、佐藤の姉はレスリング部に六百円という大金を寄付してくれた。坪二十円で三十坪の道場を大隈講堂の隅に作った。八田は柔道の師匠である佐藤金之助の道場から古畳をもらい受け、その上にキャンバスを敷いた。これが日本初のレスリング道場である。

一九三三(昭和八)年十二月には初の海外遠征を行った。

大日本バスケットボール協会がハワイから招聘した代表メンバーの中に、たまたまレスリングのウエルター級(七五キロ)チャンピオンがいた。八田はこのツーミー選手をレスリング部の道場に招いて指導してもらった。このことがきっかけとなり、ハワイ遠征が実現したのだ。

八田が選んだ遠征メンバーは当然だが早稲田大学の学生ばかり。その中に十八歳の風間栄一がいた。

新潟商業で相撲部主将をつとめた風間は抜群のパワーの持ち主だった。八田は風間の才能を見抜き、一年生ながら遠征メンバーに加えたのである。

早稲田大学レスリング部はハワイ代表に一対四、ハワイ大学には二対二の引き分けだった。

ハワイ二世のウェルター級チャンピオン金丸正夫に惨敗した風間は、国際試合の重みを思い知らされた。

「この時、観客の一人が私を強くののしりました。『日本から何をしにきた』というんですね。その時ほど悔しい思いをしたことはありません。異国の地で恥をさらしたという思いで、その夜は眠れないくらいでした。この時の経験が、その後の私のレスリング人生に大変大きな影響を与えました」(風間栄一)

以後、風間は猛練習に打ち込んだ。その成果が試される時はまもなくやってくる。

一九三四(昭和九)年三月、八田一朗率いる大日本アマチュアレスリング協会は、日本レスリング界唯一の統制団体として正式に大日本体育協会に加盟した。

大日本アマチュアレスリング協会初代会長に就任したのは、ロサンジェルスオリンピックでレスリング役員をつとめた体協理事の今村次吉。今村は大日本蹴球協会(現・日本サッカー協会)の初代会長でもあった。

同年十二月には初の早明戦が行われ、早稲田が辛勝した。

まもなく慶應義塾大学にもレスリング部が創設された。早明慶にレスリング部が揃ったことで、ようやく協会としての体制が固まり、ついに第一回全日本選手権大会が開催された。一九三四(昭和九)年六月三十日のことだ。

大会のハイライトはライト級(六六キロ)決勝戦。十九歳の風間栄一と矢田部勇治講道館五段の一戦であった。

本職のレスラーが勝つか、余技としてレスリングをやっている柔道家が勝つか。八田一朗とアマチュアレスリング協会にとっては、正に「日本レスリングを確立する歴史的試合」(八田一朗)であった。

戦前のレスリング界最大のヒーローとなった風間栄一は相撲から転向した怪力の持ち主

試合は判定にもつれこみ、風間が僅差の勝利を得た。八田は風間の勝利を喜んで次のように書いた。

《柔道五段の矢田部が十九歳の少年レスラーに完全に負けてしまった。これはレスリングが柔道に似ているが、全然異なっているものをお互いにやったのだから負けるのは普通で、矢田部が弱いからでもなく、風間が強いからでもない》（『早稲田大学レスリング部七〇年史』）

だが、歴史を作るのは常に勝者であることを忘れてはならない。事態はもう少し複雑なのだ。

《早大専門部から転学して専大レスリング部員となった石井勝郎の述懐によれば、「両者まったくの互角であり、審判が早大系であったのが風間に幸いした」とのこと。さらに試合後、八田は専大レスリング部の幹部に一席設け、「風間が矢田部に勝ったとは断言できぬが、レスリングに社会的関心を呼び起こすには一人の英雄を育てる必要がある」と述べ、理解を求めた、との証言さえある》（『早稲田大学レスリング部七〇年史』）

当時の早大レスリング部員の回顧録によれば、講道館レスリング部で矢田部の後輩であった住吉壽（ひさし）は風間に軍配を上げた審判団の判定に激昂し「風間を殺す！」と宣言したという。当時の住吉は玉ノ井遊郭の用心棒であったから、八田は青くなった。

だが偶然が幸いした。住吉の実家は福岡県大牟田市にあり、父親は山本千春から土地を借りて畑を耕す小作人であることが判明したのである。

やっとの思いで刃傷沙汰を回避した八田は、翌年に創部された専修大学レスリング部の陣容を見て仰天した。講道館レスリング部そのままだったからだ。

前年に体育会を開設していた専修大学はレスリングに着目、速やかに部の陣容を整えるために、講道館レスリング部の田口利吉郎に接触した。田口は講道館レスリング部所属の柔道家を次々に専修大学に入学させ、練習はそのまま講道館で行った。

専修大学レスリング部は、設立当初から八田一朗との対立を宿命づけられていたのである。

一九三六年のベルリンオリンピック予選で抜群の強さを発揮した矢田部と住吉は、晴れのオリンピック代表を勝ち取った。

ところが体協の割当によってレスリングの枠は当初の八人から五人に減らされ、その結果、専大の矢田部と住吉、そして早大の西出武が代表候補から外されてしまった。

《八田がヨーロッパ滞在中であったとはいえ、代表決定については、その意向が強力に反映された結果と考えられよう。専大レスリング部は成立のいきさつから講道館の流れを強く汲んでいる。協会の組織作りに成功して、代表決定に大きな発言力を持っていた八田が、専大の選手を目の敵にしたことも十分考えられる。専大関係者の中には激昂したものもあったといわれる。矢田部は協会の謀略だとしてほどなく郷里に引き揚げ、日中戦争で応召して華北戦線から帰らず、再び大学に戻ることはなかった》（『鳳の詩・専修大学レスリング部五十年史』）

一九三六（昭和十一）年八月に行われたベルリンオリンピックは、日本レスリング史上初めて、柔道出身ではない生粋のレスラーが参加したオリンピックとなった。

結果はフェザー級(六一キロ)に出場した明治大学の水谷光三が六位入賞、ライト級(六六キロ)に出場した風間栄一は順位なし(実質的な五位)に終わった。

レフェリーとしてオリンピックに参加した山本千春は、初めて世界の舞台を見た感想を次のように報告している。

《欧州が、否、白色人種が支配する国際試合だ。互角の試合をしたら負けと思ってよい。フリースタイルで素晴らしいのは米国だ。いつ見ても相手の上に乗っかっている。フィンランド、スウェーデン、ドイツも強い。また、トルコの足を取る技はすごいものがある》(『毎日新聞』)

アジアの黄色人種がオリンピックの舞台で勝利を得るためには、ただ選手を強くするだけでは足りない。数多くの欧米のレスリング関係者と知り合いになり、オリンピックや世界選手権には必ずレフェリーを出してルールの変更に敏感になっておく必要がある。レフェリーを出せば「ヘンな判定をすれば報復するよ」という抑止力にもなる。選手の実力以外にも、日本レスリングは着実な歩みを続けていた。

同年十月には早稲田、明治、慶應、専修の四校によるリーグ戦がスタート、まもなく立教、拓殖、日本大学も加わってきた。

翌一九三七(昭和十二)年七月、勢いに乗る大日本アマチュアレスリング協会は大イベントを仕掛けた。

日米対抗戦である。

ロサンジェルスオリンピックの際に日本選手団が世話になったアメリカのロイ・モーアに頼んで、全米代表チームを日本に派遣してもらったのだ。

全米代表とは触れ込みばかりで、実質的には西海岸選抜。アメリカにおけるレスリングの中心はなんといってもアイオワ、ミズーリ、オクラホマ等の中西部だから、全米トップレベルのレスラーを揃えたわけではまったくなかった。

しかしキャプテンであり、ロイ・モーア監督の養子でもあるエミリオ・ブルノーだけは別格だった。何しろブルノーはこの年の四月にボストンで行われた全米選手権のライト級チャンピオンなのだ。

剛力無双、国内無敵の風間栄一と全米チャンピオン・ブルノーの一戦は、報知新聞の後援を受けたこともあって大評判を呼び、戦前におけるレスリングイベントとなった。

現在、日本レスリング協会最高顧問である村田恒太郎は、十六歳の時にこの世紀の一戦を満員の日比谷野外音楽堂で見た興奮を次のように書いている。

《風間対ブルノーの一戦は武蔵と小次郎に匹敵する数々の名勝負を残した。私がレスリングに魅力を感じたそもそもの動機は、どうやらこれにあったようである。時は昭和十二年、日米対抗レスリング大会、日比谷野外音楽堂は満員であった。ブルノーのタックルに風間は頭上に持ち上げられた。そしてブルノーの一撃（逆落とし）が次の瞬間にあるはずだったが膠着したまま動かなくなった（動けなくなったといっていい）。遂にブルノーはポイントを上げられず両者は分かれた。ブルノーが投げに行く瞬間に風間の〝後の先〟のあることを察知したに違いない。それがそのまま観衆の鼓動に伝わってきた。なんとも名状しがたい素晴らしい一瞬であった》（日本レスリング協会広報誌より）

結局、試合は風間の判定勝ちとなり、全米王者を破った風間栄一の名は一躍日本中に広まった。

八田一朗率いる大日本アマチュアレスリング協会が全米代表チームを招いて大興行を行う中、日本職業レスリング協会がひっそりと発足した。日本初の本格的なプロレス団体である。

主力選手はロサンジェルスオリンピックに出場した加瀬清と、ベルリンオリンピックの予選を勝ち抜きながらも出場できなかった住吉壽。すなわち、八田一朗率いる大日本アマチュアレスリング協会から排除された元講道館レスリング部の面々であった。

しかし、九月二十八日に洲崎ライオン球場で行われた旗揚げ戦はまったくの不入り。現実の厳しさを思い知ったプロレスラーたちは、浅草の花やしきでプロレスを見せた。加瀬は豹柄の革のパンツを穿いて奮闘したものの力尽き、日本職業レスリング協会は解散に追いこまれた。元柔道家のプロレス進出は失敗に終わったのである。力道山と木村政彦がシャープ兄弟と戦い、日本中を熱狂させる十七年も前のことだ。

すでに北京郊外では盧溝橋事件が起こっていた。小規模な戦闘は当初の予想を遥かに超えて全面戦争へと拡大し、日本は戦争の泥沼に足を踏み入れていく。

アジア初のＩＯＣ委員である嘉納治五郎が、命の最後の炎を燃やして実現させた一九四〇年オリンピックの東京招致も、戦局の悪化に伴って返上を余儀なくされてしまった。

キャリアの絶頂期に世界の舞台を奪われて無念の涙を流した風間栄一も、まもなく海軍に入隊した。

風間とブルノーの試合に憧れてレスリングを始めた村田恒太郎が明治大学に入学した一九三九（昭和十四）年春、明大レスリング部はリーグ戦六連覇を達成し、早稲田を断然圧倒していた。

明大レスリング部躍進の原動力となったのは、朝鮮半島からやってきた留学生たちだった。一九一〇（明治四十三）年の日韓併合が韓国国民に大きな悲しみを与えたのは確かだが、その一方では、独力で強大な欧米諸国に対抗しようとひとり奮闘するアジアの先進国・日本に学ぼうと考える人々も、確かに存在していたのである。

韓国からの留学生たちは強かった。金鍾奭（きんしょうせき）が一九三七（昭和十二）年の全日本選手権ライト級王座を獲得したのをはじめ、黄柄寛（こうへいかん）と金石永（きんせきえい）は三九年から四〇年にかけてのミドル級王座を分け合った。金鍾奭は明治大学レスリング部主将に指名され、一九三八年に行われたフィリピン遠征の一員にも選ばれている。

しかし、一九四一(昭和十六)年十二月の真珠湾攻撃をきっかけに太平洋戦争が始まると、輸入スポーツであるレスリングは敵性競技とみなされるようになった。文部省から〝体技道〟と名前を変えさせられ、ついに禁止へと追いこまれた。

《時局の進展とともに軍国主義的な風潮が強くなり、レスリングをやる私どもを「国賊、売国奴」とののしり、穴八幡の境内で暴力団に襲撃されるようなこともあった。戦争中、横文字や片仮名の運動競技は一般に虐待されたが、レスリングも御多分に漏れず競技の前後に握手するのがいかん、名前が英語だからいかんといわれたあげく、レスリング協会までつぶされる憂き目を見たのである。文部省の北沢清体育課長が「レスリングは夷狄(いてき)の遊びだ」と言って禁止にかかってきたことも忘れることはできない》(八田一朗『わが道を行く』)

「大東亜共栄圏」はただのスローガンに過ぎなかった。政府は暴走を続ける軍部をコントロールできないまま世界中を敵に回し、士官学校で最高の教育を受けたエリートたちは、世にも愚かな作戦を立て、無数の若者を平然と死に追いやった。

明治大学レスリング部に事件が起こったのは、真珠湾攻撃から四カ月後にあたる一九四二年春のことだった。

第六代主将の清水礼吉が少尉の軍装で道場に現れ、時の主将である村田恒太郎に「おい！　今日から朝鮮人を退部させるぞ」と命じたのだ。

《理由も言わず、理非も問わずだ。軍部体制の時代であり、これは「命令」であった。金鍾奭、金玉圭、梁在憲、朱鳳徳らはすでに卒業していたが、在校生である金兢煥（きんこくかん）、郭東充、黄柄寛、金石永らの心中はどのようなものであったのか……黙って去る者、道場の隅に俯く者、「お前らの態度が悪いからだ！」と後輩に八ツ当りの鉄拳をあげる者……。我々には涙だけで言葉はない。翌日にはひとりもいなくなった。我々には朝鮮人を区別する気持ちは全くない。同じ釜の飯を食った兄弟であり、心を一つに「打倒早大」に燃えて汗を流しあった友人たちである。その彼らが今日、無謀な退部命令で去っていった》（村田恒太郎『明治大学レスリング部七〇年史』）

同じ頃、大日本体育協会は大日本体育会に改組され、会長に就任したのは、内閣総理大臣の東条英機であった。

《従来の体協傘下にあった競技団体は解消され、運動部会として吸収される事になった。これに伴い名称は、陸上競技が陸上戦技となり、ボクシング、重量挙げ、レスリング三競技を一括して重技部会となった》（『日本体育協会七五年史』）

同年七月十五日には、第九回全日本選手権大会が九段の軍人会館で行われている。

《超満員の会場には、軍帽の顎紐を掛け、白地に赤で憲兵と書かれた腕章をつけ、拳銃を肩から下げた革長靴の兵隊がいかめしく入場を差し止める。現在では考えられないレスリングの絶頂期だった。観客には女性も多く、選手を名指しで声援する黄色い声が乱れ飛んだ》(『拓殖大学麗沢会レスリング部五十年史』)

これが戦前最後の全日本選手権となった。

フェザー級で優勝した村田恒太郎が翌一九四三(昭和十八)年二月に中支戦線に出征した時点で、各大学は体育会の解散を命じていた。

第2章　ヘルシンキ

1952年のヘルシンキオリンピックバンタム級で優勝した直後に，仲間たちから祝福されて担ぎ上げられる石井庄八．日本が戦後初めて獲得した金メダルは八田一朗の強化方針が正しかったことを証明した

一九三六(昭和十一)年のベルリンオリンピック当時、日本レスリングは上昇機運に乗っていた。

明治大学の水谷光三が六位入賞(フェザー級＝六一キロ)、風間栄一も実質的な五位(ライト級＝六六キロ)。プロレスとの区別もつかないところから始まった日本レスリングは、わずか四年でオリンピックの入賞者を出すに至ったのである。

日本のスポーツ役員の多くが、ドイツ製カメラの購入や観光旅行に夢中になる中、八田一朗はベルリンに集まった世界中のレスリング関係者たちとの交遊に所持金のすべてを投じた。彼らとのつながりこそが日本レスリング躍進の鍵になると確信していたからだ。

FILA国際レスリング連盟は、来るべき一九四〇年東京オリンピックレスリング競技の全権を三十歳の八田一朗に託した。

ベルリンで八田は野口寛(早大商学部卒)に会っている。日本窒素肥料の御曹司だ。八田は野口を口説いてレスリングのスポンサーになってもらった。

父の野口遵(したがう)は立志伝中の人物である。空気中にいくらでも存在する窒素から窒素肥料を作り出すという画期的な技術の特許を買い、実用化して一九〇九(明治四十二)年に熊本県水俣市に窒素工場を建設した。水俣病が大きな社会問題となるのは五十年以上も後のことだ。日本窒素肥料ばかりではない。野口は旭化成、積水化学工業、積水ハウス、信越化学工業の実質的な創業者でもあった。

大日本アマチュアレスリング協会の初代会長となった今村次吉は蹴球協会会長も兼務した

レスリング協会第二代会長の野口寛．日本窒素肥料の御曹司は，三菱商事の社員であった

　満州事変が勃発すると、野口遵は政府に働きかけて、現在の中国遼寧省と北朝鮮の国境沿いに位置する鴨緑江に巨大なダムを建設することを承認させた。水力発電によって電力を確保し、火薬の原料となる硫安を生産するためだ。北支(北部中国)および朝鮮半島北部が軍事工業基地化されていく過程で、軍部と日本窒素肥料は一体不可分に結びつき、野口遵は〝半島の事業王〟と呼ばれるに至った。

　一九三七(昭和十二)年十月、八田一朗は野口遵の孫にして野口寛の姪である淑子と結婚した。まもなく北支那開発会社に入社して元拓務大臣である大谷尊由(おおたにそんゆう)総裁秘書となると、召集されて中国に渡った。

日本レスリング協会副会長をつとめた今泉雄策は、一九六五年に参議院議員となった八田一朗の秘書をつとめたことがある。今泉は八田から、満州の闇の帝王として君臨した甘粕正彦や〝東洋のマタ・ハリ〟こと川島芳子の名を何度も聞いた。

語学堪能にして欧州への留学経験があり、柔道五段という強健な肉体を持つ海軍将校の息子は、野口一族の閨閥に連なることで、軍産複合体の中枢に入りこんだ。

八田一朗の義理の伯父となった野口寛が、大日本アマチュアレスリング協会第二代会長に就任したのは、一九四一(昭和十六)年九月のことだ。

しかし、三カ月後に真珠湾攻撃によって日米が開戦すると、輸入スポーツであるレスリングは敵性競技とみなされてしまった。

そして昭和二十年八月十五日がやってくる。

日本の敗戦によって、朝鮮半島北部から満州を支配した軍産複合体は崩壊した。日窒コンツェルンの閨閥に連なって立身出世をはかった八田一朗の野望は、水泡に帰したのである。

敗戦はこの国のあり方を根本から変えた。かつてアジアの盟主であった日本は、鬼畜であったはずのアメリカに無条件降伏し、国のすべてはダグラス・マッカーサー元帥率いるGHQ(連合軍総司令部)によって決定されるようになった。

ＧＨＱは武道を統括する大日本武徳会に解散を命じ、学校内で柔剣道を教えることを禁止した。国粋主義の中で人気の頂点に達した柔道が沈黙を余儀なくされる一方で、敵性競技から格上げされたレスリングが浮上してきた。

戦後のレスリングも戦前同様、早稲田大学から始まった。

道場は戦災によって焼失したものの、大切なマットとシートはすでに運び出され、安全な地下倉庫に保管されていた。

マットとシートを守ったのは理工学部の正田文男であった。群馬県館林の名家・正田醬油の御曹司であり、美智子皇后陛下(現・上皇后陛下)の従兄弟にあたる。理工系の学生には徴兵が及ばなかったことが幸いした。

やがて立教大学がレスリング部を再建し、一九四六(昭和二十一)年三月には、早稲田大学と立教大学の間で戦後初の公開試合が行われた。場所は新宿駅西口である。

「当時の新宿西口にはバラックの呑み屋やラーメン屋がたくさんありました。それらの闇市を仕切っていた安田組というテキ屋が〝復興祭〟というイベントを仕掛けた。早稲田と立教の学生たちで今の小田急ハルクのあたりに舞台を作り、無料でレスリングを見せた。早稲田と創部したばかりの立教では力が違いすぎるから、早稲田の選手が何人か立教チームに入って引き分けということにした。プロレスみたいなものです(笑)。八田さんは『レスリングの普及になるからどんどんやれ。ただしアマチュアなんだから金

をもろたらあかんぞ、メシくらいはいいけど』と許可してくれた」(早大OBで元レスリング協会副理事長の伴茂雄)

当時の八田一朗は妻淑子と二人の息子、乳飲み子の娘を連れて、大陸からリュックサックひとつで引き揚げてきたばかり。八田に残されたものはレスリングだけだった。

八田の留守中に、すでに日本アマチュアレスリング協会(大日本アマチュアレスリング協会から改称)は動き出していた。ベルリンオリンピックで六位入賞した明治大学の水谷光壯(光三から改名)が体育協会に出向き、自らを理事長に、山本千春を副会長にという届けを出したのだ。会長は野口寛のままだった。

山本千春は早稲田大学商学部卒業後、毎日新聞に入社し、その後朝日新聞に移った。一九三六(昭和十一)年のベルリンオリンピックでは監督および審判として活躍した山本だったが、戦時色が濃くなるにつれて新聞社での居場所を失い、太平洋戦争が始まる頃には朝日新聞を退社して東京から郷里の大牟田に引き揚げていた。

跡取り息子は徴兵されることもなく、戦中戦後の激動の時代とも無縁のまま、大牟田市黒崎の広大な屋敷内で静かな時を過ごした。仕事は一切せず、金がなくなると遠くの土地から切り売りした。

自活さえできない山本千春には、レスリング協会を運営する能力など最初からなかったが、明治の水谷はそんな山本を御神輿として担ぐことで、レスリング協会の実権を握ろうとしたのである。

しかし、水谷の野望は八田一朗の帰国によってたちまち潰えた。戦地から次々に復員してきた早稲田出身の理事たちはもちろん八田を新理事長に選び、水谷という担ぎ手を失った山本千春は東京を去って再び大牟田へと戻った。

占領下にある日本はまだ国際社会への復帰を認められていない。当然、海外遠征も招待試合も不可能だった。そこで八田一朗は皇室に目を向けた。その際に大いなる力を発揮したのは、野口一族の娘である妻の淑子であった。

《淑子夫人は家柄の関係もさることながら、諸々の関係で早くから宮家とのご交際があった。とりわけ三笠宮家とのご交際は親戚づき合い同様のもので、この関係がレスリングを大きく発展させるのに寄与したことは、ほとんど知られていない。昭和二十二年五月、天皇家ご一家が都民体育大会のレスリング競技をわざわざご観戦になられた。皇室の興味あるスポーツという宣伝は、〝八田イズム〟からすれば特筆すべきものとなったばかりか、レスリングを国民体育大会の正式種目に入れるための暗黙の圧力となったのは他言をまつまでもない。これらのお膳立てはいうまでもなく三笠宮様のご尽力であろう。その翌年、レスリングが第三回国民体育大会（福岡県）から正式種目に採用されたのは、じつのところ異例だったのである。生前、八田は側近の数名だけに、声を潜めて語った事実があるのだ。「三笠宮様に直談判してお願いした。全国にレスリングを普及させるためには、国体種目にせねばならないと痛感していたから、宮様が『わかりました。協力しましょう』とおっしゃって下さるまで、オレは動かなかった」これらの原動力は、すべて淑子夫人にあり、八田自身の不退転の決意だけではなかったことを説明しておかねばならないであろう。昭和二十九年、レスリングがインターハイ（全国高校総合体育大会）種目に入れられると、三笠宮様はトロフィーを寄贈され、その大会は「三笠宮杯」という冠大会となって権威づいたのである》（松浪健四郎『新・格闘技バイブル』）

戦争中、三笠宮崇仁殿下は身分を隠して支那派遣軍総司令部に勤務していた。野口一族との関係はおそらくその頃からであろう。

三笠宮崇仁殿下は高浜虚子や、虚子の娘である星野立子の句会でも八田夫妻としょっちゅう顔を合わせていたから、八田家とは家族ぐるみの付き合いとなり、日本アマチュアレスリング協会の名誉総裁にも就任してくれた。

宮様と付き合いながらも、引き揚げ者である八田一家の生活は決して楽ではなかった。八田と妻の淑子は、戦災で焼けた青山の野口寛の本宅跡にバラックづくりのホテルを建て、自分たちは焼け残った土蔵に住んだ。名づけて外苑ホテル。米軍兵士が一夜の情事に使うラブホテルである。

妻の淑子は野口財閥の一族にして父は医者というご令嬢、さらにお茶の水女子大学卒業の才媛でもあった。八田はお嬢さま育ちの妻に情事の後の部屋の後始末やシーツの洗濯をさせつつ、自身は日本レスリング界の再建に全力を挙げていたのだ。

戦争で大きな傷を受けたのは八田ばかりではなかった。

戦前最後の明治大学レスリング部主将である村田恒太郎は反骨心の持ち主で、戦時中に行われた軍事教練をボイコットした。運悪くこの時の教練には朝香宮殿下の来賓を仰いでいたから、皇室への不敬として大問題になった。徴兵後、反戦思想の持ち主とみなされた村田は、大学を卒業していたにもかかわらず一兵卒として中国湖南省に送られ、初年兵教育と称して朝から晩まで殴られた。衛陽城攻略戦では同年兵五十名のうち二十名が戦死、十五名が重傷を負い、無事だったのは村田を含めわずか十五名だけだった。

主計中尉として戦場に出なかった八田と、戦場を駆けずり回ったあげく、敵の手榴弾の破片を右肩に残したまま復員した村田の間には、多くのレスリング関係者がいる。戦地から戻った彼らは、失われた青春を取り戻すべく、恐ろしいほどの情熱をレスリングに注ぎ込んでいく。

戦後初のオリンピックは一九四八(昭和二十三)年のロンドンオリンピック。敗戦国日本が参加を許されない中、新生・大韓民国は代表選手団を派遣した。

その中には韓国レスリングの創始者となった金鍾奭、韓国レスリング協会会長に就任した金兢煥、そして黄柄寛、金石永らがいた。いずれも日本に留学し、明治大学レスリング部で村田恒太郎と打倒早稲田を誓い合った男たちである。

揃いのブレザーを着た韓国選手団は、羽田空港を経由してロンドンへと旅立っていった。村田恒太郎はかつてのチームメイトを万感の思いで見送った。

「この時ばかりは、こいつらと一緒にオリンピックに行きたいと心から思ったな」(村田恒太郎)

しかし、韓国人レスラーの受難は終わらなかった。

ロンドンオリンピックから二年後、突如として朝鮮戦争が始まり、怒濤のように南進する北朝鮮軍は瞬時にソウルを占領した。金石永の父は戦前、朝鮮総督の宇垣一成と対等に話ができるほどの有力者だったから、息子は真っ先に共産軍の標的となって惨殺された。二十六歳だった。黄柄寛は「金石永の敵を討つ！」と仲間が止めるのを振り切って共産軍の本部に乗り込み射殺された。二十八歳だった。

村田恒太郎が韓国人レスラーたちの悲劇を知るのは、ずっと後になってからだ。

復員後、明治大学レスリング部再建に尽力した村田は、軌道に乗ったことを見届けると大阪に移った。大阪市立中学(現・市立高校)でレスリングを教えるためだ。

GHQの学校武道禁止令は、結果的にレスリングに有利に働いた。多くの柔道経験者がレスリングに転向したからだ。

さらに当時の柔道は体重無差別で行われていたから、小柄な選手はどうしても不利だった。体重で階級が分かれるレスリングならば互角の勝負が挑める上に、強くなればオリンピック出場も夢ではない。

「中学時代の柔道の恩師が私にこう言った。学校柔道は必ず復活するから、その時のためにレスリングをやりなさい。柔道もレスリングも八〇%は同じものだからと」(少年レスリングの名門・吹田市民レスリング教室の故・押立吉男)

恩師とは小田原徳善のことだ。明大柔道部卒の小田原は柔道七段。大阪市立中学の柔道部師範をしていたが、GHQが武道を禁止したために柔道部をつぶしてレスリング部を作った。関西にはレスリング指導者がいなかったから、小田原は明治大学の後輩の村田恒太郎を大阪市立中学の体育教師として引っ張ったのである。さらに小田原は関西大学にもレスリング部を作った。関東以外の大学にレスリング部が創設されたのは初めて。小田原は愛弟子の押立吉男を関大に入学させ、村田を関大の初代監督に据えた。関西大学レスリング部のエースとして活躍した押立は、大会のたびに大阪と東京を往復することになった。

押立は東京駅八重洲口にある東京温泉というサウナによく通った。普段六四キロある体重を五二キロまで落とす。脱水症状で試合前からフラフラになり、試合が終わった瞬間に倒れ込み、担ぎ出されたこともあったという。

これほどレスリングに打ち込んだ押立も、全日本選手権を制することは一度もなかった。早稲田、明治、慶應を中心とする関東の大学のレベルはそれほど高かったのだ。

しかし、戦後に新設された中央大学レスリング部は瞬く間に早慶を抜き去り、明治とともに大学レスリング界に君臨した。

中央大学レスリング部を創設したのは松江喜久弥である。重量挙げからレスリングに転向した松江は、早大や明大の道場に通ってレスリングを学んだ。ニシン漁で有名な北海道増毛の網元の家の生まれだから、生活には何の不安もなかった。

松江は中大柔道部の地下練習場の一角をレスリング部のために使わせてもらい、練習ではあえて体重差を無視して行った。

コーチは戦前レスリング界の英雄であった早大OBの風間栄一に依頼した。慶應レスリング部創始者である菊間寅雄や慶應の渡辺秀夫も指導にきてくれた。

現役を続けていた風間の指導は、ごく荒っぽいものだった。

《風間の姿が道場の入口の扉に見えるや、潑剌としていた部員一同が首をうなだれてしまう。「気合いを抜くと怪我をするぞ」と大声で叱咤され、稽古に入るものの、いくら勝負を挑もうにもまるで大人と子ども。軽くポンポンとあしらわれキャンバスに押しつぶされてしまう。「まさに地獄、青菜に塩のていたらく」（三條主将談）であった》（『中央大学レスリング部五十年史』）

1948年10月の中大レスリング部．前列中央が創設者の松江喜久弥，その左が風間栄一，さらにその左が1954年東京世界選手権主将の米盛勝義．前列左端がヘルシンキオリンピック金メダリストの石井庄八

ハードトレーニングによって躍進を続ける中大レスリング部に、やがて石井庄八が入部してくる。名門千葉中学（現在の県立千葉高等学校）から予科練（海軍飛行予科練習生）に入隊した石井は、土浦航空隊、大井航空隊と国内にとどまり、十九歳になる直前に終戦を迎えた。「自分は特攻隊員となり、敵空母に体当たりして玉砕するのだ」と覚悟を決めていた石井は、半ば呆然としつつ中央大学に入学した。

しかし教科書もなければノートもない。着る物もない学生たちは、戦争が終わったにもかかわらず軍服を着ていた。

石井庄八は身長一六〇センチ体

重五八キロと小柄だが、体重別のレスリングならば体格差はない。聞けば外国人と戦うこともできるという。確かに日本は戦争で負けたのかもしれない。だが、自分個人が負けたつもりはなかった。

死を覚悟した人間は強い。「天下とらねばただの人」が口癖の石井は凄まじいトレーニングを自らに課し、レスリングを始めてわずか一年で全日本選手権を制した。

一九四九(昭和二十四)年二月、日本アマチュアレスリング協会は、他競技に先駆けてFILA国際レスリング連盟への復帰を認められた。八田の人脈が役立ったことは言うまでもなかろう。

終戦から四年を経て、東京は逞しい力で復興しつつあった。

青山にあった女子学習院が空襲で焼けて戸山に去った後、一九四七年十一月に東京ラグビー場、すなわち後の秩父宮ラグビー場が建設されたが、一角には女子学習院の体育館がポツンと焼け残っていた。

八田はその体育館を借り受けて改装し、青山レスリング会館と名づけた。空襲で天井が落ちたボロボロの建物とはいえ、レスリングは交通至便の地に専用施設を持ったのである。

まだ日本がGHQの支配下に置かれる中、JOC日本オリンピック委員会の常任委員となっていた八田は、一九五二年のヘルシンキオリンピックに向けて着々と準備を重ねていく。

一九五〇(昭和二十五)年三月九日、日本アマチュアレスリング協会の理事長であった八田一朗は、正式に会長に就任した。二代目会長の野口寛が公職追放で辞任した後、会長職は長く空白になっていた。八田にとって会長職などどうでもよかった。「どこかの金持ちになってもらえばいい」くらいに考えていたのだ。

そんな八田が自分の考えを翻したのは一九四九年十一月のこと。天皇陛下が宮中に各競技団体の会長を呼び、一緒に食事をするという機会があった。当然、自分が出席するつもりだった八田に、体協専務理事の清瀬三郎が「競技団体の理事長には出席資格がない」とクレームをつけた。八田は「よしわかった。今日から俺が会長になる」と宣言したという。

一九五〇年七月、八田一朗会長はアメリカ代表チームを招待した。朝日新聞が後援したこともあって、日米対抗戦の初戦は東京・芝スポーツセンターに七千人の観客を集めたが、戦争のブランクはやはり大きく、アメリカチームが六連勝を飾った。

一九五一(昭和二十六)年二月に石井庄八が参加したアメリカ遠征は、その返礼ともいえるものだ。八田にとっては十三年ぶりの海外遠征である。

しかし、貧乏なレスリング協会に渡航費用などない。八方手を尽くした八田は、ついに山下汽船に話をつけ、山下丸の処女航海に無料で便乗させてもらった。援助物資をアメリカにもらいに行く貨物船である。

山下丸が芝浦を出港する際には、レスリング関係者が総出で見送り、五色の紙テープが投げられた。だが、五人の選手たちが感傷的な気分になったのもつかの間、船が桟橋を離れた途端に八田は「おい、練習するぞ。裸になれ」と命じた。選手たちは持ち込んだ八枚の畳を渋々並べ始めた。

十五日間の航海が終わり、サンフランシスコに到着するはずが、着いてみたらロサンジェルスだった。慌てて飛行機に乗り、サンフランシスコの試合会場に飛んだ。

アメリカ人の観客の方が多いが、日本人会からもたくさんに応援にきてくれた。試合前に整列すると、日本チームは水泳パンツ一丁。一方のアメリカは見たこともないような洒落たトレーニングウェアを着ている。気の毒がった日本人会の人たちが、翌日には立派なトレーニングウェアを揃えてくれた。

「西海岸の連中はあんまり強くないから楽勝だった。面白いのは、カリフォルニア王者とか、全米二位とかは弱いのよ。たいしたことない。ところがＹＭＣＡ代表とかとやるとエラく強い。だから本人に『昨日のヤツはオリンピックに行ったと聞いたけど、あんたより全然弱かった。あんたはどうしてオリンピックに行かなかったんだ？』と聞いたら『ああ、オリンピック予選の時には試験があったから行けなかったんだよ』とか『仕事があって無理だった』って言う。『こいつは凄いや』と思って八田さんにその話をしたら、『ああ、お前たち気づいたか。アメリカにきて、それがわかればいいんだ。アメリカはそういう国なんだ。国を挙げてやったら大変な国なんだよ』と。そんな国と戦争をしたのが間違いさ(笑)」(遠征メンバーだった永里高平)

宿はすべて民泊。移動にはグレイハウンドバスを使った。アメリカは広く、バスの中で十時間以上も揺られたあげく、夕方になってようやく小さな鉱山の町に着くと、「今から二時間休め。七時から試合があるからな」と八田が命じた。石井庄八はこの時の試合で、鉱山町の無名レスラーから両脚タックルの奇襲を食らって敗れている。遠征中唯一の敗戦だった。

ニューヨークでは市長と会見、日本人として初めてノーベル物理学賞を受賞した湯川秀樹博士も応援に訪れた。

「ニューヨークの試合は日本が四―一で勝った。湯川博士は『レスリングでは、日本がアメリカに勝つんですか!』と驚いていたよ」(永里高平)

三カ月以上の長期にわたって全米各地を転戦した結果は以下の通りだ。

フライ級(五二キロ)・帽田次郎(早大)二十三戦五敗。
バンタム級(五七キロ)・石井庄八(中大)二十三戦一敗。
フェザー級(六二キロ)・永里高平(早大)二十三戦五敗。

ライト級(六七キロ)・神田幸二(紅陵大＝拓大)二十三戦十敗。
ウェルター級(七三キロ)・風間栄一(早大OB)二十三戦十二敗。

アメリカ遠征の最大の収穫は、全米最強チームのアイオワ州立大学でコーチを受けたことだった。日本では見たこともないような技を大量に見せてもらい、練習方法も日本とはまったく違っていた。

特にタックルの技術は大いに勉強になった。アメリカのレスリングはフォールよりも、むしろ相手のバックを取ることに重点を置く。そのために相手の足に低く飛び込むタックルが発達した。それまで「レスリングとは取っ組み合い」と考えていた日本人選手は、組む前に飛び込んでくるアメリカのタックルにいいように転がされて衝撃を受け、まもなく、自分たちもタックルで戦うようになった。

「石井さんはすっかり変わって帰ってきた。見違えるように技がすごいわけですよ。普段から左右左右と言っていましたが、タックルを左右どちらでも自由にかけられるように変貌していたんです」(元・日本レスリング協会会長の笹原正三)

「僕は石井庄八が遠征に行く前の壮行試合と、帰ってからの歓迎試合の両方を戦ったからよくわかる。遠征に行く前の石井は、試合前の握手でもギュッと強く握ってきた。こっちも少しずらしておいてから強く握り返す。石井には馬力も投げもあって完全に押された。ところが帰国後の石井はフワッと握手してくる。フットワーク、動きも全然違う。力が抜けているんです。構えもスクエアで、完全なアメリカンスタイル。まったく組んでこない」（石井と同期の早大レスリング部OB白石剛達）

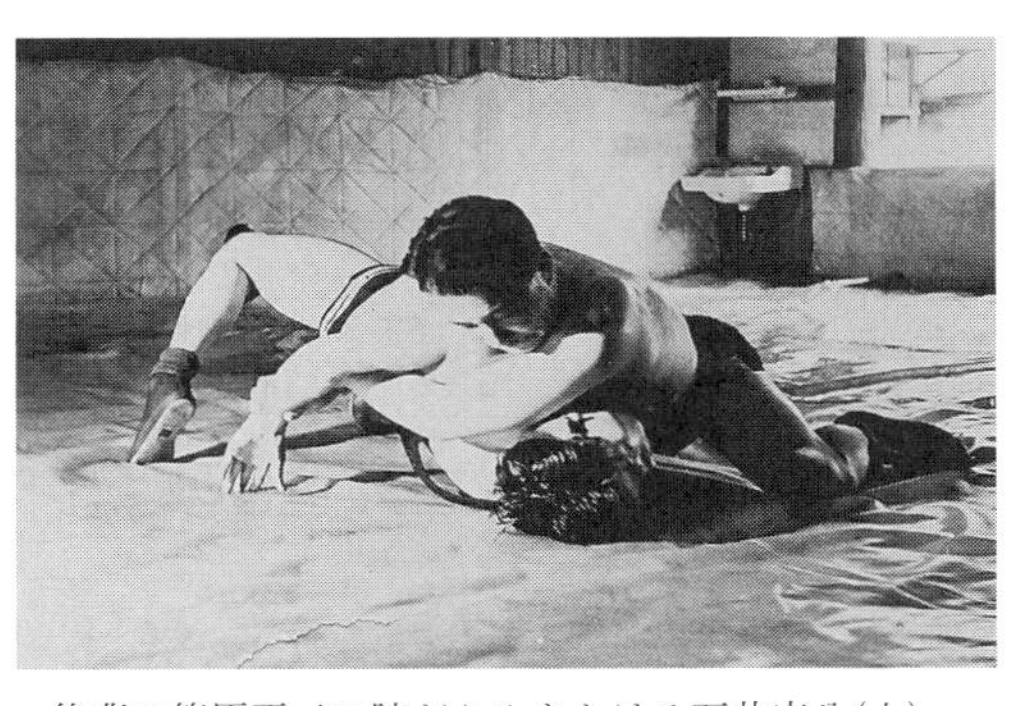

後輩の笹原正三に腕がらみをかける石井庄八（上）．いわゆるダブルリストロックだが，これは本来関節技ではなく，ピンフォールを奪うための技であった

海外遠征の成果に満足した八田は、七月に再びアメリカ選手団を招き、十二月には第二回の米国遠征を行った。この時のメンバーには慶應の北野祐秀と明治の霜鳥武雄が含まれている。

「僕らの頃の明治大学の練習は、大相撲みたいに竹刀で殴られたり、叩きつけられたり、今だったら大問題になるような練習でした。でもアメリカは当時から科学的で、いろいろな研究の成果を取り入れた練習をしていた。向こうのコーチはプロですからね。コーチを職業にしているからずいぶん違う。僕たちが帰ってから、明治でもアメリカのレスリングの練習法を取り入れるようになったんです」

（ヘルシンキオリンピックでライト級六位に入賞した霜鳥武雄）

アメリカのコーチはプロである。大学と契約してチーム強化の全責任を負う。チームが勝てばコーチの手柄になり、給料も上がる。成績が悪ければ責任を問われ、不振が続けばクビになる。

一方、日本にコーチはいない。監督はいても技術はほとんど教えない。先輩が後輩に初歩の手ほどきをするだけだ。さらに大学の体育会には軍隊式の精神教育が存在する。先輩は神様で後輩は奴隷である。手取り足取りで技術を教えられることはなく、先輩とのスパーリングを繰り返し、散々に叩きのめされる中からレスリングの動きを少しずつ覚えていく。

八田一朗は雄弁なタイプではない。豊富な言葉を駆使してレスリングの理を伝えることは苦手だ。技術的な蓄積があるわけでもない。

その代わりに選手を外国に連れて行く。外国に行けば、何も言わなくとも選手は多くを学びとるからだ。

日本のレスリングは柔道の延長線上にある。すなわち日本人は組んで投げようとする。柔道ならば襟や袖を握り、てこの原理で投げることもできるが、レスリングでは難しい。日本人は、下半身は発達していても上半身は弱い。欧米人は逆で、強い上半身と弱い下半身を持つ。胸を合わせてしまえば、強い腕力と背筋で反り投げられるのは日本人の方だ。

一九四八年ロンドンオリンピックのライトヘビー級(八七キロ)で優勝したヘンリー・ウィテンバーグは、戦後初めてアメリカ遠征にやってきた日本選手を次のように評している。

「日本選手は柔道の腰投げ、跳ね腰のテクニックを使って相手を投げ、ポイントをとった。柔道とレスリングのやり方を混ぜることは、日本選手の長所であると共に短所でもある。これは弱い相手には有利だが、欧米の一流選手に向かう場合、かえって不利になる。腰投げ、跳ね腰をかける場合、相手に背を向けることになるが、これは相手やマットに背を見せるなという攻撃的レスリングの基本原則に反するからだ」(協会広報誌より)

ならば日本人はどうすれば良いのか。

答えはアメリカが持っていた。フットワークを使って幻惑し、低い体勢から足に飛び込むタックルである。日本レスリングの生きる道はタックルにしかない。八田はそう確信した。

「八田さんはヨーロッパもアメリカも見ている。世界中のレスリングを見た八田さんは『レスリングは足をとらなきゃダメだ』とみんなに教えるわけです。当時のルールは瞬間フォール。相手の背中を一瞬でもつければ勝てる。人間は二本足で立っているから、立っている足を取ればひっくり返らざるを得ない。アメリカのタックルと日本のタックルのスピードはさほど変わらない。でも、日本人は膝下が短くて低く飛び込める上に、タックルの技術が高かった。タックルに特化した訓練と練習をしたからです」(日本レスリング協会会長の福田富昭)

二度のアメリカ遠征で日本レスリングのスタイルは確立された。足が短く重心の低い日本人は、アメリカ人よりもずっと低い体勢から相手の足に飛び込むことができる。日本レスリングの最大の武器は、離れた間合いからのスピーディーなタックルなのだ。

確信を持った八田は、草創期の日本レスリング最大の功労者である風間栄一を、日本代表チームのコーチから外した。風間のパワーレスリングはもはや時代遅れだと考えたからだ。

一九五二年五月にヘルシンキオリンピック代表最終選考会が行われた結果、以下の代表選手が決定した。

フライ級・北野祐秀(慶大)
バンタム級・石井庄八(中大)
フェザー級・富永利三郎(明大)
ライト級・霜鳥武雄(明大)

ウェルター級・山崎次男(関西学院)

ミドル級(七九キロ)より重い階級、そして上半身のみを使って戦うグレコローマンには、もとより選手を派遣していない。当時の日本が世界と戦えるのは、フリースタイルの軽量級だけだった。

注目すべきは、長く日本のアマチュアレスリングを牽引してきた早稲田大学レスリング部が、日本が戦後初めて参加するオリンピックに、ひとりの代表選手も送り出せなかったことだ。

石井庄八と共に前年のアメリカ遠征に参加したフライ級の帽田次郎は、微妙な判定で慶應の北野に敗れた。やはりアメリカ遠征に参加したフェザー級の永里高平は、明治の富永利三郎に敗れた。

帽田と永里の不運は、すでに大学を卒業して就職していたことにあった。当時のレスリングは学生スポーツの域を出ていない。新卒の社会人には練習環境自体が存在しなかった。

敗戦からすでに七年が経過していた。不幸な戦争を生き抜いた男たちは、敗戦の屈辱を胸にしまい、ひたすらレスリングに打ち込んできた。

まともなコーチもいない中、減量に苦しみつつ、固く不潔なキャンバスの上で恐るべき練習量をこなしてきた男たちの戦いは、オリンピック前にほとんどが終わっていた。日本代表は決まった。あとは彼らの勝利を祈るしかない。

日本のレスラーたちがかろうじて知っているのは、アメリカのレスリングだけだ。当時フリースタイル最強の名をほしいままにしていたトルコやソ連の選手のことはまったく知らない。

ただでさえ情報が不足している上に、日本人レスラーははっきりとした弱点を持っていた。上半身の力が弱く、どうしてもパワーで押されてしまう。首が弱く、高いブリッジが保てないから、寝技で守勢に回ると苦しい。

それでも日本レスリングは勝った。スピーディーなタックルと投げでポイントを奪い、グラウンドではひたすら守り抜くという日本のレスリングは、遂に世界水準に達したのだ。

バンタム級石井が金メダル。フライ級北野が銀メダル。富永、霜鳥の明大コンビも関西学院の山崎も入賞した。出場選手全員が入賞した国など、日本以外にはひとつもなかった。

石井庄八の金メダルは、戦後日本がオリンピックで獲得した初めての金メダルであり、ヘルシンキで日本が獲得した唯一の金メダルでもあった。

サンフランシスコ講和条約が調印されてから、まだ一年も経っていない。ヘルシンキオリンピックにおける日本レスリングの活躍は、四等国に転落した私たちの国が再び国際社会の中で生きていくための原動力となった。期待された水泳と陸上競技が惨敗する中で、たったひとつ獲得した石井庄八の金メダルは、それゆえに光り輝く。

オリンピック前、レスリングはまったく期待されていなかった。水泳や陸上の選手たちが大勢の人々に見送られる一方で、レスリング選手を応援してくれる人はごく少数だった。

体育協会においてもレスリングは弱小競技団体に過ぎなかった。当時の体協を牛耳っていたのは水上競技連盟と陸上競技連盟であり、他の団体は多くの不満を抱えつつ、オリンピックの選手枠や予算配分では水陸の意向に従わざるを得なかった。

《陸連はオリンピックの主競技だという理由で、水連の強引さに便乗して大きな枠を取ることに成功した。水連などは「他のスポーツは全然行く必要はない。派遣費だって水上あってのことで、俺たちが行かなかったらオリンピックなど成立しない」という考えさえ持っていたようだ。このまま放置しておいたら、恐らく日章旗の大半を掲げたレスリング、体操の派遣など思いもよらなかっただろう。レスリングの八田は従来から体協のこの空気をたたき壊そうと頑張っていたが、先にアメリカのレスリングを呼ぶにあたって、体協を抜きにして交渉を進めたという理由で、当時アメリカから次々に来朝したスポーツ団体に対して体協は記念品を贈ったが、レスリングには心よからぬものがあったので、これをやらなかった。カンカンになった八田は「よし、日米親善の意味があるこの壮挙に対してケツの穴の小さなことを言うなら、俺が相手になってやる」と理事会の席上で柔道五段の巨軀で仁王立ちして怒鳴り上げたので、威張っているものの腕力のない体協の面々は震え上がった。このことがあってからレスリングは水陸陣にとっての鬼門となった》(『アサヒ芸能新聞』)

《このレスリングの入賞の話を聞くにつけても、去年の春、体協の事務所で受けた水上、陸上、スキーの幹部の弱小団体に対する圧力が思い出され、微苦笑を禁じ得ない。当時の体協は三原則を理由に松沢(一鶴・水連理事)、浅野(均一・陸連理事、体協副会長)、小川(勝次・スキー理事)の三氏が各競技団体から提出された人員を削減すべく手ぐすね引いて待っていた。首切り役の三氏は、レスリング五名は多すぎる。二、三名にもしてほしいと言わんばかりの話である。これに対し私は「冗談言っちゃ困る。ウェルターの風間以下、すでに三回に亘る日米対抗戦に堂々アメリカに勝っている。これをもって国際水準に達していないということが言えるか」と反駁した。結局レスリングは五人ということになったのだが、あの時この五人の選手が二、三人に削られていたら、今度のような好成績はとても挙げられなかっただろう。また三氏も「あの時レスリングを削らなくてよかった」と胸を撫で下ろしておられることだと思う》(伊集院浩『読売スポーツ』)

八田一朗はヘルシンキオリンピックに選手五名、役員二名の派遣を主張したが、役員一名に減らされた結果、自身は選手団団長である田畑政治(水連会長。NHK大河ドラマ『いだてん』にも登場)の秘書という身分で参加せざるを得なかった。

「いやしくも会長たる者が他の競技団体会長の秘書として参加するとは」とレスリング協会の内外から小声での非難を受けたが、生来の実利主義者はどこ吹く風と受け流した。困難な目的を達するためには手段を選んではいられない。ある種の強引さも必要なのだ。

だが、いまやレスリングはすべての偏見を乗り越えてヘルシンキの空に日章旗を高々と掲げた。八田は勝利の興奮を、オリンピック後に刊行された『レスリング世紀の闘い』(日本アマチュアレスリング協会編)の巻頭に誇り高く記している。

《(ヘルシンキの)メッスハリ・レスリング競技場を沸かせた日本選手の進出ぶり——それはヘルシンキに集ったスポーツライターをして「世界レスリングの歴史を変えるもの」と讃嘆せしめたものである。メッスハリを埋めた観衆は、速やかに勝利の駒を進める日本レスリングに驚異の目を見張ったのだ。私は実に愉快だった。かつて青春の日に、柔道の自信に満ちて出場したロサンジェルス大会に惨敗を喫した私は、「日本レスリングは柔道ばかりでは駄目だ」と胆に銘じたものである。日本伝来の柔道相撲の上に欧米レスリングの粋を取り入れて「日本レスリングが完成する日、日本レスリングは必ず世界を制圧する」という固い自信を抱いていた。幾多の困難を排して海外遠征、外国招聘と国際試合を頻繁に行ってきたのである。

臥薪嘗胆二十年――武道から白眼視された日本レスリングは永年文字通りの荊（いばら）の路を歩いてきた。日本レスリングの優秀を端的にメッスハリに示した北野のスピードある変幻自在の技――優勝を自他共に期待したが、北野は二位の日の丸を揚げ、続いてソ連のマメドベーコフを倒した石井はバンタム級の優勝者となった。北欧の空高く流れる君が代の合唱、二つの世界の対立も何もない感激の一瞬だ。イシイよくやった。日本レスリングの野望遂に成る》

日本レスリングの野望とは、八田一朗の野望であった。オリンピックで金メダルを獲得するという八田の野望は、ついに現実のものとなったのだ。

表彰台に上る石井庄八と掲揚される日の丸を見ながら、八田は歓喜の涙を流した。

しかしこの時、八田一朗には、最大の危機が迫っていた。

第3章　クーデター

青山レスリング会館で行われた1953年2月のトルコ遠征前の公開練習の際に撮影された写真．後ろに立つコーチは，右から松江喜久弥(中大レスリング創設者)，畠山達郎(八田と対立した専大監督)，八田一朗．タックルに入ろうとしているのがこの遠征で全勝した当時の最強選手・霜鳥武雄(明大)

ヘルシンキの空高く日の丸を掲げた石井庄八には、帰国後、日本全国から数多くの招待状が舞い込んだ。世界一のレスリングを披露してほしいというのだ。

そのうち最大のものは、栃木県足利市からの招待であった。

一九五二(昭和二十七)年九月十日、昼前に東武足利市駅に降り立った石井庄八(中大)、フェザー級五位の富永利三郎(明大)、ライト級六位の霜鳥武雄(明大)の三名は、足利市民から大歓迎を受けた。

夜六時からは模範試合が行われた。柳原小学校(現在のけやき小学校)の校庭に作られた特設リングには五千人がつめかけ、垣根が壊れるほどの盛況ぶりだった。

「盛り上がったのは、試合よりもむしろ実技公開の方でした。ブリッジしたレスラーが、上に乗った二人の体重を首で支えるのを見て大きな歓声が上がった。首を鍛えればこんなことができるのか。世界にはこんなスポーツがあったのか、という驚きです」(足利市在住で明大OBの根岸英次)

人々はまだレスリングという競技を知らない。当時のレスリングは、東京と大阪の一部の大学だけで行われている、なじみのない新スポーツに過ぎなかった。

足利市にとって戦後最大のスポーツイベントとなったこの招待試合を企画したのは、足利市体育協会副会長の内田元四郎である。専修大学時代は相撲とレスリングでならし、金物や建材を手広く扱って地元の名士となった内田は、専大レスリング部監督・畠山達郎のタニマチ的な存在であった。

招待試合の際、畠山は仲の良い水谷光壮(明大監督)と松田滋夫(明大レスリング部OB会会長)、さらに慶應OBで協会理事長をつとめる菊間勝彦を、宿舎の足利館に呼び寄せている。

目的は八田一朗の排斥であった。

翌年十月十六日の新聞各紙には、菊間理事長以下、水谷、畠山、松田の各理事の連名による八田会長不信任の声明書が発表された。不信任の理由は二点に集約される。

ひとつは、数回行われた海外遠征が、いずれも諸経費向こう持ちの完全招待であったにもかかわらず、選手から高額の旅行費用を徴収したこと。もうひとつは、遠征団の中に協会と無関係の人間が含まれていたことであった。

八田はもちろん反論した。

選手から遠征費用を徴収したのは事実だが、使途は明白であり、残金の返済も済んでいる。遠征に同伴した人間は協会のパトロンであり、しかも同氏はアメリカにドルを持っており、私費による渡米の意志があったことから、万一の際に備えて同行してもらっただけだ。

八田に金銭面で誤解を受けるところが多々あったことは間違いない。

《戦後しばらくは海外渡航など及びもつかない時代であったが、スポーツ交流は逸早く許されていた。そんな時代に海外へ行きたい目的の者は、八田に群がったものである。八田はそれらに、レスリングの役員の名目を与えて、目ぼしいものを連れて行った。その時に金が動いたのは当たり前の話である。(中略)八田は協会の名を利用して儲けたが、レスリング発展の大義名分が彼を支えていた》(明大OB村田恒太郎の回顧録より)

当時は一ドル三百六十円。外貨の持ち出しは厳しく制限されていた。遠征に出た選手たちは、行きには柔道衣や日本人形、帰りにはゴルフバッグやペルシャ絨毯を持たされたから、八田が海外遠征を利用して私腹を肥やしていると見られたのも無理はなかった。

しかし、村田と同じ明治大学OBの田口美智留は、八田の別の面を見ている。

《慶応の戸張(樹一)さんが協会の理事長に就任された時(一九六五年四月)、私は会計の仕事を引き受ける羽目になって驚いた。関東財務局からきていた青山レスリング会館の土地建物の賃貸料数年分、滞納延滞金を含めて二百数十万円の請求書をため込んでいたのだ。青山レスリング会館は戦時中、焼夷弾によって焼けた女子学習院のバスケット場であった建物を、急遽手をくわえて国体のレスリング会場としたものであり、その所有は関東財務局であった。(中略)関東財務局からは請求書だけでなく、できればあの土地と建物を買い取ってほしいとの意向が添えられていた。賃貸料さえ払えないレス協が買い取りなんて夢のまた夢。私も悪い時に会計を引き受けてしまったもんだと一人自問自答をしていたある日、会社に八田会長から突然の電話があった。「明日の朝、例の書類を持って、九時に関東財務局に来てくれ」とのこと。「何故ですか」という私の質問には答えてくれない。

翌朝財務局の前でお待ちすると、例の皺だらけのバーバリーのコートに手を突っ込んだ八田会長が現れ、財務局の中に入るや否や、いきなり両手で札束を掴みだした。そして「田口君、これを納めてこい」と言う。私はただただビックリするばかりだった。ようやく「会長、一体いくらあるんですか」と聞くと、「いいから。これで今までの借金はゼロだ」と、余計なことは一際言わない。（中略）何はともあれ無事納金を済ませてホッとした二人は財務局を出た。私は早速「会長、あの金はどうしたんですか？」と息せき切って尋ねると、「ウウン、あれは僕の持っていた美術品などを売って作った金だよ」との事。この時の会長の顔は、心なしか寂しげだった事を思い出す》（『明治大学レスリング部七十年史』）

八田一朗は自分の全存在をかけて日本レスリングの強化にあたっていた。

日本を強くするためには海外遠征を数多く行うほかない。そのためには、世界中のレスリング関係者と友好関係を保ち、電話一本、電報一本、テレックス一本で意思疎通を図れるようにしておかなくてはならない。

しかし「敵を知る」ためには、恐ろしい時間とカネが必要だった。

欧州の理事たちの多くは上流階級の人間であり、日本人には想像もつかないほど裕福な暮らしをしている。しかもＦＩＬＡ(国際レスリング連盟)の役員ともなれば世界選手権への旅費滞在費は開催国に負担してもらえる。ヨーロッパは狭いから、移動は時に陸路も可能だ。

しかし、極東の島国からは欧州もアメリカも遠く、旅費も時間もかさむ。八田は年に一度の世界選手権はもちろん、審判講習会にも、年に数回ヨーロッパ各地で開催される理事会にも、すべて自費で出席しなくてはならなかった。

巨額の旅費を必要とする八田は金持ち連中に名誉を与え、海外遠征のマネージャーという肩書きで外国に連れて行き、対価を受け取っていたのである。

ヘルシンキオリンピックのフェザー級五位に入賞した富永利三郎(明大ＯＢ)は、八田への不信任は嫉妬からくるものだと断言する。

「八田さんに私利私欲がまったくなかったとは言わない。でも、レスリングに熱心だったことは間違いない。悪口を言う方が間違っている。八田さんの悪口を広言していたのは、明治大学では水谷と村田くらい。他の人は協会長に対しておかしな考えは持っていなかった。我々(当時の)学生には関係のない話。要するに妬みや。ヘルシンキオリンピックで八田会長が実績を上げたから妬みが出てきた」

専修大学レスリング部監督の畠山達郎、明大レスリング部監督の水谷光壮、明大レスリング部OB会会長の松田滋夫、そしてレスリング協会理事長でもある慶大レスリング部監督の菊間寅雄（勝彦から改名）の四名が、会長不信任の声明書をレスリング協会各支部およびマスコミ各社に送付したのは、ヘルシンキオリンピックの一年後にあたる一九五三（昭和二十八）年十月十五日のことだった。

一週間後には四国国民体育大会が開催され、レスリング競技は徳島県池田小学校で行われる予定だった。国体の際にはレスリング協会の全国総会が開かれることが恒例になっている。

造反組の考えは、総会に八田会長不信任案を提出し、新たに選挙を行って山本千春を新会長に据えようとするものであった。

当時のレスリング協会はまことに小規模であり、レスリング部のある学校は大学が十四、高校が三十九しかない（一九五二年八月現在）。

不信任案の可否は関西の票にかかっており、関西の票を握っていたのは、明治大学卒業後、大阪市立中学と関西大学のレスリング部初代監督となり、四国国体では大阪チームの監督をつとめた村田恒太郎であった。

「八田は早稲田ばかりをひいきして、協会の役員もほとんどが早稲田。だからもちろん八田批判はあったさ。でも造反組は戦前からの反早稲田勢力でアタマの悪いヤツらばかり。単なる八田憎しで何のポリシーもなかった。俺の態度は最初から八田支持に決まっていたけど、わざと態度をはっきりさせなかったから、八田もヤキモキしたと思うよ」（村田恒太郎）

総会の直前、村田は先輩の水谷に「あんたの負けだよ」と告げた。「俺は八田につく」という意味だ。

総会では予定通り、八田会長への不信任決議案が提出された。

議長をつとめたのは、ヘルシンキオリンピックの前に、八田に日本代表チームのコーチを解任された風間栄一である。

「居並ぶレスリング関係者を前に風間さんは言った。『八田も完全ではない。だが、八田を辞めさせて代わりになる者が他にいるか？　一流を追い出して二流を連れてくることはないだろう』と。さすがだった」（早大ＯＢの伴茂雄）

《池田市の国体会場の総会場には、早大ＯＢのほとんど全員が集まった。早稲田はこれが強いのである。早大の団結力が八田のその後のレスリング生活を支えていた。総会は八田派の勝利であった。先輩の水谷から、俺は「後輩とは思わない」と絶縁されたが、覚悟の上だから何の思いもない。八田に与しての行動ではない。八田批判はある。次善の方を選んだだけである》（村田恒太郎の回顧録より）

不信任案は否決された。八田の危機は回避されたのだ。

総会後、造反組四名はレスリング協会を去った。

新会長になるつもりだった山本千春は、再び大牟田で土地を切り売りする生活に戻った。ほとんどの土地を売り尽くした頃、夫に見切りをつけた妻は、ひとり娘を連れて出て行った。残された夫は広大な屋敷にたったひとりで暮らしたが、やがて売る土地がなくなった。仕方なく家を売り、上京して学生時代に銀座に店を持たせてやった女の世話になった。

「人生の末路は気の毒でした。箒を持って店の前の道を掃除していましたよ」(中大OBの保岡陸朗)

クーデター計画以後、八田と山本は生涯和解しなかったと伝えられるが、じつは晩年にふたりは再会している。

「八田さんが参議院を辞めた後、早稲田の玉利齊(ひとし)さん(日本ボディビル連盟会長)がふたりを引き合せたんだ。俺は当時八田さんの秘書だったから一緒に会ったけど、八田さんは開口一番『君はまだ女のヒモをやっとるのかね』と山本さんに言った。二人にはそれくらいの格の違いがあった」(日本レスリング協会副会長の今泉雄策)

酒を飲むこと以外ほとんど何もしないという不摂生極まりない後半生を送ったにもかかわらず、山本千春は八十歳まで生きた。合気道、剣道、ウォーキング、寒中水泳と様々な健康法を試みた八田一朗より三年も長く。

ようやく危機を乗り越えた八田には、恐ろしい量の仕事が待っていた。

すでに一九五三(昭和二十八)年四月にナポリで開かれたFILA国際レスリング連盟の総会では、一九五四年フリースタイル世界選手権の東京開催が満場一致で可決されていた。

十月二十二日のモスクワでの総会では、世界選手権を主催する八田一朗が、具体的な開催プランを提示することになっていた。

ところが外務省は、八田にソ連入国のための出国査証(ビザ)を発行せず、八田はモスクワの総会に出席することができなかった。「国交のないソ連への渡航は認めない」というのが外務省の方針だったのだ。

翌年に世界選手権開催を予定しているにもかかわらず総会を欠席した日本に、モスクワに集まったイギリス、フランス、ソ連、トルコ、フィンランド、スウェーデンの各国代表は大いなる不信感を抱いた。

FILA総会の当日、八田は徳島県池田市で開かれた日本レスリング協会総会でクーデターの渦中にあった。八田はモスクワに思いを馳せつつ、自身に向けられた不信任案の可否に気を揉んでいたのだ。

クーデターの鎮圧に成功した八田は、すぐに東京に戻った。

次なる敵は外務省であった。世界選手権東京開催における最大のネックは、外務省が共産主義国家ソビエト連邦およびハンガリー国民の入国を認めないことだったからだ。

外務省渡航課の大森首席事務次官は、入国拒否の理由を次のように説明した。

「技術的にソ連圏の人々を入国させられないことはない。しかし捕虜送還などの問題が山積している時にスポーツ選手の入国なんてとんでもない話だ」

ソ連は国際舞台に初参加したヘルシンキオリンピックで計六個の金メダルを獲得している。グレコローマンではフライ級、フェザー級、ライト級、ヘビー級の四階級に優勝、フリースタイルでもミドル級およびヘビー級の二階級で優勝した。

ハンガリーもまた、グレコローマンのバンタム級とウェルター級で優勝したレスリング強国であり、両国が参加しない世界選手権など何の意味もない。

八田はあらゆる方面から外務省に圧力をかけ続けた。

日本アマチュアレスリング協会名誉総裁である三笠宮崇仁殿下、日本体育協会会長の東龍太郎、水連会長として体協を牛耳る朝日新聞の田畑政治らが力を貸してくれた。しかし、最も強い味方となってくれたのは、世界選手権をレスリング協会と共催する東京都であった。

副知事の春彦一はヘルシンキオリンピックを視察しており、世界最大のスポーツイベントを東京で開催することの意義を痛感していた。一九六〇年のオリンピックを是が非でも東京に招致したい。そのためには、国際的なスポーツイベント開催の実績を作っておく必要があった。

政府にとってもアジア初のオリンピックを日本で開催する意義は大きい。敗戦国の立場から脱し、国際社会の一員に復帰したことを世界中に宣伝できるからだ。

皇室、体協、メディア、東京都のすべてが一体となって政府および外務省に強い圧力をかけ続けた結果、十一月六日になって外務省は急転直下、レスリング世界選手権関係者に限り、ソ連とハンガリーの選手と役員の入国を許可したのだった。

八田はすぐにＦＩＬＡに打電した。「世界選手権東京開催への障害は取り除かれた。共産圏の選手および役員への入国査証(ビザ)は確実に発行される」

休む間もなく東京都と協議を重ね、東京世界選手権のグランドデザインを作りあげた。大会の名誉総裁に三笠宮崇仁殿下、組織委員会会長に安井誠一郎東京都知事、六名の委員の中には八田一朗、国際スポーツ議員連盟代表の河野一郎、日本商工会議所会頭にして日本航空初代会長の藤山愛一郎、体育協会会長の東龍太郎が含まれた。

会場には神宮外苑に新設される東京体育館が選ばれた。神宮外苑は近い将来に開催されるオリンピックの本拠地となり、メインスタジアムやプール、いくつかの体育館が建設されることになっていたからだ。

東京体育館は当時東洋一を謳われた室内体育館である。総工費三億九千万円。防音装置と七つの換気穴、二百四十組のプリズムを使った投光設備など近代建築の粋を集め、鉄骨四階建て、延べ床面積三千坪。一階には衛生室、練習室、選手室、記者室、事務室、控室、シャワー室等があり、二階と三階はスタンド、四階にもスタンドとカメラ席を設け、入場定員は補助席も含めて一万人を収容。

しかし建設が間に合わない。業者はどれほど急いでも竣工は六月と泣きを入れたが、とにかく五月に新体育館で大会を開く。内装等は未完成でも構わないと厳命した。レスリングの世界選手権は通常四月に開催されるが、体育館の完成が間に合わないために、少なくとも一九五四年五月末まで延期する必要がある。

十二月初旬、右のプランを胸に、八田はパリのＦＩＬＡ総会に勇躍出発した。

ところが八田が日本を離れた途端に、またもやトラブルが発生した。

徳島県池田市の総会で政治的に敗れ、常任理事の地位を逐われた明治大学監督の水谷光壮と専修大学監督の畠山達郎、明治大学レスリング部ＯＢ会会長の松田滋夫の三名が「八田会長以下が民主的な経営を行うまで、明治大学と専修大学は協会主催の試合をボイコットする」という内容の宣言書を読売新聞社宛に送りつけたのである。読売新聞社は、翌年一月に行われる予定の、トルコと日本の対抗試合のスポンサーだった。

八田を深く恨む水谷と畠山は、もはや手段を選ばなかった。トルコと日本の対抗戦を妨害し、さらに東京世界選手権開催を妨害することで、八田を引責辞任に追い込む決意を固めていたのだ。

大イベントを控えてのトラブルに呆れた読売新聞社は「レスリング協会の内紛が解決しない限りカネは出さない」と宣言した。八田の留守を預かった西出武理事長は何の策も打ち出せず、結局、トルコ代表チームの来日を延期せざるを得なかった。

トルコチームの招待延期は、パリにいる八田とトルコの代表者にたちまち打電された。八田はFILA総会で「日本には国際的な世界選手権をやる資格があるのか」と糾弾されたものの、タフ・ネゴシエーターである八田はトルコチームに深謝し、熱弁を振って世界選手権の東京開催を確定させると、帰路アメリカに立ち寄り、東京世界選手権参加の確約を得て帰国した。

そもそもトルコチームの招聘は、一九五三(昭和二十八)年二月に行われたトルコ遠征の返礼であった。トルコはフリースタイルの最強国である。一九四八年のロンドンオリンピックでは四個の金メダルを獲得(バンタム級、フェザー級、ライト級、ウェルター級)、一九五一年の世界選手権ではなんと八階級中六階級で優勝を果たした。五二年のヘルシンキオリンピックではアマチュア資格を問題視されて有力選手の多くが出場を取り消されたものの、それでも二階級で金メダルを獲得している。ヘルシンキにおける日本の活躍は、トルコのトラブルの漁夫の利を得た一面を持っていた。

トルコほど日本のことを好きな国は珍しい。一八九〇（明治二十三）年九月、オスマン帝国の帆船エルトゥールル号が紀伊半島沖で難破した際、近隣の住民が総出で救助と生存者の介抱にあたったというエピソードが、トルコの教科書に載っているほどだ。トルコから見た日本は親切な国であるばかりでなく、近隣の大国ロシアと戦争して勝利を得た偉大な国でもあった。

ヘルシンキオリンピックに彗星の如く登場して大活躍した日本に、トルコが大いに興味を抱いたのは当然だろう。

《トルコは日本の好成績の陰に何かあるのではないかと異常な関心を持ち始めた。オリンピックのレスリング試合が済んでから日本選手がオリンピック村で練習を開始したところ、トルコのコーチも毎日我々の練習に参加し、トルコの得意技をいろいろ紹介してくれたが、トルコのコーチは日本のスピードや我々がオリンピックの試合で用いた投げ技が、柔道に関係あるものと盛んに柔道の話を聞きたがるので、柔道の形などを見せると非常に喜んでいた。こうした関係でオリンピック村の生活はトルコと仲よくしていた。オリンピックも終わりに近づいたある日、トルコの会長サドラ・シフテイオグル氏が私の部屋に来て、日土交歓レスリング大会を毎年行いたいとの話をもちかけられたのである》（八田一朗『スポーツタイムス』）

一九五三年二月、フリースタイルの本場に遠征した日本代表チームは、ほぼ全員が完敗を喫した。

《トルコ選手の特長は、われわれのような学生選手が一人もおらず、大部分が一般市民の肉体労働者である。別の観点からすればレスリングが国技として完全に国民生活に融け込んでいる証拠といえよう。トルコ選手の強い点はグラウンド(寝技)に極め技を持っていることで、日本選手は今までポイントを稼いで判定勝ちに持ち込む行き方に馴らされていたため、むこうに極め技があってこちらにそれがないので、してやられることが多かった。もう一つブリッジ(肩をマットにつけないよう頭をつけて身体を弓なりに反らせること)に強く、身体が半円を描くほどのハイブリッジをやるのには驚かされた。それだけ首が強いわけである。そして全般的に評すれば、トルコ選手はレスリングというものに精通していることで、こちらが逃げようとしても前へ逃げたらこう、後ろへ逃げようとすればこう、右へ逃げようとすればこうという工合に、すかさず用いる手をふんだんに心得ていて、しかも刻々の戦況に対する勘がするどいから、まったくどうしようもないというのが日本選手たちの感想であった》(八田一朗『読売スポーツ』)

しかし、ただひとり明治大学の霜鳥武雄(ヘルシンキオリンピックライト級六位)だけは、このトルコ遠征で全勝を飾った。フリースタイル最強国トルコに乗り込んでの全勝。しかも霜鳥はライト級(六七キロ)である。

ヘビー級、ミドル級、ライト級といったレスリングにおける階級の呼称は、もちろん欧米人の体格に合わせてつけられている。

ライト級の六七キロは、レスリングの本場アジアを含む全世界の男性のほぼ標準。トルコでも最も層の厚い階級である。そんな中で全勝を飾った霜鳥は、間違いなくヘルシンキ以後、日本最強のレスラーだろう。

ヘルシンキの銀メダリストである俊敏な北野祐秀(慶大)、そして日本最強レスラーに成長した勇壮無比のファイター霜鳥武雄(明大)。彼らこそ来たるべき東京世界選手権における日本の牽引車となるべき男たちであった。

八田は一九五四年一月にトルコを招き、翌月にはアメリカ遠征を行って北野や霜鳥ら最強メンバーを鍛え上げ、五月の世界選手権に万全を期すつもりであった。

ところがトルコ招聘は水谷、畠山らの策謀によって中止に追い込まれ、二月のアメリカ遠征も関東学生連盟のボイコットのために、最強メンバーを送り出すことが不可能となってしまった。

度重なる妨害に、ついに八田は腹をくくった。

わかった。試合に出たくないというのならそれで良い。

八田は近畿レスリング協会に話をつけ、アメリカ遠征には関西の選手を送ることを決めた。

だが、関西出身者ばかりで構成された遠征メンバーの中に、ただひとり中央大学の笹原正三の名があった。

米盛勝義の後任として中央大学レスリング部監督に就任した石井庄八は、自らの経験から海外遠征の重要性を痛感していた。日本に相撲と柔道があるように、世界には様々なレスリングが存在する。海外からの技術移入がなければ、日本のレスリングは衰退するほかない。

明治主導の学連決議など知ったことではない。中央大学レスリング部の強化のためには、笹原正三に金メダルを取らせるためには、海外遠征がぜひとも必要なのだ。

かくして中央大学の切り崩しに成功した八田は、神戸新聞のインタビューに応えてこう語った。

《笹原が独りで参加しているが、中大では笹原の今度の遠征を学連が認めないならば学連を脱退すると言っている》(八田一朗『神戸新聞』)

明治の水谷と松田、専修の畠山、そして慶應の菊間は戦慄した。主力選手がいなければ何もできないだろうとタカをくっていたら、なんと八田は関西の選手と中央大学だけでアメリカ遠征メンバーを決めてしまった。つまり、明治、専修、慶應を排除して世界選手権を開催することも可能ということだ。

頃合いと見た八田は東京都議会議員の北島義彦に仲介を依頼して、水谷らとの和解交渉に臨んだ。北島は、今回のフリースタイル世界選手権の東京招致にも協力してくれた八田の盟友である。

落としどころは最初から決まっている。北島は水谷らにこう言った。

「八田にも至らぬ面が多く、あなた達にも迷惑をかけた。しかし世界選手権は東京都がオリンピックを招致するためにも重要な大会だ。レスリング協会が一致団結しなくては成功に導くことは到底不可能だ。スポーツを通じて国際親善、世界平和に大きく貢献するためにも、東京都は、いや日本はあなた達の協力を必要としている」

八田も「私の不徳の致すところであり、申し訳ない」と頭を下げた。

結局、水谷、畠山、菊間が協会理事に復帰し、松田滋夫が新たに協会理事となるという条件を八田が受け入れたことで、あっさりと和解が成立する。

ようやく内紛にピリオドが打たれた。八田は直ちに世界選手権準備委員会を発足させたが、すでに世界選手権開催まで四カ月を切っていた。

航空券や宿舎の手配、宣伝活動、運営のマニュアル作りやパンフレット製作に始まり、豚肉を避けるなど特別な配慮を必要とするイスラム教徒の食事のレシピ作りに至るまで多忙を極める八田の下に、やがて朗報が入った。

四月三日に行われた全米選手権で、フェザー級の笹原正三が日本人として初めて優勝を果たしたのだ。

山形商業では剣道、町道場では柔道を学んだ笹原は、英語を熱心に勉強し、戦後は進駐軍の通訳として働いた後に中央大学に入学、レスリング部に入部した。

しかし、当時の日本最強チームは多士済々、笹原はついに最高学年になるまでリーグ戦のレギュラーとなることはできなかった。

最上級生になり、主将に選ばれた笹原は全日本学生選手権と全日本選手権の二冠を獲得、卒業後まもなく行われたアメリカ遠征でも全米選手権に優勝、見事に全米チャンピオンとなったのである。

かくして東京世界選手権では、慶應の北野、明治の霜鳥というヘルシンキ組に加え、新たに全米王者笹原の存在がクローズアップされてきた。

しかし、八田には、日本選手たちの活躍に胸を膨らませている暇はなかった。

東京体育館の工事は昼夜兼行で行われたものの、結局、未完成のまま大会初日を迎えることになった。躯体(くたい)工事までが精一杯で、屋根の防水にまで手が回らない。床を張るのも間に合わず、仮のベニヤ板を敷きつめるほかなかった。外装もコンクリートがむき出しの状態で、本格的な工事は大会後に行うことにした。

参加チームも確定しなかった。イギリスは極東の島国まで遠征する費用がないと参加を辞退、韓国も直前になって不参加を表明した。

ソ連チームの第一陣とハンガリーチームは、日本への入国許可が下りなかったために、ストックホルムおよびローマで足止めされた。ソ連選手団の団長は東京の八田一朗に電報でクレームをつけ、八田は話が違うと外務省にねじ込み「選手が政治的活動をしないよう、協会として責任を取る」という誓約書を書かされた末に、ようやく両国チームの入国許可を取りつけた。

参加各国の渡航費用に関しては、あらかじめ八田がエールフランスと交渉して四割引にするという話がついていた。

ところが、フランス政府が、仏印戦線における負傷兵収容のためにすべての飛行機をチャーターしたことから、約束はあっさりと反古にされてしまった。各国はすでに四割引を前提に予算を組んでおり、不足分は主催者たる日本が肩代わりせざるを得なかった。

八田と東京都は総予算四千七百万円のうち千五百万円の国庫負担を見込んでいたが、大蔵省は「そんな話は聞いていない」と突っぱねた。

慌てた八田は大会の一週間前に国会議事堂の衆議院柔道場に国会議員を集め、日本選手たちの模範試合を見せて補助金の必

1954年フリースタイル東京世界選手権のポスター．東洋一を誇った東京体育館の外観と「1960年五輪大会東京え」という小さな文字が興味深い

要性を訴えた。だが国庫負担は目標額に遠く届かない。金策に窮した八田は急遽ソ連とトルコに大会後に地方で行うエキジビションマッチへの参加を依頼、ソ連とトルコは快諾してくれたものの、収益などタカが知れている。

それでは、とテレビ放映を行うNHKに中継料を要求したところ「八田はアマチュアスポーツを興行化しようとしている」といわれなき非難を浴びて頓挫した。

結局、赤字は二千万円に達した。八田とレスリング協会にはカネなど最初からない。赤字のほとんどを引き受ける羽目に陥った東京都の担当者は、激怒して吐き捨てた。

《今大会の赤字を国が一部保証しない限り、一九五八年五月東京で行われるアジア大会や、一九六〇年に招致予定のオリンピック大会の主催を(東京都は)引き受けかねる》(『東京新聞』)

パンフレットが完成したのは大会当日の朝。すべての選手および役員の顔写真が入るはずが、集まった写真は二割にも満たず、ほとんどが空欄のままだった。

オリンピックの開会式にならって国旗を先頭に選手の入場行進が行われた際にもトラブルが起こった。ソ連選手団に渡されたのはなんと中国の旗だったのだ。猛然たる抗議を受けた末に、なんとか行進の直前に交換されたものの、仕方なく他国の国旗を掲げて入場した国もあった。

この日が雨だったことは、幸運と不幸の両方を招き寄せた。

観客動員に関しては吉と出た。雨のお陰で、近くの神宮球場に野球の早慶戦を見にきた人々が東京体育館のレスリングに流れてきたからだ。初日の客の入りは安い二階と三階がほぼ満員、特等席もそこそこ埋まり、八分以上の入りと発表することができた。

凶と出たのはもちろん屋根の防水である。工務店担当者の不安は的中し、アルミニウム製の美しい天井からはマット上にポタポタと雨が漏った。慌てて屋上に巨大なシートをかけ、屋根裏では、急遽駆り集められた作業員五十名がビショ濡れになりつつ、バケツ百個をリレーして排水につとめた。

運営もデタラメだった。

各国大使館からは夫人たちが大挙して訪れたにもかかわらず、トイレには男性用女性用の掲示が一切なかった。進行も不正確を極め、十時開始予定の開会式は一時間も遅れ、夜の九時に終わるはずの最終試合が実際に終わったのは、日付も変わろうとする十一時五十五分。翌日にも試合のある選手たちは、口々に不満を並べ立てた。

ふだん二百人にも満たない観客を見慣れている日本レスリング協会は、世界選手権のような大きな大会を運営する能力をまったく持ち合わせていなかったのだ。

わずかな慰めは、観客がフェアであることだった。勝者敗者関係なく、試合を終えた選手には惜しみない拍手が送られた。

大会後、ロジェ・クーロンＦＩＬＡ会長は記者団の質問にこう答えた。

《正直に言えば、日本の関係者は思ったよりも運営に不慣れだった。たとえば会場が完成していなかったこと、時間に極めてルーズであったこと、役員会の運営が日本式に行われ、国際的な慣習が無視されたこと、旅費の件がなかなか決定しなかったことが挙げられる。

東京にオリンピックを招致しようという動きがあるようだが、率直に言って無理だ。いま話題になっているメルボルン、ローマなどの施設に比べれば、日本はまだまだという感じがする》(『毎日新聞』)

あらゆる障害や妨害を克服し、八田一朗が力の限りを尽くして実現させた東京世界選手権は、国際レスリング連盟会長に酷評されて終わったのである。

しかし八田は決して弱音を吐かない。この男は、やはり只者ではないのだ。

《つぎのオリンピックのためにはいい経験になりました。まず練習方法を変えなきゃダメです。日本は立ち技が得意なんですが、これからは寝技も研究して、つまりバランスのとれた技にすることが必要でしょう》(八田一朗『毎日グラフ』)

一九五四年度のフリースタイル世界選手権は、史上初めて欧州を離れて行われた。アメリカとソ連の両大国が世界選手権で相見えたのもこの時が初めて。極東の地で開催された世界選手権が、レスリングの発展に大きく寄与したことは間違いない。

最も期待されていたライト級の霜鳥は、負傷していた左瞼をさらにバッティングされて、実力を出せないまま最終予選で敗れていたから、この世界選手権には出場できなかった。ヘルシンキオリンピックの銀メダリストであるフライ級の北野は、トルコの新星十八歳のフセイン・アクバシュに三―〇の判定で完敗して二位となった。

日本選手の優勝は、フェザー級の笹原正三ただひとり。

だが笹原は、日本のレスリングを大きく変えていくことになる。

第4章　ササハラの衝撃

スパーリングで佐藤多美治(左)をコントロールする笹原正三(右)．笹原は選手としてもコーチとしてもレスリングの研究者としても超一流だったが，八田一朗は笹原を「宮本武蔵のような男」と評している．アスリートとしては素晴らしいが，組織の一員には向かない，という意味だろう

笹原正三は一九二九(昭和四)年七月、山形で木工・製材業を営む家に生まれた。

小学校の頃は身体が細かったにもかかわらず、相撲やスキーに熱中した。

「たとえば風呂の水を汲む、薪を切る、畑に行って仕事をする。さらに子供たちの集団の遊びがありました。川で泳いだり、山に行ったり、そういう日常生活における身体活動で体の土台が作られてきたわけです」(笹原正三)

山形商業高校に入学すると往復八キロの道を徒歩で通い、学校では剣道、町道場では柔道を学んだ。学校が終わると、伐採した木を二キロ先の山麓まで運ぶ仕事を父に手伝わされた。足腰や心肺機能が強化されたことはもちろんだが、長く重い生木を肩で担ぐためには、瞬時にミリ単位で重心を探さなくてはならない。後に世界一と賞賛された笹原のタックルには、木を担ぎ続けた日々の経験が生かされている。

一九四四(昭和十九)年になると学徒勤労令が出され、高校生の笹原は軍需工場で働くことを余儀なくされた。板金工として働きつつ、暇を見つけては英語の勉強に励んだ。鬼畜米英が声高に叫ばれる中、頭脳明晰な個人主義者は「国際語たる英語が滅びることは決してない」という固い信念を抱いていた。

敗戦後、英語が得意な笹原は、東根市神町にあった米軍基地内の文書課で仕事を得た。日本語が一切禁止される基地内での仕事は厳しかったが、その分、英語力は飛躍的に伸びた。

一九五〇(昭和二十五)年四月には米軍基地で得た貯金をはたいて上京、中央大学法学部に入学した。

GHQの命令によって学校で武道を行うことが禁止されたこの時期、柔道経験者、特に比較的身体の小さい者は、体重無差別の柔道から階級制のレスリングに数多く転向していた。

剣道よりも柔道を好む笹原は、郷里の先輩である三條國雄に誘われて中大レスリング部に入部する。早稲田、慶應、明治、立教、拓殖、専修、日大の各レスリング部が戦前から存在していたのに対して、中央大学レスリング部が創設されたのは戦後まもない一九四六(昭和二十一)年。笹原が入部するわずか四年前にすぎない。

しかし、戦前の名レスラー風間栄一(早大OB)や慶大出身の菊間勝彦らの熱心な指導を得て、中大は瞬く間に早慶を抜き去り、一九四九年には秋季リーグ戦で明治を抑えて初優勝。笹原が入学した一九五〇年にも春秋連続優勝を果たし、さらにこの年からリーグ戦三連覇を達成した。

笹原入学当時の中大レスリング部は黄金時代を迎えていたのだ。

だが、快進撃を続ける中大レスリング部の雰囲気は険悪で、常に緊張感が漂っていたという。

「早稲田が明るくて和気あいあいだったのに対して、中央は殺伐としていました。先輩たちは皆仲が悪く、しょっちゅういがみあっていた」(笹原と同期の保岡陸朗)

緊張感の源は、後に戦後初の金メダリストとなる石井庄八であった。

「弱いヤツ、練習を一生懸命やらないヤツを窓から放り出すのは石井さんが作った伝統です」(東京オリンピックフェザー級金メダリストの渡辺長武)

千葉中学出身の石井庄八は優秀な頭脳の持ち主であり、超人的な努力家でもあった。中大空手部OBの野瀬務は、友人の石井庄八が続けた努力を知っている。

《オリンピックから帰って来て私に金メダルを見せ、誰にも見せて居ない所が有ると云って口を開けて見せて呉れた。奥歯を嚙みしめて頑張ると云う表現が有るが、それこそ私に見せる最高の土産だった。「しょっぱち」の奥歯は見事に崩れて居たのであった》(『中央大学レスリング部五十年史』)

そんな石井庄八の前に笹原正三が現れる。笹原は朴訥でおだやかな性格の持ち主であり、学業とスポーツの両立を深く考える真面目な学生だった。

予科練育ちの石井には、米軍基地で英語を磨いた民主主義者の笹原が、何から何まで気に入らなかった。

中大レスリング部の道場に敷かれた白いキャンバス地のシートは、血と汗と垢によって黒く染め上げられていた。クッションとなるはずのマットはすでに押しつぶされてコンクリートのように硬かった。笹原ら新入生は、体力差や技術の差を一切考慮されず、黒い板の上に次々と叩きつけられた。打ち身切り傷はもちろん、脳震盪も頻繁に起こした。

戦後初のアメリカ遠征から戻ってきた石井庄八は変貌を遂げていた。酒と煙草を一切断ち、翌年のヘルシンキオリンピック優勝をめざして道場に泊まり込むようになったのである。アメリカ式の合理的な練習方法を中大に持ち込んだのも石井だった。

「石井さんが皆に練習法を教えたわけではなかった。自分のために練習する石井さんを見て、皆が真似したということ」(笹原正三)

それでも日本最強のレスラーが身近にいる効果は大きかった。大学二年の笹原は初参加した全日本学生選手権で準優勝を飾ったのである。

「当時の試合時間は十五分と長く、終わりの方はバテバテになる。ところが笹原はへばらない。最初から最後まで動きがまったく変わらないんです。心肺機能がよっぽど高かったんでしょう」(保岡陸朗)

手応えをつかんだ笹原はレスリング研究に没頭する。早稲田や明治の練習を見学したり、UCLA(カリフォルニア大学ロサンジェルス校)のレスリング・コーチ、ヘンリー・ストーンが書いた本をアメリカから取り寄せて研究した。

「それまでの日本の練習は、もっぱら身体をいじめるハードトレーニング。筋力アップやコンディショニングに関しては、それでもある程度できていた。ただ、緻密な練習計画を作っている部員はひとりもいなかった。皆同じ釜の飯を食い、練習時間も変わらない。その中で自分が他の人よりも強くなるためにはどうすれば良いかを必死に考えた。私は腕も足も細く、体力的に恵まれている方ではない。だからこそレスリングについて深く考えなくてはならなかった。理屈が通るのか、根性が通るのかをはっきりさせようと思ったんです」(笹原正三)

笹原がレスリングを深く考えていた最中、ヘルシンキオリンピックで石井庄八は勝った。軍隊式精神主義とハードトレーニングの信奉者はアメリカンのレスリングの合理性に目を開かれ、オリンピックチャンピオンにまで上りつめたのである。

一方、笹原が先輩たちを抜いてリーグ戦のレギュラーになることはできなかった。当時の中大レスリング部の選手層はそれほど厚かったのである。しかし笹原は腐ることなく練習を続け、最上級生になると主将に任命された。

笹原キャプテンは誰にも真似のできない練習量をこなし、全日本学生選手権、全日本選手権の二冠を達成する。卒業後間もなくアメリカに遠征すると、全米選手権にも優勝して、日本人初の全米王者となった。

帰国後まもなく東京で行われた世界選手権は、選手生活の集大成となるはずであった。一九五四年当時、すでにフリースタイルの覇権はアメリカを離れ、トルコとソ連に移っていた。国内とアメリカで実力を証明した笹原にとっても、トルコやソ連は一段上の相手と思われた。

東京世界選手権における笹原正三の活躍に関しては、日刊スポーツの宮澤正幸記者（拓殖大学レスリング部OB）の記事が断然優れている。少々長くなるが引用しよう。

《つい先ごろ全米の選手権をとって来た笹原は闘志満々、一回戦では軽くドイツのフグライン選手をフォールして無減点となったが、第二日は笹原にとって〝最も苦しかった試合〟となった。相手はトルコ第一の強豪で、〝フェザー級は笹原かシットか〟といわれたほどの両者が、早くも二回戦に火花を散らすのである。笹原はもちろんシットを最大の目標にしてきた。前日は一日中トルコ・チームの技を研究し、立ち技に弱いのを見て作戦を練っていたのである。

立ち技は秘術を尽くしての攻防となり、僅かに笹原有利のうちに終わったが、寝技はトスが出てシットの先攻。全身の重心をかけられ強い足がらみで横に倒されようとしたのにはさすがの笹原も観念した。マタが引き裂けそうになるのを死物狂いで三分間をガン張った。だが交替して攻める側になったとき、まったく攻める気力なく〝最後のスタンドまでは〟とあるかなきかの力を貯えてくっついていた。この作戦は見事奏功した。

盛んに飛び込むシットのタックルを許さず、タイムアップ直前両足とりからバックを取り勝利を確定したのである。正にこの日の圧巻〝ササハラのタックルは世界一だ〟とトルコ役員の激賞するところとなったが、笹原とて〝トルコの寝技は天下一品だ。あの技を研究しなくては、到底メルボルンで日の丸を揚げることはできない〟と痛感したのである。闘い終わった時、笹原の呼吸はまるで止まっているかのようだった。(笹原減点二)

第三日はハンガリアのゲザを相手に無敗同士の対戦となった。スタンドは笹原が圧倒的に強く、タックルに攻め立てたが、ゲザはきらって意識的に場外に逃げ出す。これが連続しては如何に立ち技で得点しようとしてもできるはずがないので満場騒然。寝技に入っては得意のゲザが猛然攻勢に出て笹原一瞬ピンチ、最後のスタンドは笹原何度もポイントを挙げたが意外判定は二—一でゲザに上がった。

明白なミスジャッジ。日本選手団は直ちに抗議を申し込んだが、この時八田会長「僕は日本じゃないよ国際連盟だよ」と悠然。結局トルコのレフェリーが出場停止処分となったが、笹原は減点三を加えられ持ち点はたったの一点、決勝進出の望みは薄くなった。

しかし、ここで気を落とさぬのが笹原の真面目だ。北海道の松江(喜久弥)先輩からは「マダノゾミアリガンバレ」と打電してきた。

最終日の組み合わせは、全米決勝でフォールしたライスだった。

「お前もオレも一点組だ。どちらかフォールしなければ決勝へ出られないんだ。ベストでやろう」と肩を叩いたところ、ライスは「そんなこと言われると情が移ってお前に負けたくなるから止めろよ」といって控え室に逃げてしまった。〝食うか食われるか〟殺気立った一戦では、笹原が死ぬ気でタックルをかけてストレート・スルーの猛攻。十一分十七秒体固めにほふって失格を免れたのだったが、〝オレを殺す気だったのか〟と控え室でライスがボロボロ泣いたというから、いかに凄絶だったか判るだろう。

続く五回戦の決勝リーグではソ連のムサシヴィリを終始攻勢に押し切って目覚ましい活躍を見せたが、何としても幸運だったのは、前日笹原を倒したゲザがこの日シット、ムサシヴィリに連続で敗れて圏外に落ちたことで、この結果、笹原の優勝が決まったことは説明するまでもない。

コケラ落としの東京体育館メインポールにスルスルと大日章旗が揚がった時の感激は終生ファンの脳裏から消え去ることはないであろう》(『日刊スポーツ』十二月十日号)

右の記事に含まれる〝ストレート・スルー〟や〝減点〟等、私たちにはなじみのない言葉を簡単に説明しておこう。

当時の試合時間は十五分。四ラウンドに分かれている。

一、スタンド(立ち技)六分。

二、グラウンド(寝技)三分。(防御側が両手両膝をついたパーテールポジションをとり、攻撃側がバックに回ったところから始める)
三、グラウンド三分。(攻守を交替して行う)
四、スタンド三分。
〝スタンド三分〟とはスタンド状態から始めるという意味に過ぎず、私たちが知る現行のレスリングのように、スタンドからグラウンドに移行できることは言うまでもない。

ただし、当時は〝ストレート・スルー〟という特別ルールがあった。

最初のスタンドで三ポイント以上のリードを得た選手には、大差をつけた特典として次の選択肢が与えられていたのだ。
一、このままスタンドを続ける。
二、通常の四ラウンドを行う。
寝技が苦手な日本人は、ほとんどの場合にスタンド続行を選択した。これを〝ストレート・スルー〟と呼ぶ。つまり、日本得意のスタンドで大きくリードしておけば、寝技で攻められる危険を回避できるのである。

当時のフォールの認定も、現行とは大きく異なっている。

現行ルールでは「防御側のレスラーが、相手によって両肩を一秒間完全に抑えつけられた場合」にフォールが成立する。ちなみにレスリングにおける〝両肩〟とは、両脇の下を結んだ背中側の線のことだ。

ところが近代レスリング発祥から一九六〇年に至るまで、レスリングには次の三種類のフォールが認められていた。

- フライング・フォール

投げて、両肩が同時にマットにつくこと。この場合は一瞬であってもフォールとなる。余談だが、講道館柔道の投げによる一本はこのフライング・フォールに由来するのではないか、と筆者(柳澤)は考えている。講道館草創期の嘉納治五郎はレスリングの研究者でもあった。

- ローリング・フォール

横に転がりながら両肩をつくこと。ルールには「非常に早ければフォールではない」とあるが、実際にはほとんどがフォールにとられた。前後転してしまえば、即座にフォールにとられるということだ。

- ピンフォール

抑えつけながらフォールすること。腕や足を取ったり、エビ固めのように押し曲げて抑えつける。この場合には一秒間の抑え込みが必要となる。

さらに一九五四年当時、世界選手権やオリンピックではバッドマーク・システム(減点法)が採用されていた。選手はあらかじめ五点を持ち、試合のたびに以下の基準で減点される。

- フォール勝ちの場合は減点ゼロ。
- 判定勝利の場合は減点一。
- 判定負け、フォール負けの場合はいずれも減点三。

持ち点がなくなればその時点で失格である。

最後に上位三名を残して決勝リーグを行い優勝者を決定するのだが、両者がそれまでに対戦している場合にはその試合の結果が採用され、再試合は行わない。

以上のルールを理解しておけば、一九五四年東京世界選手権における笹原の実力をより深く理解できるはずだ。

当時の笹原は、スタンドにおける長所とグラウンドにおける短所の両方を持っていた。それは他の日本人レスラーに共通するものであった。

スタンドにおける日本の優位はスピードにある。足が短く、すなわち重心が低く足腰の強い日本人は、スタンドにおいて抜群の強みを見せる。すばやいタックルから相手の後ろに回るゴービハインドで次々にポイントを重ね、序盤に大量リードを奪う。ストレート・スルーの権利を得ればそのままスタンドを続け、弱い寝技を回避する。

これが当時の笹原および日本人レスラーの基本戦略であった。

しかし、そこから先、フォールに持ち込むためには、寝技の技術が必要となる。スタンドでは疾風のような日本人レスラーも、グラウンドになると弱点を露呈する。ストレート・スルーに持ち込むことができなければ、攻守一回ずつのグラウンドが待つ。日本人レスラーがトルコやソ連のバックを取っても何もできず、下手に動けば切り替えされて、たちまちフォールされる。逆にバックを取られれば、恐ろしい力のネルソンやアンクルホールド等でひっくり返され、やはりフォールに持ち込まれてしまう。グラウンドにおける日本人レスラーは、相手の攻撃を必死に耐え忍びつつ、時間切れを待つほかなかったのだ。

また、当時の日本には、レスリングは学生時代に行うものという常識があった。レスリングの競技人口は昔も今も極めて少ない。柔道や剣道ならば町道場もあるが、レスリングには町道場など存在しない。

企業や自衛隊がレスリングを支援するのはまだ先の話だ。一九五〇年代には大学卒業後にレスリングのできる環境は皆無だったから、大学を卒業したレスラーのほぼ全員がレスリングから離れた。北野も霜鳥もヘルシンキオリンピックで優勝した石井庄八も、卒業と同時に現役生活を終えた。笹原も彼らと同様に、卒業後は現役生活に別れを告げるつもりだった。

だが、世界チャンピオンになったことで、笹原はこれまでの常識も親の期待も振り捨てて、二年半後のメルボルンオリンピックを目指すことにした。笹原の決意は両親を一時的に落胆させたが、日本のレスリングにとってはこの上ない朗報となった。

笹原は母校の中央大学学友会事務局に勤務した。月給は一万円と極めて少なかったが、笹原にとっては問題ではなかった。中央大学には日本最高の練習環境があったからだ。東京の世界選手権への出場選手八名のうち、中央大学はOBの米盛勝義と笹原を含めて六名を占めた。その上、中大レスリング部監督は、日本でただひとりのオリンピックチャンピオン石井庄八なのだ。笹原は体育館の一角に泊まり込み、連日激しいトレーニングを続けた。

技術的には、寝技に主眼を置いたことは言うまでもない。しかし中大レスリング部には、いや日本中探しても、笹原を上回る寝技の使い手はひとりもいなかった。八ミリカメラやビデオテープはまだ存在しない。ソ連のコーチたちがフィルムカメラを使って盛んに試合を撮影していたことが話題になるような時代だった。国内に笹原の相手になる選手はなく、外国人選手の映像を見ることもできなかった。それでも笹原は東京世界選手権での記憶と、それを分析する優秀な頭脳を持っていた。

すでにヒントはあった。

東京世界選手権でトルコのバイラム・シットに痛めつけられた技である。

シットは笹原のバックを取ると、足をからめて固定し、笹原の足を跳ね上げつつ横に飛んだ。その時、笹原の腰に恐ろしいほどの痛みが走った。結果的に笹原は死に物狂いで痛みに耐えて勝利を得たのだが、あの技は一体何だったのか？

腹這いになっていた笹原にシットの動きは見えない。周囲で見ていたコーチや選手たちの記憶を頼りに、実際に組み合って技を再現しようと試みた。

シットが自分に何をしたのかを笹原が完全に理解できるまでには三カ月を要したが、技の術理を完全に理解すると、笹原の中には「シットの技は未完成だった。この技はもっと有効に使うことができる」という確信が芽生えた。

この技は、後に日本では〝股裂き〟と呼ばれ、海外では〝ササハラズ・レッグ・シザース〟と呼ばれることになる。

笹原が〝股裂き〟を自家薬籠中のものとしてまもなく、日本アマチュアレスリング協会会長八田一朗の下に、ソ連レスリング協会からの手紙が届いた。

日本代表を招待したい。東京―アフガニスタン間の片道運賃約八千ドルを日本側が負担すれば、滞在費および復路の航空運賃はすべてソ連側が負担するという。

願ってもないチャンスである。八田一朗は早速外務省と交渉したが、国交のないソ連への渡航は前例がなく、外務省は難色を示した。

ところが自由党の吉田茂内閣が総辞職し、民主党の鳩山一郎が首相に就任したことか

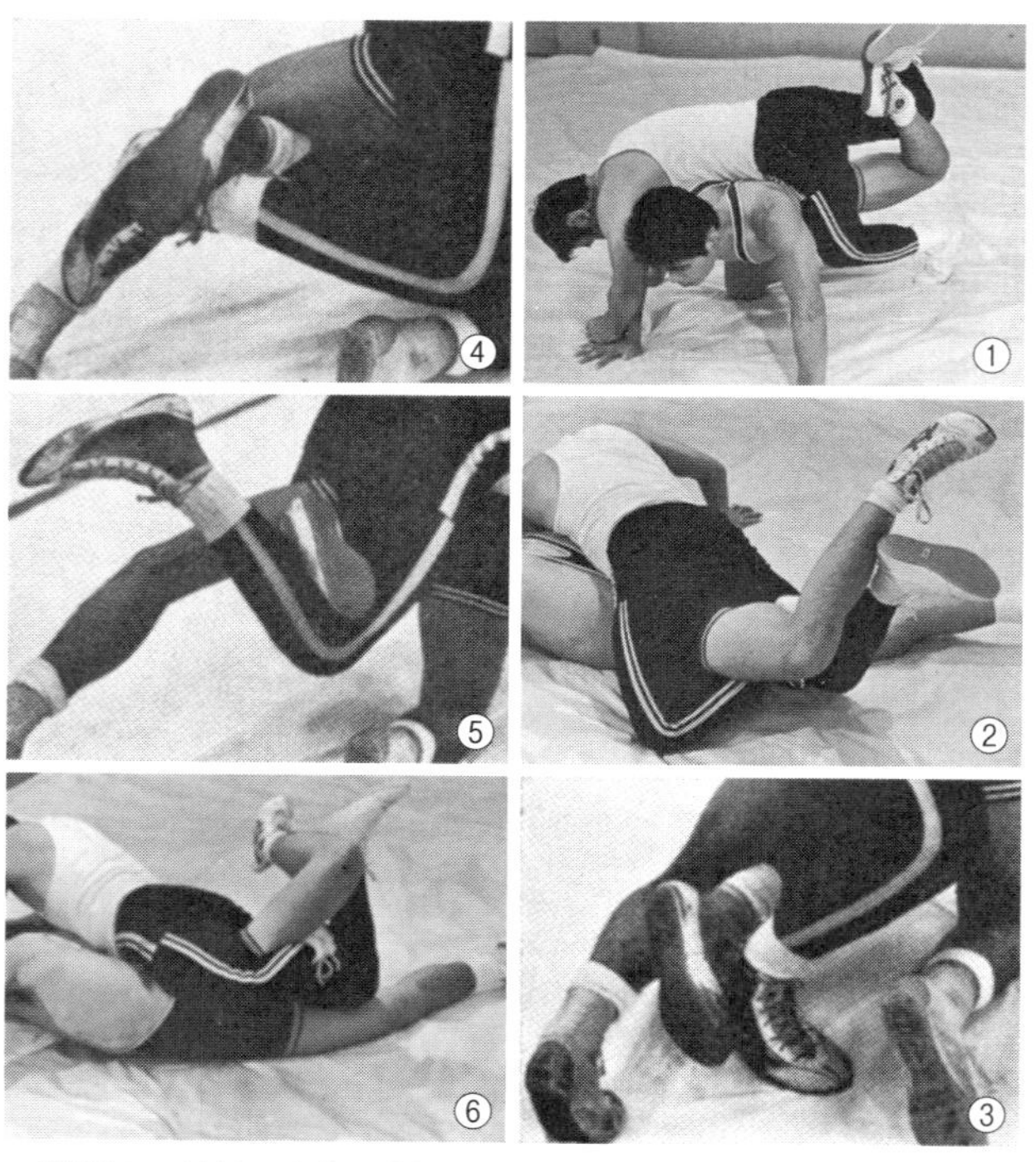

[股裂きの連続写真①〜⑨]　試合時間が短くなった現在のルールでは少々使いにくい技だが，女子の伊調馨は見事に使いこなす．本来レスリングでは関節技は禁止だが，股裂きは，じつは腰骨を攻撃する関節技であり，抵抗しようとすれば恐ろしい痛みが走る．「関節を攻撃する」という発想は，笹原以前のレスリングには存在しない．「笹原正三は世界の技術革新者のトップ」とエルセガン FILA 会長から賞賛された所以だ

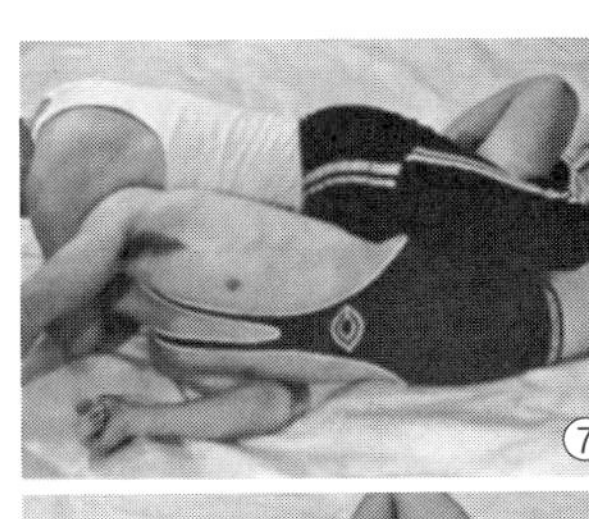

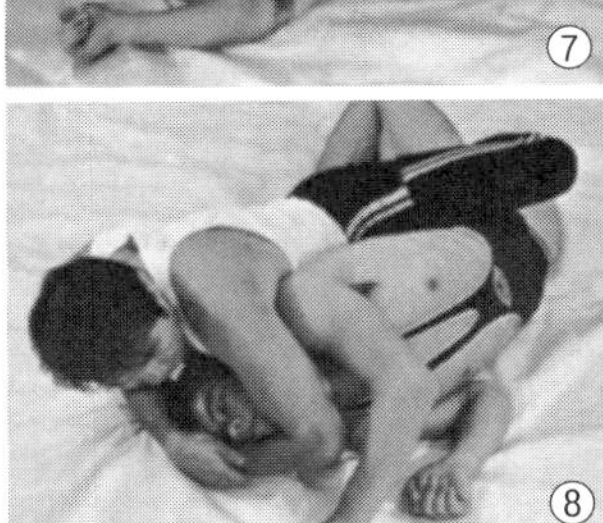

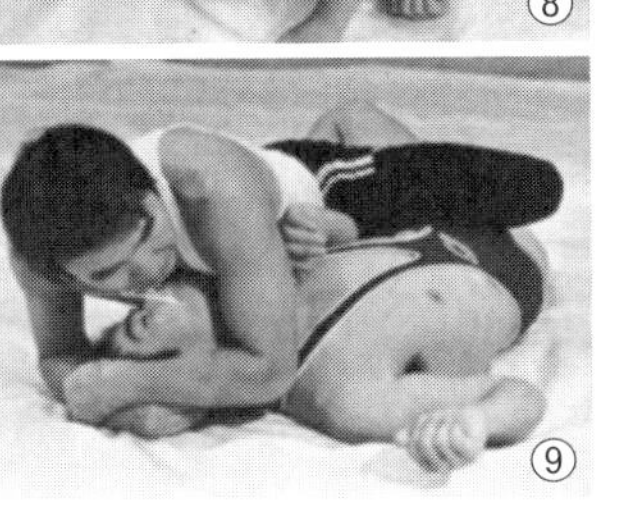

ら、事態は大きく変わった。

後に日ソ国交回復を果たすことになる鳩山は、重光葵(まもる)外相と協議した結果、これまでの方針を改めて共産圏への渡航を許可したのだ。ソ連からの公式招待を受けている日本レスリングチームに真っ先に渡航査証(ビザ)が発行されたことはいうまでもない。

八田一朗は直ちに遠征メンバーを選考し、全日本選手権で優勝した笹原正三(中大ＯＢ＝フェザー級)、飯塚実(明大＝バンタム級)、笠原茂(明大＝ライト級)、池田三男(中大＝ウェルター級)らをレスリング最強国ソビエト連邦に送り込むことにした。

日本スポーツ史上画期的なソ連遠征を実現させた日本レスリング界のリーダーは、東京世界選手権に私財をすべてつぎ込んだ結果、青山の外苑ホテルも手放し、戸越銀座のあばら家に引っ込んで貧乏暮らしを続けていた。まともな職に就かず、一切の財産を持たない八田一朗は、銀座の洋服屋や洋菓子店の社長、天ぷら屋やレストランの社長などのパトロンたちに生活を支えられていたのである。

日本はまだ貧しく、企業も自衛隊も警察も、柔道をバックアップすることはあってもレスリングに興味を示すことはなかった。普及も進まず、日本代表選手のほとんどは東京の大学生とそのOBだけだった。社会人のための練習環境はゼロに等しく、会社員が遠征試合や合宿に行く際には、白眼視する周囲にアタマを下げ、土産を買って帰らなければならなかった。

一方、ソ連ではまるで事情が異なっていた。

小中学校では週二時間、大学では四時間のスポーツの授業があり、国家予算で建てられた立派な施設で優秀なコーチが指導する。社会人のためには職種別のスポーツ協会が四十もあり、すべての労働者は朝の十時から夜の十二時まで各所属協会のスポーツ施設を自由に利用して、好きなスポーツを選んで楽しめる。どこの施設にも国家資格を持つ専任コーチが常駐している。二億の全国民に幼い頃からスポーツを強制的に行わせ、選び抜かれた選手が国立スポーツ大学に入学し、優秀なコーチから世界最高水準の指導を無償で受ける。国際大会で優秀な成績を収めた選手には現在の貨幣価値で数千万円が与えられ、国家から〝マスター・オブ・スポーツ〟の称号を受け、現役引退後はコーチとして高給で雇われ、生涯にわたって年金が支払われる。

一九五五(昭和三十)年一月から二月にかけて行われた日本スポーツ界初のソ連遠征に参加した選手たちは、彼我のあまりの違いにただ呆然とするばかりであった。

《レスリングにしても他のどのスポーツにしても国家の熱の入れ方が違うし選手の層も厚い。体育施設はすべて国営で、そこには専属のコーチ、医師がいるし、用具などはすべて無料で提供している。そのためスポーツが一般大衆と完全に結びついている》(笹原正三の手記『朝日新聞』二月十二日)

ソ連はやはり強かった。

立ち技でも寝技でもグレコローマンの技を存分に利用し、日本選手はスタンドで組めば瞬時に恐ろしいほどの力で投げられ、グラウンドではハイブリッジを利用してコントロールされ、フォールに持ち込まれた。世界選手権の時には有効だった日本の両足タックルも、細かく分析されてことごとく封じられてしまった。

日本人選手が次々と敗れる中、しかしフェザー級の笹原と、鋭いタックルを武器とするバンタム級の飯塚実だけは三戦全勝を飾った。

ソ連はこの二人を徹底的にマークし、全試合を八ミリフィルムに収めた。

笹原はムービーカメラの前で平然と股裂きを披露してみせた。「この技を完全に使いこなせるのは自分しかいない」という強い自負があったからだ。

ソ連遠征から半年後の一九五五年八月、日本レスリング代表チームはポーランド・ワルシャワで開かれた国際青年スポーツ大会に参加した。ひとことで言えば共産圏のオリンピックである。

レスリングの参加国はソ連、イラン、そしてイギリスなど十四カ国六十七名。トルコは不参加であり、笹原の強敵はソ連遠征でも戦った新進気鋭のサリムリンと、ヘルシンキオリンピック銀メダリストであるイランのギヴェチのふたりだった。

笹原はここでもソ連とイランの二人をまったく寄せつけずに優勝した。

サリムリンは対戦するたびに強くなっている。昨年東京にやってきたムサシヴィリより実力は上であり、ヘルシンキまでにはさらに伸びるだろう。笹原はそう実感していた。だが、サリムリンの手の内はもはやわかった。

イランはトルコのコーチを招いて強くなった国だから、やり方はトルコに似ている。イランにギヴェチを上回る選手がいないことも明らかだった。

気になるのはやはりトルコのシットだ。笹原は、メルボルンオリンピックの前に、ぜひともシットともう一度対戦しておきたかった。シットと実際に戦うことで、自分が研究した股裂きがシット相手に通用するかどうかを確かめたかったのだ。

笹原の希望を八田一朗が聞き入れないはずがない。一九五五年十一月には、あっという間にフリースタイル最強国トルコの招聘が実現した。

《フリースタイルではアメリカが今日まで世界をリードしていたが、トルコの台頭によってフリースタイルの王座がアメリカから中央アジアに移ってしまった。これはトルコの持っている「ヤクレ」(＝ヤール・ギュレシュ、オイル・レスリングの意)と「カラクジャク」というトルコ独特の相撲を土台にヨーロッパのグレコローマン・スタイルを加え、アメリカを招待してアメリカ式のフリースタイルを学び、トルコ式レスリングを完成したからである》(八田一朗『西日本新聞』)

《一説には世界チャンピオンである笹原正三選手(中大OB)が「世界選手権以後、トルコ選手と試合する機会に恵まれないので、何としても自分の力に自信がつかない。もう一度シットら一流選手と対戦させてほしい。勝てば来年のオリンピック優勝は絶対自信を持ってしてみせる。負ければさらに一段と研究を尽くしてオリンピックで敵を討ちたい」と熱望したためともいわれる》(『日刊スポーツ』)

だが、トルコは国内トップの選手を連れてこなかった。笹原に研究されることを恐れたに違いない。笹原は三十二歳のフェザー級ケマール・オズカンを圧倒し、一階級上のライト級チェレビにも三―〇の判定で勝った。

翌一九五六(昭和三十一)年は早くもオリンピックイヤー。笹原ら日本選手は十一月末のメルボルンオリンピックまでの最終調整段階に入った。

二月にはイラン遠征を行い、全四戦を行った。

緒戦はパーレビ国王が臨席したために露骨な地元判定が繰り返されて、笹原を含む全員が敗れたものの、二戦以降、笹原は全勝している。イランの地元びいきは世界的に有名だ。


《私が初戦でギヴェチに敗れたときなどは場内がシーンとして、勝ちを宣せられたギヴェチに誰も拍手を送らなかった。私がマットを下りると一人のイラン人がとんできて「あなたの勝ちだ」というジェスチュアを示しながら涙を浮かべているほどで、言葉の通じない私は何といって答えていいか迷ってしまった》(笹原正三の手記より『報知新聞』)

イラン遠征では技術的に得るところがまったくなく、笹原も「これ以上海外遠征の必要はない。コンディションを崩すだけだ」と考えるようになっていた。

しかし、五月にトルコのイスタンブールで行われるレスリング・ワールドカップに招待されると笹原は考えを変えた。地元で行われる国別対抗戦ならば、トルコは必ずやベストメンバーを組む。すなわち宿敵バイラム・シットが出場するのだ。

笹原は、シットと対戦するためだけにイスタンブールに飛んだ。

結果は満足すべきものだった。

決勝リーグで対決したシットは、世界選手権の敗北を地元で取り戻そうと必死に戦ったが、笹原はスタンドではもちろん、グラウンドでもシットを圧倒した。シットの股裂きは笹原にはまったく効果がなく、逆に笹原によって何度も窮地に追い込まれた。結局笹原は三―〇で判定勝利を収め、この大会でもフェザー級優勝を果たした。

メルボルンオリンピックのメダリストたち．中央がフェザー級で優勝した笹原．左がウェルター級優勝の池田三男(中大)，右がライト級二位の笠原茂(明大)

　ついに笹原の準備は整った。

世界各国のレベルは確認できた、オリンピックで対戦するであろう強敵の手の内も読めた。

　笹原は揺るがぬ自信を胸に十一月のメルボルンに乗り込む。

　笹原の強さは盤石だった。四度目の対戦となるサリムリン(ソ連)、三度目となるシット(トルコ)をいずれも判定で破り、次の対戦はアメリカの新鋭マイロン・ローデリックであった。

　初めての相手ということもあって慎重にスタートした笹原だったが、グラウンドで股裂きをかけると「ササ、フィニッシュだ！ もうやめてくれ！」と、ローデリックは悲鳴を上げた。

結局笹原は、ローデリックと決勝リーグで対戦したベルギーのメヴィスをいずれも三―〇の判定で下し、念願の金メダルを獲得した。

日本チームはメルボルンで大成功を収めた。期待されたバンタム級の飯塚実は負傷によって四位に終わったが、ウェルター級の池田三男が金メダル、ライト級の笠原茂も銀メダルを獲得した。

しかし、世界中の専門家は笹原正三の強さばかりを絶賛した。

フリースタイルに急速な技術革新が進む中、世界各国から研究し尽くされたにもかかわらず、敵地に乗り込んで完勝した偉大なるチャンピオンとして。

笹原正三は世界に初めて誕生した、完全無欠のフリースタイル・レスラーだった。

第5章　レスリングマスター

パキスタンのパヘルワーン(レスラー)たち．草原のないインドおよびパキスタンでは，レスリングは柔らかい土の上で行う．雑菌が入るのを防ぐために土足厳禁である．一瞬でも背中がつけば試合終了というルールは，トルコのヤール・ギュレシュ(オイル・レスリング)や，1950年代までの国際ルールとまったく変わらない

笹原正三をソ連、トルコ、イランに遠征させて偉大な王者へと成長させたのは、日本アマチュアレスリング協会会長の八田一朗であった。

八田一朗は自著の中で、レスリングの起源について次のように書いている。

《レスリングの起源は文明の起源にまでさかのぼることができる。一九三八年スパイザー博士の一行がペンシルバニア大学ならびに東洋研究学院を代表して、メソポタミアで古墳発掘中に発見されたものが、レスリングを実証する最古のものとされている。一行はバクダッドの近くＫＹＡＦＥＪＥの寺院発掘中、二つの石板を発見した。一つは石に二人で拳闘をしている図が浮彫してあり、他は鋳銅の小像で二人のレスラーを示していて、互いに相手の腰を押さえているものである。これらは昔、滅亡したスメリア人の手によって作られたもので、少なくとも五千年を経過しているが、このことは当時すでにレスリングが重要なスポーツであったことを物語っている》(八田一朗『レスリング』)

今でこそスポーツの一種と位置づけられているが、本来、レスリングはスポーツとはまったく関係のない戦闘技術そのものであった。

人類初の文明がティグリス河とユーフラテス河に挟まれたメソポタミアで生まれたこ

とはご存じだろう。文明の発生は都市の誕生を意味する。古代都市を支えたのは主に農業であり、牧畜業であった。農業と牧畜業を支えたのは、もちろん大河がもたらす豊富な水と温暖な気候による肥沃な土壌である。

やがて都市はナイル河流域、インダス河流域、やや遅れて黄河流域にも誕生した。いわゆる四大文明である。

その一方で、北西の寒いヨーロッパは長らく文明の及ぶところではなく、ナイル河流域と温暖な地中海沿岸を除くアフリカ大陸にも都市は形成されなかった。大西洋を越えたアメリカ大陸にはまだ、文明の痕跡すらなかった。

世界とは、アジアのことだったのだ。

豊かな都市と貧しい地域の格差が広がれば、都市の支配権を巡って戦争が起こる。戦争が起これば戦闘技術が必要となる。当時の戦闘技術とは、強い弓を引く膂力（りょりょく）、青銅や鉄製の重い剣や槍を振るう腕力と体幹の力、敵を倒し、馬乗りになって短剣で首を刺す組み討ちの能力のことだった。

それらの戦闘能力を磨くためには、筋力トレーニングと弓槍剣を扱う技術のほかに組み討ちのためのトレーニングが必要となる。

すなわちレスリングである。

約四千年前には画期的な武器が誕生した。戦車（古代戦車＝チャリオット）である。複数の馬に二輪の木製台車を引かせ、御者と射手のふたりが乗る。

戦車はやがて東アジアに伝わった。中国の周が殷を破ったのは戦車の威力によるものといわれる。

それから一千年後、世界を根底からひっくり返す大事件が起こった。馬の背に乗る技術が誕生したのだ。

騎乗技術の発達によって長距離の移動が可能となり、草原で牧畜を営む騎馬遊牧民が誕生した。

騎乗技術は瞬く間に戦争に転用された。騎士の誕生である。

馬に乗ったまま弓を射る。馬の持つ圧倒的な速度は、そのまま圧倒的な戦闘力へと転じた。騎上から弓を射る騎射は、近代兵器の誕生に至るまで、およそ二千年もの長きにわたって最強の戦闘手段であり続けた。最強の騎士とは、馬を自在に操る技術、鞍上で弓を射るバランス感覚と膂力と視力、そして矢が尽き、接近戦となった際の組み討ちの技術を持つ者であった。

日々を馬と共に暮らす騎馬遊牧民は、重い家畜を自在に動かして毛を刈り、乳を採り、屠畜して肉を得ることを生業としてきた。生き物をコントロールする技術は、そのまま人間をコントロールする技術でもある。騎馬遊牧民は生まれながらの馬の専門家であるばかりか、組み討ちのスペシャリストでもあったのだ。

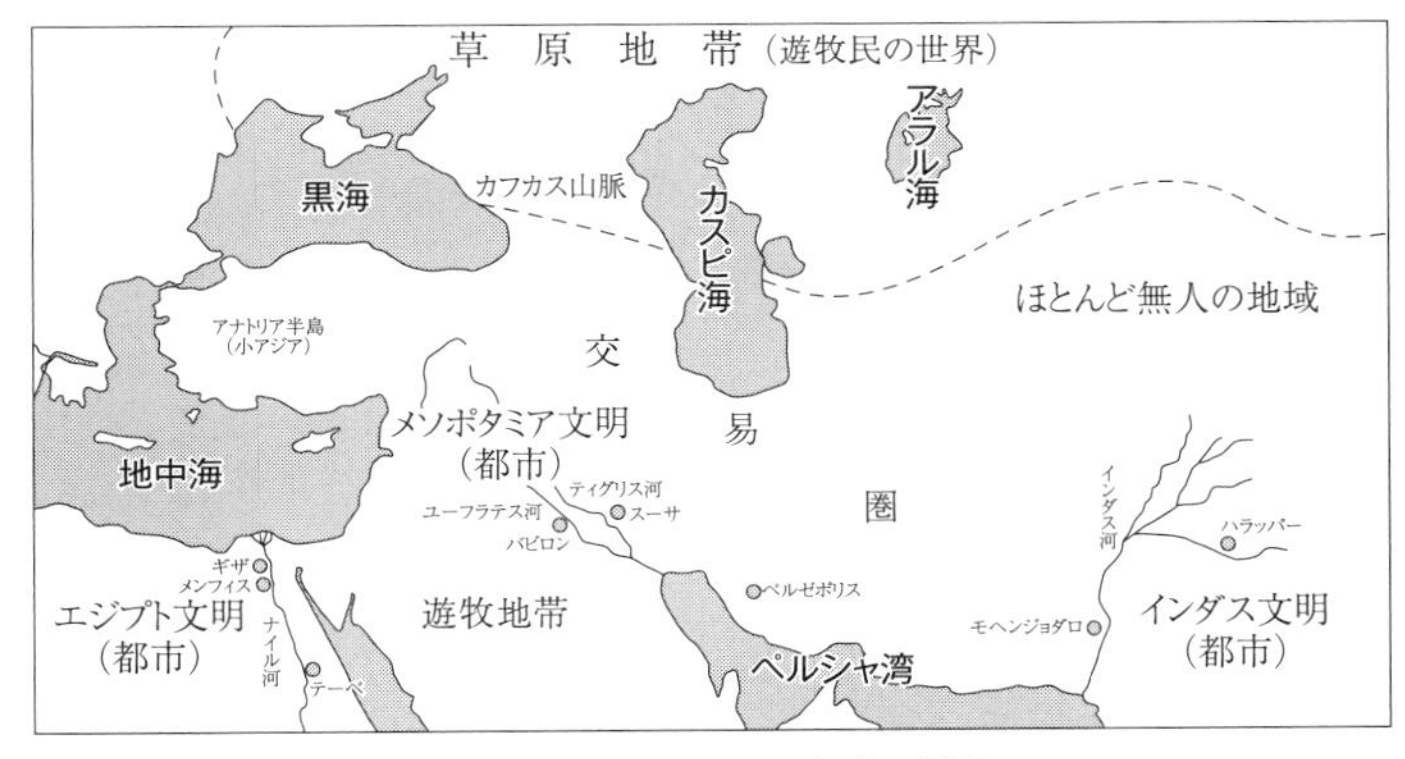

BC 3500〜BC 1500　文明の誕生

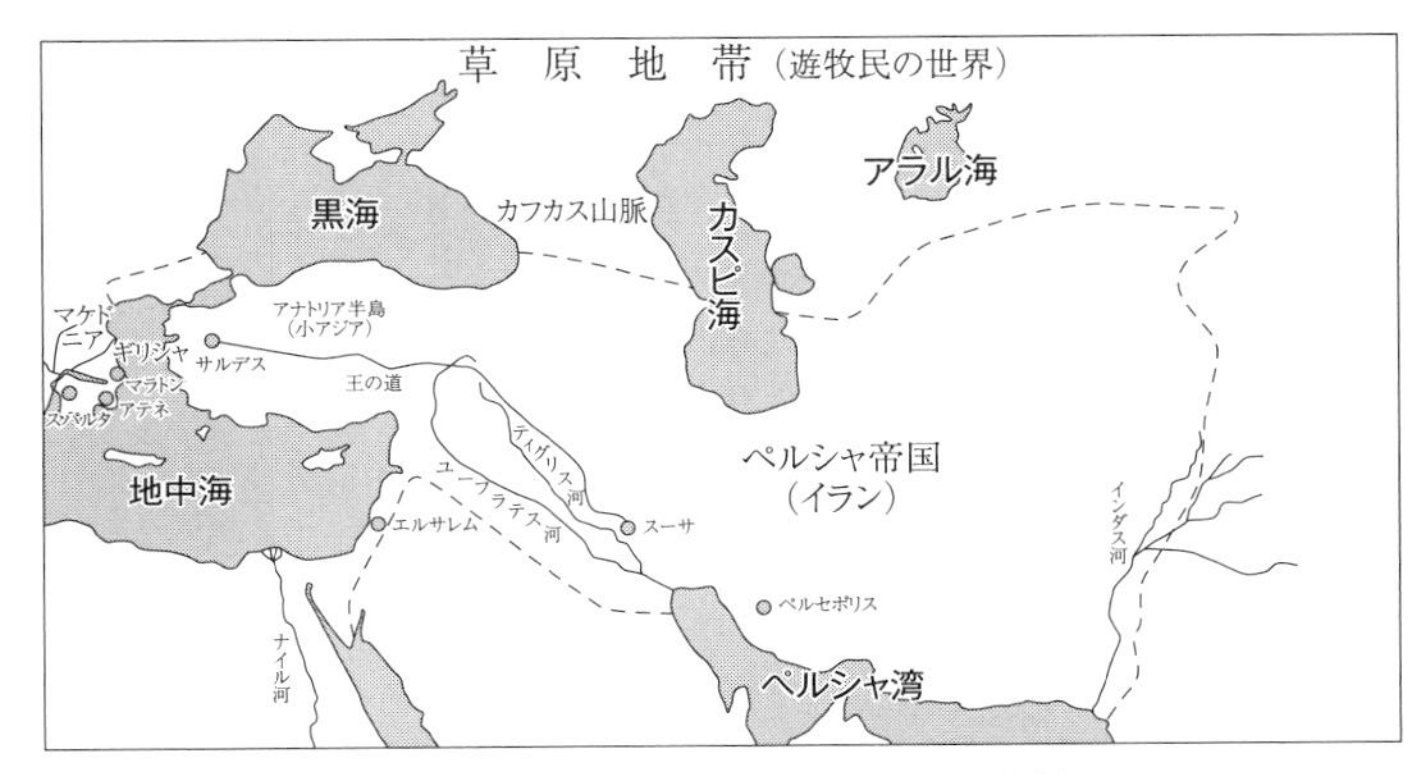

BC 6 世紀　アケメネス朝ペルシャ最大版図

かくして最強の戦闘集団へと化した騎馬遊牧民は都市に侵入し、たちまち支配者として君臨した。世界最古の史書といわれるヘロドトスの『歴史』に登場する騎馬遊牧民族スキュタイと、四百年後に司馬遷が書いた『史記』に描かれる匈奴の姿はあまりにもよく似ている。彼らは北の草原を自在に駆け、しばしば都市に侵入した。

そしてついに紀元前六世紀、ペルシャ(イラン)が史上初の世界帝国を作り上げたのである。

ペルシャ人はもともと中央アジア起源の騎馬遊牧民であり、最盛期のペルシャに君臨した偉大なる国王ダレイオス一世は、自らが優れた騎士であることを終生誇りにした。

ペルシャ帝国の誕生によって、それまでバラバラだった都市が統合され、都市間の交易が広く行われるようになった。

ロシア、ウクライナ、ウズベキスタン、ジョージア(グルジア)、アルメニア、アゼルバイジャン、イラン、ブルガリア、ハンガリー、トルコ。ペルシャ帝国の領土は現在のレスリング強国とほぼ重なる。ヒマラヤとチベットによって孤立した中国を除けば〝世界の中心〟は長くここにあった。

アレクサンダー大王の東征によってペルシャ帝国が崩壊してからも、〝世界の中心〟の支配原理は変わらなかった。強い騎士を数多く抱えるグループこそが、世界の支配者となる。イラン(ペルシャ)、テュルク(トルコ)、ウイグル、そしてモンゴル。都市の支配者の出自が常に騎馬遊牧民族であったのは、最強の軍事力を持っていたからにほかならない。

騎馬遊牧民族が築いた数多の大帝国の中でも、特筆すべきはモンゴルだろう。十三世紀から十四世紀にかけてモンゴルが支配した領域は、かつてのペルシャ帝国の全域と北の草原地帯すべてを含み、さらに東は中国と朝鮮半島、西はモスクワ、キエフにまで及ぶ。日本にも朝貢を求め、鎌倉幕府が拒否したことから元寇と呼ばれる戦争に至ったことはあまりにも有名だ。モンゴルほど巨大な世界帝国は、その後二度と出現していない。まもなく火器、すなわち鉄砲や大砲が出現し、十五世紀にはヨーロッパ人が呼ぶところの大航海時代、よりわかりやすく言えばヨーロッパの世界侵略が始まった。

しかし、ヨーロッパが侵略することができたのは、南インドや東南アジア、中南米などの後進地域にすぎない。

〝世界の中心〟を守り続けてきたのは、騎乗技術、弓を引く技術とともに、組み討ちの技術を持った騎士、ペルシャ語でいうところのパフレヴァーンたちであった。

騎士を意味するパフレヴァーンは、やがてレスラーという意味に転じていく。

現在、トルコのイスタンブールにほど近いエディルネで年に一度行われているヤール・ギュレシュ（オイル・レスリング）に参加するレスラーは、ペフリワンと呼ばれる。ヤール・ギュレシュは十四世紀中頃のオスマントルコの時代から始まり、六百年以上の長い伝統を誇る。

一方、遥か東方のパキスタンでは、レスラーはパヘルワーンと呼ばれている。五十歳以上のプロレスファンならば、一九七六年にアントニオ猪木と戦ったアクラム・ペールワンという名前のプロレスラーを覚えていらっしゃるだろう。アクラムの一族はもともとはムガル帝国のマハラジャに仕えるパヘルワーン、すなわちレスラーであった。戦国大名が力士を抱えるようなものだ。

一九五六(昭和三十一)年二月、笹原正三はイラン遠征の帰路パキスタンに立寄り、カラチで地元のパヘルワーンたちと土の上でスパーリングを行っている。

西のボスポラス海峡から東のインダス河流域に及ぶ広大な領域には、無数のパフレヴァーン(ペフリワン、パヘルワーン)たちがひしめいているのだ。

弓と馬の時代が終わり、銃と馬の時代に変わっても、アジアの優位とヨーロッパの劣勢は変わらなかった。しかし十九世紀以後、強い肉体は近代兵器に蹂躙されることになる。産業革命によって機械文明の先頭に立ったヨーロッパが、世界の覇者となったのだ。

長い間、ペルシャやモンゴルやアラビアやトルコから抑圧を受け続けたヨーロッパ人は、世界中の植民地化をはかると共に、メソポタミアではなくギリシャを文明の起源とする〝世界史〟を捏造した。

フランス人は地球を測量してメートル原器を作り、「世界中の長さはこれを基準にせよ」と主張した。

イギリス人はグリニッジ標準時を設定し「世界中の時間はこれに合わせよ」と命じた。ギリシャとローマの文明の後継者を僭称するフランス人は、古代ギリシャで行われていたオリンピックを復活させた。

近代オリンピックが長らくアマチュアリズムを信奉し続けた理由は、スポーツが本来、ヨーロッパ貴族のために存在するものだからだ。そして彼らが考えるアマチュアリズムとは、貴族が平民を差別し、平民が賤民を差別するヨーロッパの階級社会を前提とする欺瞞に満ちたものであった。

「肉体労働者は職業として身体を使用している。だから彼らはプロフェッショナルである」としてオリンピック出場を禁じられた者は多い。

馬術を例にとろう。競馬の騎手や馬車の御者はもちろん、軍人でも兵や下士官は馬を扱うプロフェッショナルとみなされ、オリンピックへの出場資格が与えられたのは、軍の将校だけだった。実際に一九四八年のロンドンオリンピックでは、優勝したスウェーデンチームの中に下士官が含まれていたとして、メダルを剝奪されている。

現在とはまったく異なり、戦前のオリンピックとは、ヨーロッパの貴族階級とアメリカの白人有産階級の裕福な子弟の間だけで争われるものだった。

戦闘技術を起源に持つレスリングは、貴族のために存在するスポーツとは本来相容れないものだ。しかし、古代オリンピックで主要種目であった以上、IOC国際オリンピック委員会がレスリングを無視することはできなかった。

近代オリンピックが始まった十九世紀末から二十世紀初頭にかけて、フランスでは元軍人のジャン・エクスブロイヤが始めたプロフェッショナルのグレコローマン・レスリングが爆発的な人気を呼んでいた。

グレコローマンとは〝ギリシャ・ローマ〟という意味だ。エクスブロイヤは「全裸で戦っていた古代のレスラーたちは下半身への攻撃を禁じられていた。上半身のみの攻防を行う自分たちのスタイルこそが、ギリシャやローマのレスラーが戦ったレスリングなのだ」と主張した。

実際にはギリシャ時代のレスリングは下半身の攻撃も認められていたのだが、それよりも重要なことは、十九世紀末に行われていたグレコローマン・レスリングの試合の多くが、いわゆるプロレスであったことだ。試合結果はあらかじめ決められており、ふたりの選手は一致協力して試合を盛り上げた。現在のアマチュアレスリングの起源がプロレスにあることは興味深い。

プロレスであれば当然試合は白熱するから、グレコローマン・レスリングの人気は爆発的なものとなった。パリにはレスリング専用のスタジアムもオープンし、プロレスの

フランスの画家レオン・マキシム・フェブルが1893年に描いたグレコローマン・レスリングの様子．会場はマルセイユである．観客は上流階級の人々ばかりだ．リングを見上げるのではなく，マットを見下ろしていることが興味深い

聖地となった。

グレコローマンの流行がフランスからオーストリア、帝政ロシア、さらに欧州大陸全域に広がっていくまでに、さほどの時間は要さなかった。

《一九〇〇―一九〇八年は、ロシアにおけるプロレスの隆盛期であった。プロレスの興行師は、さまざまな名称の選手権を開催し、観客を集めるためいろいろな宣伝を行った。たとえば、選手たちを鎖でつないで市中行進させ、彼らが野蛮人であることを証明するため観衆の前で生肉を食べさせた興行師もいた。記録によると、ロシアの十の都市で一日だけで十五個の「世界選手権」が開かれている。この結果、ロシア人の幾人もの世界チャンピオンが誕生し、一般の人々の間では、ロシアのレスリング選手が世界最強だと信じる風潮さえ生まれた》(S・プレオブラジェンスキー「格闘技の王者」)

プロフェッショナルのグレコローマン・レスリングが栄える中、十九世紀末にはアマチュアのレスリングクラブも次々に誕生した。

一八九六年の近代オリンピック第一回アテネ大会では、グレコローマン・スタイルが体重無差別で行われたが、出場した選手はわずか五人しかいなかった。

出場選手の少なさは、グレコローマンの興行に出場しているプロレスラーがオリンピックへの出場を禁じられたためだ。一九〇〇年の第二回パリオリンピックでは、意外にもレスリングは種目として採用されなかった。この頃欧州のプロレス人気は頂点に達し、パリ、ウィーン、モスクワでは多くのトーナメントが開催されていたにもかかわらず。

「十九世紀から二十世紀初頭にかけてのフランスでは戦争も多く、人々は身体を鍛えなくてはならなかった。エクスブロイヤがグレコローマン・レスリングを始めたのは一八四八年。北はリールから南はボルドーまで、パリの社交界でも大人気だったから、上流階級の人たちもたくさん観に来た。カジノでも、もっと大きな会場でもレスリングをやった。金もかかっていたし、八百長試合も多かった。一九〇〇年のパリオリンピックでレスリングが行われなかったのは、当時のレスリングがプロフェッショナルのものであり、アマチュア競技として整備されていなかったから。グレコローマンのフランス選手権が始まったのは一九〇八年のことだった」（元フランス代表監督（グレコローマン）で、フランス国立スポーツセンターのディレクターをつとめるダニエル・エムラン）

一九〇四年の第三回オリンピックはアメリカのセントルイスで行われたが、遠い大西洋の彼方ということもあって、ヨーロッパの選手はほとんど参加しなかった。

そのためにアメリカは、レスリング競技を自国で流行しているキャッチ・アズ・キャッチ・キャン・スタイルで行った。

キャッチ・アズ・キャッチ・キャン（後のフリースタイル）とは「どこでもいいからつかめ」という意味だ。下半身の攻防を禁ずるグレコローマンとは異なり、全身への攻撃が許される。キャッチ・アズ・キャッチ・キャンは、産業革命が正に進行中であった十八世紀後半のイギリス・ランカシャー地方で誕生した。

良質の石炭を産出するランカシャー地方には、多くの炭鉱が作られた。炭鉱夫となったのは、深刻な飢饉のために祖国を離れ、イギリスに出稼ぎにきていたアイルランド人たちである。

暗く危険な坑道にカンテラを持って入り、立て膝の状態のままツルハシ一本で石炭を掘り出す。一日十二時間、二交代制で働く過酷な肉体労働である。当然、彼らの肉体は鋼のように鍛えられた。

貧しい彼らの娯楽はレスリングしかなかった。試合は仕事が休みとなる日曜日の午後に開催され、もちろん賭けが行われた。自らの力を頼む者同士がわずかな給金を賭けて戦ううちに、周囲の人間たちも、強いと思われるレスラーに投資するようになった。競馬のようなものだ。運が良ければ大金が稼げる。ランカシャーのレスリング熱は、たちまちのうちに石炭よりも熱く燃え盛っていく。

数多くの敵を打ち破り、多額の賭け金を手にした強者は、やがて炭鉱を離れてプロフェッショナル・レスラーとなっていった。

十九世紀後半、アイルランド人の多くが職を求めて希望の国アメリカへと移住すると、キャッチ・アズ・キャッチ・キャンのレスリングもまた、大西洋を渡った。

《このイギリス式レスリングは、米国の観衆に受けた。まもなくこのスタイルが、あとの全部(のスタイル)を閉め出してしまった。北アメリカに若者たちのスポーツクラブが誕生し始め、レスリングがポピュラーになっていった。レスリングは娯楽や金儲けの手段としてではなく、面白い、有益なスポーツとして見られ始めた。

この〝キャッチ〟レスリングは米国で二つの方向をとった。青年や学生の間で、これは、人間の調和のとれた素晴らしい発達を促し、見て楽しいスポーツとなった。そこではケガを招いたり、相手に痛みを与える危険な技は禁じられている。レスリングの規則によって、機敏さ、独創性、技術が伸ばされる。一方、プロのレスラーの間では、レスリングは胸の悪くなるような見せ物、とっくみ合いと化し、殴打、絞め技、関節技も認められている。そこではただ会場がいっぱいになり、興行主のポケットがふくらむためなら、どんなことでもするのだ》（Ｓ・プレオブラジェンスキー「格闘技の王者」）

アメリカのアマチュアレスリングもヨーロッパ同様に、プロフェッショナル・レスリングから派生したものだった。

《今日、興業として人気を博しているプロレスリングは、アメリカ中西部のトウモロコシ畑の草レスラーたちの間から育ったものである。それが近代になってアメリカのカレッジの選手たちによってアマチュアスポーツのルールが確定されるに至った。ファーマー・バーンズやフランク・ゴッチ、またジョー・ステッカーやアール・キャドック（いずれも初期の有名なプロレスラー）の名はベーブ・ルースやルー・ゲーリッグの名と同様にアメリカの大選手たちの星座に輝いているのである》（ＡＡＵ＝アメリカ体育協会のプログラムより）

しかし、アメリカとヨーロッパが違っている点がひとつあった。

アメリカが世界最先端のスポーツ大国であったことだ。

ヨーロッパのアマチュアレスリング（グレコローマン）が熱心な篤志家によって辛うじて維持されていたのに対して、アメリカにおけるアマチュアレスリング（キャッチ・アズ・キャッチ・キャン）は、大学のカリキュラムの中にしっかりと組み込まれ、独特のルールを持つ〝カレッジ・レスリング（フォーク・レスリング）〟へと変質していった。

一九〇四年セントルイスオリンピックのレスリング競技は、実質的にはカレッジ・レスリングの全米アマチュア選手権であったから、フライ級からヘビー級に至る全七階級の優勝者はすべてアメリカ人であった。

この頃ヨーロッパ大陸で行われていたレスリングはほとんどがグレコローマン。第二次大戦前に行われていたレスリングの欧州選手権ではグレコローマンだけが行われ、キャッチ・アズ・キャッチ・キャンの欧州選手権が実施されたことは一度もなかった。キャッチ・アズ・キャッチ・キャン、後のフリースタイルは、オリンピックの時にだけ開催される、ごくマイナーな競技であったのである。

しかし、第二次世界大戦後、レスリングの世界は大きく変わった。

二度の世界大戦によってヨーロッパは凋落し、世界は二つの超大国米ソを軸に回り始めた。もはやオリンピックはヨーロッパ貴族のものではなくなっていたのだ。

第二次大戦後初めて行われた一九四八年のロンドンオリンピックでは、キャッチ・アズ・キャッチ・キャンがフリースタイルと改称された。トルコが躍進し、グレコを含めて六個の金メダルを獲得している。

四年後の一九五二年ヘルシンキオリンピックには巨大国家ソビエト連邦が初参加した。グルジア、アゼルバイジャン等のコーカサス(カフカス)諸国とウズベキスタン、カザフスタン等の中央アジア諸国を包摂するソ連は主にグレコで大活躍、フリーの二個を含む六個の金メダルを獲得した。

さらにイランも台頭してきた。国技であるレスリングでオリンピックの金メダルを獲得することをパーレビ国王から厳命されたイランは、仇敵トルコからコーチを招いて国際ルールのレスリングに急速に適応し、笹原正三が優勝した一九五四年のフリースタイル世界選手権東京大会では、二階級で金メダルを獲得している。

ソ連、トルコ、イランが強い理由は明らかだろう。何千年にも渡って世界の中心で戦い続けてきた男たちが、馬もいないヨーロッパの連中に負けるはずがない。歴史と伝統がまるで違うのだ。

ところが日本の笹原正三は、ソ連、トルコ、イランというレスリングの伝統国に乗り込み、厚い選手層のトップに君臨する強豪をなぎ倒してみせた。

これらの国々は選手層も、指導者の数も、国家の支援体制も日本とはまったく比較にならない。ソ連もトルコもイランも、国家の威信をかけて世界王者ササハラを倒すべくあらゆる策を講じた。

だが、笹原正三の強さは盤石であり、悠々とメルボルンオリンピックで優勝。現役生活を有終の美で締めくくった。

笹原の勝利は、四年前の石井庄八のヘルシンキオリンピック優勝とはまったく異なる意味を持つ。

石井庄八は日本レスリングに初めての金メダルをもたらした偉大なるレスラーである。

しかし、石井が海外遠征を行ったのはただの一度、アメリカ合衆国だけだ。

さらに石井が勝った一九五二年のオリンピックは、北欧フィンランドの首都ヘルシンキで行われている。中央アジアに出自を持ち、共産主義国家ソ連の圧力に苦しむフィンランドの観客たちは、決勝でソ連のマメデコフと戦った石井を熱狂的に応援した。

日本チームの監督をつとめた西出武の回顧録によれば、石井がソ連選手に寝技で攻められた時、フォールを取られても仕方がない体勢であった。ソ連は審判の判定に泣かされたのだという。

「故人のことを悪く言いたくはないけれど、石井がソ連の選手にフォールされていたのは事実だよ」（ヘルシンキオリンピックでフェザー級五位に入賞した富永利三郎）

しかし、笹原は石井とは違う。

笹原は世界選手権で優勝した後、世界王者としてレスリング最強国に遠征した。各国の王者すべ

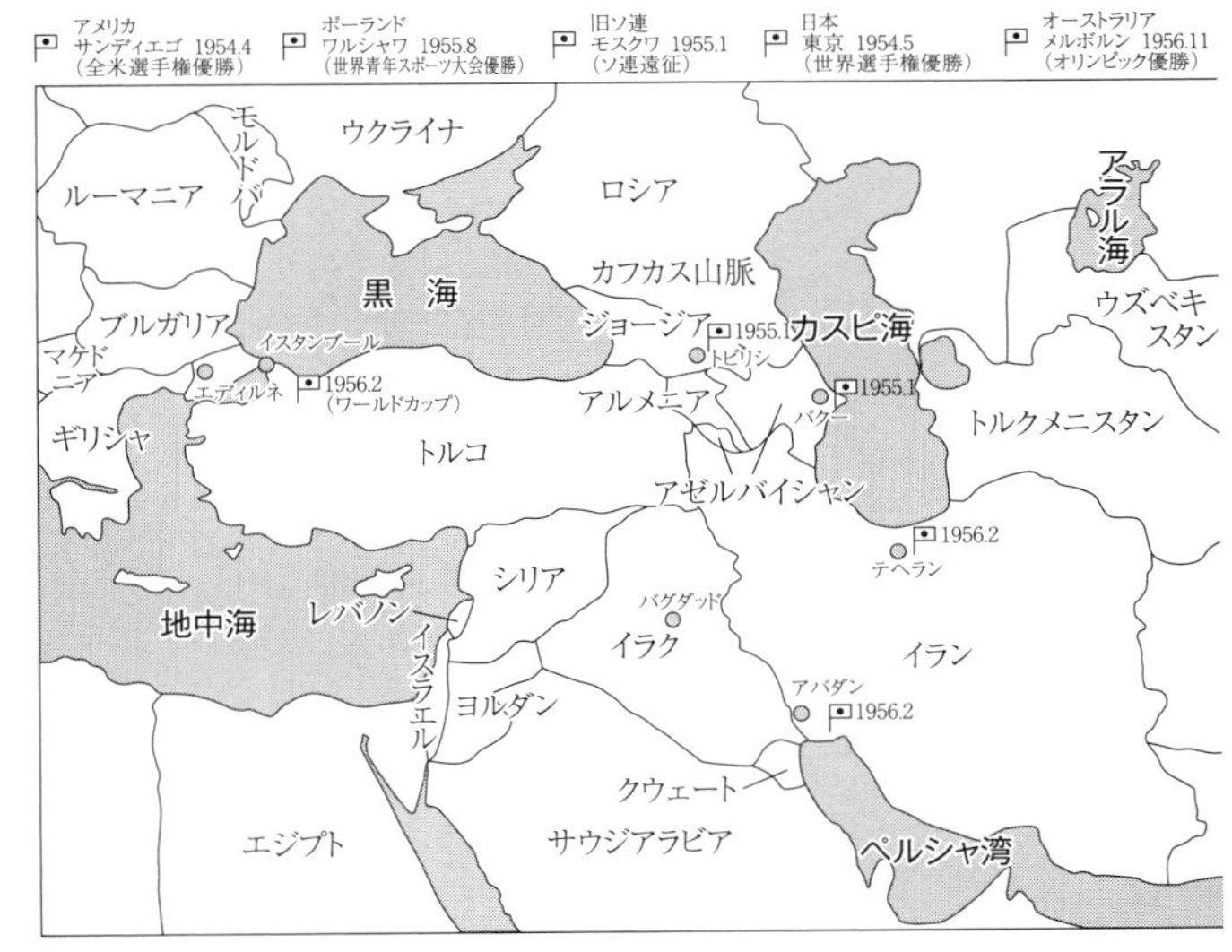

1955年〜56年の笹原正三海外遠征図

てに完勝し、メルボルンオリンピックでも危なげない勝利を収めた。ソ連やトルコのレスリング関係者はイシイのことは何も知らないが、ササハラには偉大な王者として敬意を払う。

ササハラの腕は細く、胸は薄く、ソ連やトルコの選手に比べて明らかに見劣りがする。聞けばササハラは大卒のインテリであるという。インテリの優男に見えるササハラが、なぜこれほど強いのだろうか？

ソ連やトルコの選手やコーチに理解できなかった笹原の強さを筆者が解説するのはあまりにも荷が重い。ならば高校生の頃から中央大学レスリング部道場に通い、笹原の強さを肌で知る今泉雄策(日本レスリング協会副会長)に聞こう。FILA国際レスリング連盟のミラン・エルセガン会長(ユーゴスラビア)が「世界の技術革新者のトップ」と賞賛した笹原正三のレスリングとはいかなるものだったのだろうか?

「笹原さんの構えは左構え(ボクシングのオーソドックスにあたる)。前に出した左足を相手に取られても絶対に倒れないという自信があった。防御に絶対の自信があるから攻撃に専念できる。笹原さんは左構えの選手が後ろに引いているはずの右足を、むしろ少し前に出した。その理由は、タックルに行く時に、遠い右足が遅れないようにするためなんだ」(今泉雄策)

二本足で立つ人間は本質的に不安定な存在である。人間はその不安定さを、片足を前に出すこと、つまり歩くことによって解決している。前に進むことで安定を確保する自転車に似ている。

重心がつま先よりも先にあるにもかかわらず、足が前に出なければ、人は簡単に転ぶ。足を動かせなければ、前から押されても後ろから押されても、人は簡単に転ぶ。

相手を転ばせたいのならば、相手の足を止めればいいのだ。

ならば、どのようにして相手の足を止めるのか。

たとえば左足に重心がかかっていれば、左足は動かない。左足を動かそうとすれば、いったん右足に体重を移さなくてはならない。つまり、止めたい方の足に体重をかけさせればいいのだ。

むろんごく微妙な、瞬間的なものだ。しかし、レスリングの本質はこの微妙な体重移動にある。

笹原がスタンドでソ連やトルコの選手と対峙する。相手は恐ろしく強い力で笹原の手首を握り、押したり引いたりして笹原のバランスを崩し、組みついて投げようとする。手首を握られた場合にどうするか？　その答えを持っていたのは笹原ではなく、八田一朗であった。

八田は合気道に着目し、早稲田大学の先輩である合気道家の富木謙治に自ら入門。効果を確かめた上で、半ば強引に笹原に合気道をやらせた。

富木から合気道の初歩の手ほどきを受けた笹原の興味は、手首の攻防に絞られた。笹原が富木の手首をどれほど強くつかんでも、富木はほとんど力を使わずに笹原の手を振りほどいてしまうのだ。

やがて笹原は、瞬間的に関節を極めつつ攻めるようになった。

たとえば相手が笹原の首の後ろを左手で抑え、笹原の頭を下げさせようとする。笹原は首を少し右に傾け、右肩をやや上げて相手の左手を固定しておき、自分の右手で相手のヒジを外から強く押す。

ヒジを瞬間的に極められた相手は腕を逃がそうとするが、笹原の肩に阻まれて下に避けることはできず、仕方なく笹原の頭上に腕を逃がす。こうしてガラ空きとなった相手の左脇に、笹原は悠々とタックルするのである。

「私には力がなく、身体能力も高くない。だから、てこの支点の数センチの違いを研究した」(笹原正三)

優秀な頭脳を持つ笹原は中央大学法学部を卒業後、メルボルンオリンピックまでの二年半、レスリングを朝から晩まで研究した。

《練習の場では以前にも増して寡黙になり、一瞬の気の緩みもなかった。その徹底した態度は他の選手と比べようもなく、何かを追求する修行僧のようであった。その頃の笹原は、鬼のごとく中大レスリング部のマットに仁王立ちになり、中大レスリング部員を次から次へと相手にした。どんな場合にも笹原が気を抜くことはなく、一ポイントも相手に与えず、一日の練習を終えるのが常であった。笹原の練習中は、私語をするものなどまったくなく、スパーリング中の選手を除けば全員が笹原の練習に引き込まれ、一挙一動に注目し、笹原が膝をついただけでも、異様などよめきが起こるほどであった。笹原は決して練習中に言葉を発することはなかった。それが、なおいっそう笹原に凄みを加えていた。笹原のレスリングに対する信条は、「彼を知り、己を知れば百戦危うからず」という孫子の兵法に学び、あらゆるレスリングに関する情報を集め、分析と調査を行い、練習は常に「練習即実戦」をモットーとしていた。笹原のレスリングの真髄は練習にもっとも現れていたといえる》(今泉雄策『考えるレスリング』)

第二次大戦後、フリースタイルのレベルは急速に上がった。レスリングを国技とするソ連(特にジョージアやアゼルバイジャンなどのコーカサス諸国)やトルコ、イランが、オリンピックや世界選手権等の国際舞台でしのぎを削るようになったからだ。

自分たちのレスリングに誇りを持つ彼らは、自国のレスリングスタイルを色濃く残したまま、国際ルールに対応していた。

一方、極東の島国でレスリングに触れた男は、新時代を迎えたフリースタイル・レスリングを科学的、客観的、総合的に研究した。

柔道の足技、剣道の間合い、合気道の手首の攻防、アメリカのタックルから後ろに回るゴービハインドの技術、トルコ刈り、イランのアンクルホールド、ソ連のハイブリッジしながらの投げ技、そして股裂き――。

笹原の優秀な頭脳には、自身が見た世界のレスリングが映像として刻み込まれており、笹原はその映像のすべてを自分の身体で再現することができた。

フリースタイルのすべてを知り尽くしたレスリングマスター。それこそが笹原正三である。

全米王者となり、世界王者となり、オリンピックチャンピオンにもなった笹原正三の価値を誰よりも認めたのはアメリカだった。

一九五九(昭和三十四)年二月にアメリカに招待された笹原は、その後半年間、大学や軍を回ってレスリングのセミナーを開いた。

一九六〇年ローマオリンピックのアメリカ代表監督を任されたジョン・C・マンデルは、笹原に英文で書かれた技術書の執筆を依頼し、笹原は快諾した。

一九六〇年に笹原正三が著した『サイエンティフィック・アプローチ・トゥ・レスリング』は、レスリングの歴史から相撲、柔道を含む各国のローカルレスリングの研究、コンディショニングから筋力や柔軟性を高めるトレーニングの詳細、そして実戦におけるレスリング技術のすべてに触れている。笹原は自らの技術のすべてを、連続写真を多用して惜しげもなく公開した。

一九七八(昭和五十三)年には改訂版にあたる『ファンダメンタルズ・オブ・サイエンティフィック・レスリング』が刊行され、アメリカのレスリング関連書籍のベストセラーとなった。

これを読んだFILAのミラン・エルセガン会長が「連続写真だけ抜き出した本を作って世界中に配ろう。英語が読めない国のレスラーにもきっと役立つはずだ」と言い出した。

それが『FILAレスリング・アルバム/フリースタイル』である。笹原がFILA

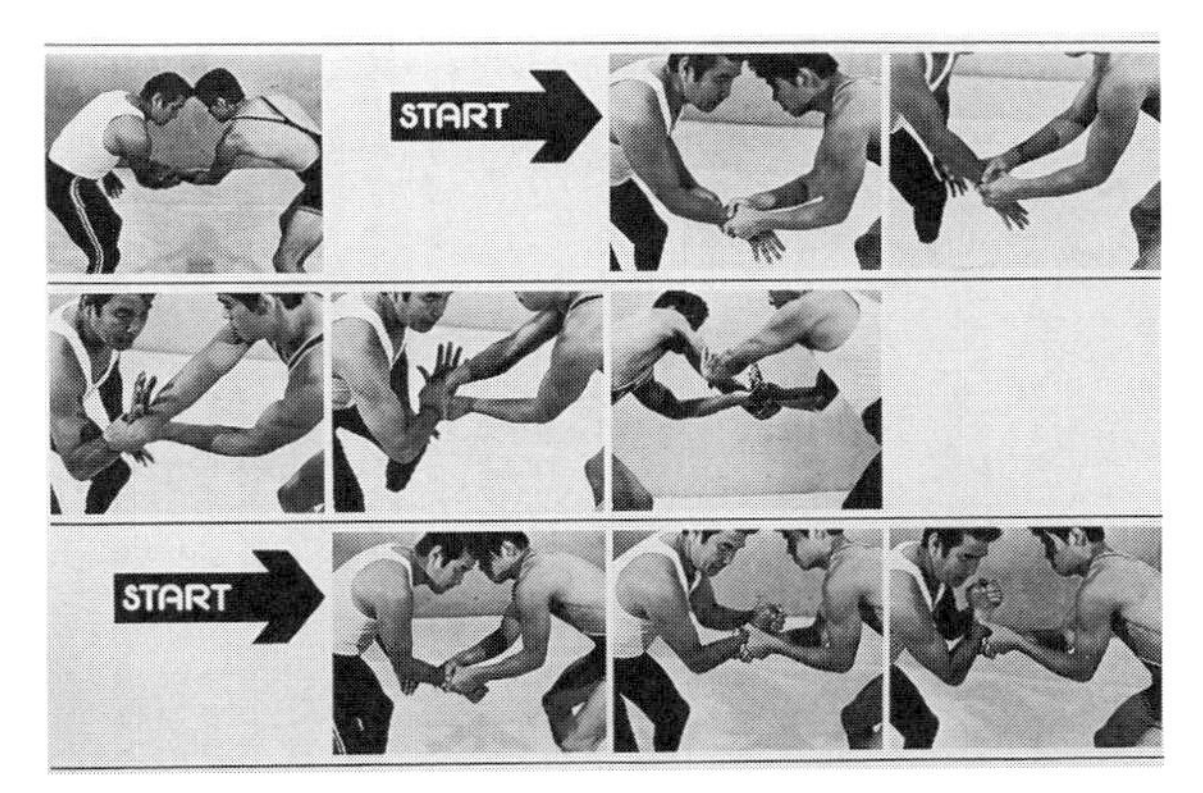

(下)英語で書かれた笹原の著書２冊の表紙．上の一連の動作写真は２冊から連続写真だけを抜粋した「FILA レスリング・アルバム／フリースタイル」の内容の一部．合気道から学んだ手首の攻防を含め，すべてのレスラーおよびグラップラーが学ぶべき技術が満載されている

の技術担当理事となった八二年にハードカバーが、八八年にはソフトカバーが刊行され、世界各国でさらに広く読まれた。

二〇〇六(平成十八)年九月に中国・広州で行われたレスリング世界選手権。

この時、七十七歳の笹原はＦＩＬＡから殿堂入りの表彰を受けることになっていた。

だが、病に倒れた笹原は中国に飛ぶことができず、日本レスリング協会副会長の今泉雄策が代理として表彰状と記念品を受け取った。

表彰が終わると、ひとりの男が今泉のところにやってきた。中東出身らしいが言葉がわからない。どうやら「ササハラ、殿堂入りおめでとう」と言っているらしい。

人違いともいえず曖昧な笑みを浮かべる今泉に、男は白い表紙の『ＦＩＬＡレスリング・アルバム／フリースタイル』を差し出した。

「俺はこの本を繰り返し読んだ。サインしてくれ」と言いたいらしい。

今泉はいい知れぬ感動に震えた。

日本は優れたスポーツマンを数多く生み出してきた。

しかし、柔道ならばいざ知らず、外国で生まれたスポーツの技術書を執筆し、世界中で読まれた日本人など、笹原正三以外にひとりでもいるだろうか、と。

第6章 ローマの屈辱

ローマオリンピックのグレコローマンバンタム級四回戦で，日本の市口政光は，優勝候補のひとりであったトルコのイルマを判定で破った．日本のグレコローマンは，この勝利から始まったといっていい

「アマチュアスポーツの最高目標は、オリンピックの王座を占めることである」とは、日本レスリングの父・八田一朗の言葉だ。

オリンピックは外に向けては国威発揚の装置となり、内に向けては国民統合のシンボルとなる。このことは一九三六年のベルリンオリンピックや二〇〇八年の北京オリンピックを見れば明らかだろう。もちろん一九六四(昭和三十九)年の東京オリンピックも例外ではない。

そしてオリンピックのメダル獲得競争とは、戦争の代償行為に他ならない。

第二次世界大戦後、ソビエト連邦がレスリングで大量のメダルを獲得したことについてはすでに触れた。

そのことがアメリカには気に入らない。

アメリカとソ連はあらゆる局面で戦っている。軍事力で、政治力で、宇宙開発競争で、そしてメダル獲得競争で。

オリンピックで最も多くのメダルを獲得するのは世界一の強国、自由の国、資本主義の国アメリカ合衆国でなければならず、資本家打倒を旗印とする共産主義国家ソビエト連邦であってはならない。それがアメリカの考えである。

にもかかわらず、レスリングにおけるソ連の圧倒的な優位は明らかだった。

ソ連がＩＯＣ国際オリンピック委員会に加盟したのは一九五一年のことだ。翌年のヘルシンキオリンピックレスリング競技に初参加すると、フリーで金二個、グレコローマンで金四個と、計六個の金メダルを獲得して衝撃のデビューを飾った。続くメルボルンオリンピックでは、フリーこそ日本の活躍に押されて金一個に終わったものの、グレコでは圧倒的な強さを発揮して八階級のうち五階級を制覇、結局前回と同じ六個の金メダルを獲得している。

一方のアメリカはヘルシンキのフリーで金一個。メルボルンではゼロに終わっている。つまり戦後のレスリングにおける米ソのパワーバランスは、一対十二という圧倒的な大差がついていたのだ。

この事実を許容できないアメリカは、レスリングに関して主に三つの手を打った。

ひとつめはルール改正である。

当時のフォールは瞬間フォール（タッチ・フォール）。一瞬でも両肩（両脇を結ぶ背中側の線）がマットについてしまえばフォールを宣告される。オリンピックでは第一回アテネ大会から採用されている伝統のルールである。

アメリカはこの由緒正しいルールを改正し、「フォールは瞬間ではなく、二秒間のピンフォールに変更しよう」と主張した。

アメリカ人にとってのレスリングとは、フリースタイルでもグレコローマンでもなく、大学で行われるカレッジ・レスリング(フォーク・レスリング)のことだ。フリースタイルに近いが、独特のルールを持つ。

フォールよりも、むしろ相手をコントロールすることに主眼を置くカレッジ・レスリングでは、以前からフォールは二秒間と決められていた。二秒間の猶予に慣れ親しんでいるアメリカのレスラーたちは、国際ルールで行われる試合でも背中を簡単につけてしまい、瞬間フォールをとられてしまうことがしばしばあったのだ。

日本レスリング界初の米国留学生となった八田正朗(はったまさあき)(一朗の長男)は、カレッジ・レスリングの特徴を次のように説明する。

《このルール(カレッジ・ルール)では、立ち技はとてもよくなるが、オリンピック型における寝技の攻守は全然進歩しない。つまり、両肩を簡単につくクセがあるのと、立ち技でバックをとることに重点を置きすぎているからだ》(『日本スポーツ東北版』)

二秒間のピンフォールを求めるアメリカの主張をひとことで言えば「国際ルールを改正して、自分たちのカレッジ・ルールに合わせろ」というものであった。この強引さは、さすが世界一の大国である。

FILA国際レスリング連盟の理事会は、アメリカから出されたルール変更の動議を可決した。一九六〇年のローマオリンピックの終了後、フォールは瞬間ではなく一秒間とすることが決定されたのだ。アメリカの主張はほぼ認められたことになる。

オリンピックのメダル獲得競争でソ連に勝つためにアメリカが打った次の手は、さらに強引なものであった。

レスリングのメダル数を半減しろと言ったのだ。

一九五八年十一月、アメリカ人のアヴェリー・ブランデージ会長率いるＩＯＣ国際オリンピック委員会は「レスリングのメダル数は多すぎる。現状の十六個を半分に減らして八個にするべきだ」という決議をＦＩＬＡに通達した。

当時のレスリングはフリースタイル、グレコローマンとも八階級で行われていた（現在は六階級）。レスリングはボクシング同様に、いや、それ以上に体重差が物を言う競技である。階級を減らして、フリーとグレコを四階級ずつとするのはまったく現実的ではなかった。

体重別の八階級を存続させたままＩＯＣの決議を受け入れるとすれば、フリーとグレコのどちらかを廃止するしかない。

フランス発祥のグレコローマンはヨーロッパ大陸で長い伝統を持つ。戦前にはフィンランドやスウェーデン等の北欧諸国が覇権を握っていた。

一方、イギリス発祥のフリースタイルは、戦前には世界選手権すら行われていないマイナー種目であり、戦後はソ連、トルコ、イラン、日本といった強豪国の前に、西欧、北欧は手も足も出なかった。

当時のＦＩＬＡ会長はフランス人のロジェ・クーロンであり、副会長のひとりはフィンランド人であり、さらに理事のほとんどは西欧、北欧諸国の代表で占められている。

この状況下でＦＩＬＡの理事たちが、フリースタイルとグレコローマンのいずれかを存続し、一方を廃止するという判断を迫られればどうなるか。グレコローマンが残り、フリースタイルが消えることは、火を見るよりも明らかであった。

《ＩＯＣがこのような決議をしたのは、(アメリカ人の)ブランデージ会長の影響によるところが大きいと言われている。アメリカはオリンピックでレスリングには金メダルの望みをかけ得ないから絞ったのだとクーロン会長は(理事会で)説明していた。私はフリースタイル一本のつもりで理事会に参加したが、私の意見などとても通すことができない。日本もグレコローマンにうんと力を入れるとともに、各国のＩＯＣに対して、金メダルの数を絞ることは到底出来ないことを力説しなければならなくなった》(八田一朗『朝日新聞』)

オリンピックで行われているレスリングには、フリースタイルとグレコローマンの二種がある。にもかかわらず、日本は長い間フリースタイルのみを行い、グレコローマンを無視してきた。

その理由を、当時早大レスリング部監督だった道明博は次のように説明している。

《(グレコローマンが)重要な種目でありながら、日本がこれまでに採り上げなかったのは、日本古来の競技が相撲、柔道等と、何れも下半身を活用するものばかりで、グレコローマンのように上半身のみに重点を置く競技は不適当であり、且つ成果をあげるのに時日を要すると考えられたからである》(『東京スポーツ』)

道明の言う通り、日本人は本来フリースタイルに適性を持つ。

レスリングの目的がフォールであることは言うまでもない。フォールとは仰向けにした相手の上に乗ることである。そのためにはまず、立っている相手を倒さなくてはならない。

タックルである。

戦後第一回のアメリカ遠征以来ずっと、日本はタックルに特化したレスリングを追求してきた。

フリースタイルにおけるタックルは四つ足の動物の動きに近い。相手の足下に虎やライオンのように低く飛びかかる。足が短く、当然重心が低く、足腰の強い日本人がヘルシンキとメルボルンで好成績を挙げた根本理由はここにある。

ところが下半身の攻防を禁じられたグレコローマンでは、フリーでの利点がすべて欠点へと変わる。

グレコローマンは直立二足歩行を行う人間のための競技である。

攻防が腰から上に限定されるから、足に飛びつくことはルール上できない。必然的に重心は高くなる。背が低く、手が短く、胴の長い日本人にとっては、組み手争いをするにも相手の脇を差すにも、やや上方を向かねばならない。当然、顎は上がり、脇は甘くなる。体重が同じ西洋人と比較した時、下半身が太い日本人は当然上半身が細く、腕力や背筋力に欠ける。一度胸をつけられてしまえば、瞬時に反り投げを食らう。

柔道には襟と袖があり、相撲にはまわしがある。日本の格闘技はつかんで投げることが基本だが、裸体格闘技のレスリングにはそもそもつかむところがない。

長い間、日本のレスリングがフリースタイルだけに特化してきたのは当然なのだ。ところが、そのフリースタイルが突如として、オリンピック種目から外されようとしていた。

本章の冒頭に記した八田の言葉通り、オリンピックはアマチュアスポーツにとって究極の目標である。日の丸を背負い、オリンピックの大舞台で戦えるチャンスがあるからこそ、多くの若者たちが柔道や相撲からレスリングに転向してきた。一九五八年の時点で、柔道はまだオリンピック種目に入っていない。

もしフリースタイルがオリンピックから消えてしまえば、フリースタイルをやろうとする日本人選手はひとりもいなくなるだろう。

ただでさえレスリングの競技人口は極めて少なく、試合をしても観客はほとんど集まらない。オリンピックでのメダル獲得は、日本レスリング界にとって唯一の普及策なのだ。それが不可能になれば、存続自体が難しくなる。一九六〇年のローマオリンピックを控えて、日本のレスリングは未曽有の危機に直面することになった。

アメリカがオリンピックでソ連を打ち破るために打った最後の手は、日本からのフリースタイル技術の移入である。

かつて日本はアメリカの生徒だった。タックルから相手の後ろに回ってポイントを重ねるゴービハインドは、本来、アメリカが得意とする戦法である。

ところが、短足の日本人はアメリカ人より低い重心を持つ。相手の足にタックルする際に、アメリカ人は長い脚を折りたたまなくてはならないが、日本人ならば膝を曲げる角度は浅くて済む。そのために日本のタックルは本家アメリカよりも低く速いのだ。

ヘルシンキ、メルボルンと、オリンピックのフリースタイルで優秀な成績を収めた日本のタックルが、いまやアメリカを凌いでいることは自明だった。

さらに世界選手権とオリンピックの両方に優勝した笹原正三は、優秀な頭脳を持つ世界一のレスリング研究家でもあり、アメリカにとって極めて都合の良いことに、完璧な英語を話すことができた。

オリンピックの窓口となるＡＡＵアメリカ体育協会（アマチュア・アスレチック・ユニオ

ン)は、オリンピックや世界選手権で惨敗を続けるアメリカ・レスリングのテコ入れ策として、オリンピック・ルールのレスリングに精通した笹原正三を半年間コーチとして招聘し、全米各地でセミナーを開こうと考えた。

八田一朗は、日本レスリングの至宝をアメリカに送り出すことを躊躇しなかった。確かにアメリカは笹原から多くの技術を盗むだろう。しかし、笹原がアメリカの優れた育成システムを深く学ぶことは、日本にとって大きなメリットとなる。

そもそも他国のレスリングを研究し、研究されることは当たり前のことだ。日本のレスリングはアメリカから多くを学んだ。そのアメリカにコーチを派遣することは、日本が誇りとするべきことではないか。

さらにアメリカに技術協力をすることは、八田にとってもうひとつの意味があった。アメリカのフリースタイルが強くなれば、オリンピックでフリースタイルが存続する可能性が高まるからだ。

結局笹原は、一九五九(昭和三十四)年二月からの半年間、ニューヨークを拠点に全米各地で指導を行い、帰国後まもなく英文の技術書を出版した。

アメリカでコーチをした時の様子を、笹原は以下のように書く。

《ヘルシンキオリンピック(一九五二年)以前のアメリカのアマチュアレスリングは、その戦績が示すように世界の第一人者として誇り、わがレスリング界は及ぶべくもなかった。これら先進国に学ぶべく、八田会長は幾多の困難を排して、戦後いち早く第一回渡米選手六名を派遣し、また米国選手を日本に招くことによって、わが国に力から技への大きな転換期をもたらした。戦後アメリカに渡った日本のレスラーが延べ百名に達せんとしていることは、まことに驚くべき数字である。かくして今や短期間にして、日本レスリングはその技術をアメリカに逆輸出する段階にきたことは、その進歩を物語るものであろう。その第一号として今春(一九五九年二月)渡米した私(笹原)は、AAUの要望により、約六カ月にわたり全米各地の大学、高校、クラブをまわってコーチを行った。

アメリカが近年、レスリングに非常に力を入れるようになったのは、世界選手権やオリンピックでの惨敗からの反省もあるが、それよりも、昨年から米・ソ文化交流の一環として、毎年両国の間に定期戦が行われるようになったことが、ますますその熱を高めたことは否めない事実と思う。

昨年は、ソ連チームを米国に招き、今年はソ連が米国チームを自国に招いた。そしてそのどちらもアメリカチームが大差で敗れた。これらの事実から、アメリカの軍隊では、昨年から長期合宿を実施した。何とかしてソ連に勝ちたいというのが、関係者の一致した悩みのようである。軍隊の一コーチが私に「日本選手に負けてもいいが、ソ連選手には負けたくない」と漏らしたのもその一端を物語っているものであろう。

去る五月初旬から二週間、テキサス州の全陸軍の長期合同合宿に参加、コーチを行ったが、まったく日本に比較すれば、うらやましい限りだ。特別の栄養食、一日二回の練習以外何等服役することなく、すべて軍隊の給付にまかされているのだから、生活の心配もなく、皆のびのびと練習を行っていた。

なぜアメリカがここ数年の間に世界の水準に遅れたのであろうか。レスリングの人口、体力、施設、コーチ制度、どれをとってみても世界最高といっても過言ではない。ハイスクールだけでも、レスリングの専門のコーチを持つ学校が一千校もあり、いずれも正課体育としてレスリングを実施している。日本では高校で、レスリング専門のコーチがつき、正課体育をやっている学校は恐らく数えるほどしかあるまい。

アメリカの最も誇り得るものに施設がある。小、中、高、大学、クラブなど、すべてその学校の全生徒の数だけのロッカールームが備えてあり、大きい学校になると二万六千にも達する。このロッカールームは在学中を通じて各個人に与えられる。もちろんシャワールームが隣接しているが、一回で六、七十人が軽く浴びられ、水石鹼もシャワーについている。タオル、その他練習実技用具一式は、学校が貸与するといった具合である。

では、どこに欠点があるのであろうか。私は次の二点にあるように思う。

一つはアメリカの学校という学校は、すべてカレッジ・ルールでやっていること。カレッジ・ルールの国際ルールと異なるところをあげると、国際ルールは両肩が瞬間でもマットにつけばフォールになるが、カレッジ・ルールは二秒間であり、しかもフォール寸前にいっても、ポイントは一点にしかならない。この場合国際ルールの方は二点ないし三点となる。

またスタンド（立ち技）、グラウンド・レスリング（寝技）を通じ下になっている者が立ち上がった場合、カレッジは立ち上がった者がポイントを得るのに対し、国際の方はグラウンドの場合、逆に立ち上がったものがポイントを失うという大きな相違点がある。従って相対的に見て、カレッジ・ルールはコントロールに重点を置くレスリング、国際ルールの方はフォール主義のレスリングということができる。

第二の欠点は、大多数がレクリエーション主義でやっており、いわゆるハードトレーニングを好まないこと。彼らは練習中疲れるといつでも休む。こうした練習法が試合で後半にバテて敗れる結果となる。

この点を去る四月、オクラホマで八田会長と話しあったものだが、もしアメリカが根気を持つようになれば、世界一となることは間違いないといえるだろう》（笹原正三『週刊ファイト』）

アメリカのレスラーの中で、笹原のスタイルを最も深く学んだのはテリー・マッキャンであった。イリノイ高校からアイオワ大学に進んで二度の全米学生選手権を獲得したマッキャンは、卒業後オクラホマ州タルサに移り、石油王トム・ラムリーが経営する会社で働きつつ、ローマオリンピックを目指してレスリングを続けていた。

《タルサでは約十日間、昼間はハイスクールでエキジビション試合をして回り、夜はアメリカ唯一のホープ、テリー・マッキャンを相手に練習をやった。彼は目まぐるしい程スピーディーに動き回り、五七年に日本に来た時よりも技術的にもはるかに進歩しており、投げ技や足技足払いなどを私に習い、一週間でマスターしてしまったのには驚いた。オリンピックでは最も警戒を要する選手であろう。ウェイト問題なども熱心に相談していたが、これが三人の男の子と一人の女の子を持つ当年二十二歳の父親だとは誰しも気づくまい》(笹原正三『週刊ファイト』)

アメリカは日本レスリングから謙虚に学び、来るべきローマオリンピックに向けて着々と歩を進めていたのだ。

一方、日本レスリングが生き残るためにはグレコローマンをやるほかないと考える八田一朗は、早速グレコローマンの全日本選手権を開催し、ローマオリンピックでは、フリースタイルとグレコローマンの双方に代表を送ることを明言した。

フリースタイル消滅の危機が目前に迫り、もはや猶予はなかった。グレコローマンが苦手とか日本人には不向きとかを言っている場合ではないのだ。

しかし、フリースタイルしか知らない多くの日本人レスラーたちは、グレコローマンを学ぶことを拒んだ。「足を攻撃できないなんて不自由だ」「グレコなんてレスリングじゃない。フリーの落ちこぼれがやるものだ」。そのような空気が、日本レスリング界には長く存在していたのである。

フリースタイルでは高い技術とスピードさえあれば、多少身体能力が劣っていても充分に戦える。しかし、下半身の攻防を禁じたグレコローマンでは、技術以上にパワーと運動神経が求められる。

さらに、日本のフリースタイルには戦前から多くのレスラーが築き上げてきた精緻な技術体系が存在するが、グレコローマンにはその伝統は存在しない。そもそもグレコローマンを教えられるコーチなど、日本にはひとりもいないのだ。

その上、グレコローマンには大きな投げ技がある。プロレスで有名なジャーマン・スープレックス・ホールドやバックドロップは、グレコローマンの投げ技を応用したものだ。

つまりグレコローマンでは、首からマットに強く叩きつけられる危険があるのだ。欧米人に比べて首の弱い日本人レスラーの腰が引けるのも無理はない。

身体的不利、伝統のなさ、周囲の偏見、重傷を負う恐怖。日本のグレコローマンはゼロどころか、マイナスからスタートしなくてはならなかった。

日本のグレコローマンの新たなる地平を切り開いたのは、関西大学出身の市口政光であった。

市口がレスリングを知ったのは高校二年の頃だ。柔道部の練習後に地下鉄難波駅を通りかかると、メルボルンオリンピックを速報する新聞が掲示されていた。世界で戦うレスリングの存在と、笹原正三、池田三男、笠原茂ら日本人メダリストたちの活躍は、市口の胸に深く刻まれた。

関西大学に進んだ市口が勇躍レスリング部に入部したのは一九五八(昭和三十三)年四月のことだ。

すでに日本アマチュアレスリング協会は、これまでのフリースタイル一辺倒からグレコローマンにも力を注ぐという路線変更を決めており、前年十一月には初めてのグレコローマン全日本選手権が行われたばかりだった。

市口はグレコローマンに強い興味を抱いたが、大学のリーグ戦は相変わらずフリースタイルのみで行われていた。黎明期のグレコローマンの選手は、フリースタイルの片手間としてグレコローマンを学ぶ以外にはなかったのである。

「メルボルンの後、日本でもグレコをやることが決まって俄然興味が湧きました。日本体育大学の選手がドッとグレコに入ってきた。高校でレスリングの経験がなくとも、グレコローマンならば横並びでスタートが切れる。当時のグレコローマンの選手は、全員フリーと掛け持ちしていました。『国際大会で四つに組んだらぶん投げられた、グレコなんて怖くてできないよ』と嫌う人もいたけれど、私は面白いと思った。派手で、プ

ロレスに近いから(笑)」(市口政光)

昔も今もレスリングの世界は東高西低。関東の大学と関西の大学の実力差は大きい。関大一年の夏、東京・神田の中央大学に出稽古に出かけ、彼我のあまりの差に呆然となった市口を、アジア大会の優勝経験を持つ実力者の中川清(中大OB)はこう評した。

「スピードはあるが、力がないな」

素直な市口は中川の言葉を重く受け止めてパワーアップを目指した。

「自分の弱点を紙に書き出してみたんです。レスリングに求められるのは全身持久力、筋力、技術、そしてスピード。私は駆けっこではいつも一番だったから、筋力をつければパワーも上がる。雑誌や本を見て研究したら、短期間で力をつけるためには、やっぱりウエイトトレーニングが有効だということがわかった」(市口政光)

市口の実家は鉄工所である。スクラップを集めて切断、溶接を行う。朝鮮戦争特需のお陰で暮らしは裕福だった。鉄アレイやバーベルは自作した。材料はその辺にいくらでも転がっている。家の隣の納屋にロープも吊った。バーベルを上げ、鉄アレイを振り、ロープの昇降を繰り返すことが、市口の朝晩の日課となった。

ウエイトトレーニングの効果は絶大だった。大学二年生で早くも関西王者となった市口は、翌年のローマオリンピック予選でも並みいる強豪を押しのけて、グレコローマンバンタム級代表の座を勝ち取ったのである。

市口にとって、世界の都ローマで行われるオリンピックはまさしく夢の舞台である。しかし、レスリングに関心のないイタリア人が設定した会場は、古いコロシアムの片隅だった。

「レスリング会場のマセンチオは古代ローマの廃墟。くずれかけたアーチの下に三面の仮設リングを組んである。マットそのものは笹原コーチに言わせると悪くないそうだが、午前十一時頃になると強い日ざしがマットいっぱいに差し込んでくるのがなんといっても最大の欠点。マットはもちろん焼けて大変な暑さだ。日ざしを背にして立っていると選手は頭がぐらぐらするという。（中略）古代ローマを舞台に戦う戦士といえばきこえはよいが、実際は『小屋がけの舞台で芝居をする旅芸人』みたいなものだ」（『報知新聞』）

そんな悪条件下でも市口の快進撃は続いた。

一回戦でアメリカのロークルからフォールを奪って勢いに乗ると、続くアラブ連合のアリーにも判定勝ち、ポーランドのニッターとは引き分け、四回戦でトルコのイルマと対戦することになった。

トルコはフリースタイル王国だが、グレコローマンでも強い。レスリングを始めて三年も経たない市口が敵う相手では到底ないと思われた。

ところが市口は、この強敵相手に変幻自在に動き回り、文句のない判定勝ちを収めた

1960年ローマオリンピック代表チームの集合写真．前列右から2人めが銀メダルを獲得した松原正之．後列左端が市口政光．その隣が，フリースタイルコーチの笹原正三

のである。

「ラッキーでした。ローマに入る直前にイスタンブールで十日間ほど合宿をしたのですが、その時にトルコの国内予選二位の選手と仲良くなった。そのうちにコーチまでやってきて、イルマはパワーはあるけれど減量がキツいから後半はバテるはずだとか、後ろに投げられるから気をつけろとか、いろいろと教えてもらった」(市口政光)

実際に対戦したイルマは教えられた通りの選手だった。一度はイルマの怪力で持ち上げられたものの、身体の柔らかい市口はフワリといなして難を逃れ、スタミナの切れたイルマを逆転で破ったのである。

次の対戦相手はソ連のカラバエフ。こ

の試合に勝てば市口のメダルが確定する。しかし三分二十秒、市口はカラバエフの見事な投げをカウンターで食らい、フォール負けを喫した。

呆然とする市口に、八田一朗は言った。

「市口、技を覚えろよ。今のは隅落としだ」

隅落とし！

別名は〝空気投げ〟である。柔道の神様と謳われた三船久蔵十段が考案し、柔道衣を持った手以外、相手に一切触れることなく投げるためにこう呼ばれた。

七十歳を過ぎた三船は、乱取りの際にこの隅落としを使って、次々と投げ飛ばした。

しかし、乱取りの相手が三船の弟子ばかりであったことから「あんな技がかかるはずがない。弟子たちはわざと投げられているに違いない」と周囲から疑惑を持たれたことも事実だった。

ところが、空気投げは持ち手のないレスリングでも実在した。三船久蔵の弟子である八田一朗はこともなげに「今のは隅落としだ」と言ったのである。格闘技の奥行きは私たちの想像を超えて深い。

結局、ローマオリンピックのグレコローマンの成績は、フライ級平田孝の四位を筆頭に、ライト級北村光治が五位、バンタム級市口政光が七位となった。初参戦ということを考えれば上々の首尾であったといえよう。

グレコローマンの好成績を見た八田会長は、これから始まるフリースタイルを前に、景気の良い言葉を連発した。

「見ていてください。やりますよ。みんなグレコを見て自信をつけていますからね。彼らがまがりなりにもあれだけやったんだ。それならオレたちはもっとできるってね。そういう自信をフリーの連中に持たせただけでも、グレコをローマに連れてきた甲斐がありましたよ。要するにグレコなんかはオマケだったんですからね」(『報知新聞』)

八田の強気な言葉通り、日本の本命はフリースタイルであった。

一九五二(昭和二十七)年のヘルシンキオリンピックでは石井庄八が、一九五六(昭和三十一)年のメルボルンオリンピックでは笹原正三と池田三男が、それぞれ金メダルを獲得している。

両オリンピックで日本選手団が獲得した金メダルはわずかに五個。そのうちレスリングが過半の三個を占めた。〝レスリング日本〟の名声はいよいよ高まり、このローマオリンピックではさらなる活躍が期待されていた。

フリースタイルの日本代表は四次にわたって行われた予選の結果、バンタム級浅井正(中大OB)、フェザー級佐藤多美治(中大)、ライト級の阿部一男(明大OB)、ウェルター級の兼子隆(中大OB)らが順当に選ばれた。

問題はフライ級であった。

フライ級における有力候補は鳥倉鶴久(専大)と松原正之(日大)のふたり。一九五八年の全米選手権に優勝した鳥倉鶴久は、札幌商業高校時代にはボクシングで全国二位という異色の経歴の持ち主である。専修大学入学後にレスリングを始め、素晴らしい動体視力とすばやいフットワークで瞬時に相手の背後をとったが、寝技はやや弱かった。

一九五九年十月にテヘランで行われた世界選手権の準決勝でソ連のアリ・アリエフと対戦した鳥倉は、ポイントをリードしていたにもかかわらず、一瞬の河津返しによってフォールを奪われ、結局五位に終わっている。鳥倉とアリエフは六〇年四月に東京で行われた日ソ国際レスリング試合で再戦したが、この時は引き分けとなった。

鳥倉よりひとつ年下の松原正之もまた、一九六〇年度全米選手権の優勝者である。

仙台高校三年の時にインターハイと国体の両方で優勝した松原は将来を嘱望されたエリート。卒業時には早稲田、慶應、立教、明治の各校から誘われ、いったんは中央大学への進学を決めたものの、結局は学費を免除してくれた当時二部の日大を選んだ。

飛行機投げを得意とし、寝技も強い。大学一年で早くも全日本選手権三位となった松原は、三年の時には早くも全日本選手権に初優勝。アメリカ遠征のメンバーに選ばれた。

アメリカでの松原は一度引き分けた以外は全勝で、八田から「お前は外人に強いな」と感心された。

親善試合は相手の体重に合わせて戦う。本来フライ級(五二キロ級)の松原は、フェザー級(六二キロ)の相手とも戦った。肉も牛乳もオレンジもすべてがおいしく、「うまいものをたくさん食べて思い切りやれ」と言われて八キロも太ってしまった。

帰国直後に行われた三次予選に松原は体重を落とすことができず、出場を辞退せざるを得なかった。全日本選手権に優勝していた松原には、三次予選を欠場したにもかかわらず最終予選出場の権利が与えられたものの、体重オーバーによる出場辞退はオリンピック代表候補としての自覚に欠ける行為として、多くの批判を浴びた。

さらに一九六〇年七月に行われた最終予選でも、体調の悪かった松原は、ひとつ年下の今泉雄策(中大)に敗れてしまう。腹這いになった相手にフルネルソンをかけ、自らハイブリッジをしつつ投げるという今泉の大技に不覚をとったのだ。

鳥倉と松原の直接対決は引き分けとなり、結局、最終予選における順位は一位鳥倉、二位今泉、三位松原となった。

しかし、最終予選という呼称にもかかわらず、優勝した鳥倉がそのまま代表になることはなかった。鳥倉、今泉、松原の三人は全員、山形の最終選考合宿に放り込まれたのである。

すでに数回の強化合宿が繰り返されていた。

日本レスリングの選手層は昔も今も極めて薄い。数少ない選手たちを鍛え上げ、世界と戦えるレベルまで強引に引き上げるのだ。当然、合宿は恐ろしくハードなものとなる。

レスリングの練習を見学した自衛隊員たちは、「世界を目指すためにはこれほどの訓練が必要なのか」と驚愕した。

テヘランの世界選手権で惨敗した日本選手たちは、全員が体毛を剃られた。頭の毛と陰毛の両方である。

「ひとりじゃないですよ。全員が剃られた。八田さんは『こっち(イラン)は回教徒だからみんな剃っている。お前たちも反省して、剃ってしまえ』と言われて剃った」(このテヘラン遠征でフライ級五位の鳥倉鶴久)

千葉県館山市で行われた正月合宿中には、真冬の冷たい海の中に裸で入った。五十三歳の八田が真っ先に入るのだから、選手たちも入らざるを得ない。筋骨隆々たる男たちの寒中水泳は絵になると、NHKや新聞雑誌も大きく扱った。もちろん八田が呼んだのである。

「館山は夏に遊びにくるところだから、布団はせんべい布団一枚。枕もない。八田会長に『寒いです』と言うと、会長は『お前らはバカか。頭を使え』と言う。トレーニングシャツを着て、手袋して靴下履いてボストンバッグを枕にすれば寝られるじゃないか。試合場にきれいな布団があるか？　会場の隅でゴロゴロしながら試合を待つ時だってあるんだ。そういうところで寝られない人間、休めない人間は、その時点で負けている。条件の悪さを克服して勝てる人間になれ、ということです」(松原正之)

夜は明かりをつけたまま床に就かせる。夜中に突然起こして顔を洗わせて集合させ、すぐにまた寝かせる。明るい試合会場でも休息がとれ、時差のある外国でも寝不足にならないための訓練である。

体調管理も徹底していた。朝の挨拶は「クソをしました」。便通がなければ、小さな石鹸を肛門に突っ込んで浣腸させる。朝の排便はコンディションづくりに不可欠という信念が八田一朗にはあった。

男性の生理的欲求まで管理した。夢精をすれば「徳川」(無声映画の弁士として一世を風靡した徳川夢声に由来する)、マスターベーションであれば、「手」と記録した。

《合宿すると、選手から徳川さんの統計を出させる。それによって選手の健康状態、エネルギーの状態が完全につかめるのだ。昔は、あれは大変悪いことだというふうにとって、知らん間にああいうことが起こると、精神的にガックリした人たちがおった。私は「コップの中に水をいっぱい入れればこぼれるだろう。だから精力がそれだけあまってオーバーフローするのだから君たちは喜べ」と言うのだ。そういう具合にして、遠征中や合宿中にみんなに届けを出させる。

ところが中には、徳川さんに全然関係のない者がいる。「おまえ、自分で何かやっているな」と言うとニタッとする。だからそれを徳川さんと併用するわけだ。徳川さんの届けを出させて、我々は徳川さんと食事との関係を見る。ふだんは何を食っているかわからないから非常に気がかりだが、合宿に入れてきちんとやっているときには、何を食っている、あるいはどういうものが好きで食わしている、ということがわかっているから、カロリーの計算ができている。すると練習量もおのずから把握できるわけだ》(八田一朗『勝負根性』)

プライベートなど一切ない軍隊以上の緊張感の中で、鳥倉、今泉、松原の三人は毎日試合をさせられた。

鳥倉は、代表に選ばれるのは最終予選に優勝した自分であると確信していた。代表はすでに決まっている。この合宿では、ケガにだけ気をつけていればいい。

若い今泉は、緊張のあまり夜中に後輩と抜け出して飲みに出かけた。合宿に戻ってからも酔っぱらって「北野(祐秀・ローマオリンピック監督)のバカ野郎」と大暴れしたから、連帯責任を恐れた周囲の選手たちに取り押さえられ、素っ裸にされた上に紐でグルグル巻きにされ、猿ぐつわを嚙まされて押し入れに放り込まれた。だが、隠蔽工作は結局失敗に終った。翌朝、起き出した今泉が黒板を見ると、他の選手のところは試合予定がギッシリと組まれているにもかかわらず、自分の欄だけは真っ白だったからだ。

一方、松原は気楽なものだった。最終予選で三位に終わった自分が代表に選ばれる可能性は低い。鳥倉でも今泉でもどちらでもいい。練習相手になってやろうじゃないか。ただし真剣勝負だ。

プレッシャーのない松原は恐ろしく強く、緊張の極にあった鳥倉と今泉を翻弄した。

「試合は確か全勝したはず」と松原は回想する。

合宿が終わった翌日、ローマオリンピックの代表が発表された。

フライ級の代表に選ばれたのは、松原正之であった。

鳥倉および専修大学関係者は怒り狂った。なぜ最終予選に勝った人間が選ばれないのか。協会が決めるのであれば、そもそも予選など必要ないではないか。

『鳳の詩・専修大学レスリング部五十年史』の筆者は、選考への怒りを顕わにする。

《山形での合宿で松原の方が元気がよく、体力が上だった、というのが、表面上の理由だったが、現・専修大学レスリング部監督の鈴木啓三(一九八四年当時)はいう。「合宿での体力はあてにならない。試合で見なければ意味がない」。合宿や練習はウェイトに関係がないからだ。本当の強さは試合で見なければ意味がない」。問題は最終予選から代表発表までの十日間に何があったか、であった。スポーツマンらしく、強さだけを頼りにローマへの意欲をたぎらせていた鳥倉にとって、この代表決定はあまりにもむごい結果であった》

納得のいかない専大関係者の間では、「どうしても仙台からオリンピック選手を出したい宮城県レスリング協会長が、八田一朗に百万円を渡した」という噂まで流れた。

金銭の授受があったかどうかはわからない。しかし、選手選考が公正に行われたことは確かだ。代表を決めたのは八田一朗ではなく、笹原正三であったからだ。

「ふたりの実力は伯仲していたが、最終的に松原を選んだのは私だ。誰にも相談はしていない。神様になったつもりで決めた」(笹原正三)

七月末、オリンピック代表選手団がローマに出発する直前の合宿中には、檻の中のライオンとにらめっこするという不思議なトレーニングが行われた。

「前の晩、八田さんが『世界で一番強い動物は何だ?』と聞いてきた。私らは『ライオンじゃないですか?』『おお、そうだ。だから明日はライオンとにらめっこしにいく。ライオンに勝てればオリンピックでも勝てるぞ』と八田さんは言って、新聞記者にも『明日の朝、上野公園に行くから』と声をかけた。我々はいい迷惑ですけどね(笑)。渋谷から上野まで走らされて、新聞記者たちはクルマでついてくる。動物園に行くと、ライオンは寝ていて、飼育係に起こしてもらった。八田さんとしては、ライオンを鎖で繋いでもらって、我々が檻の中に入るということを考えていたみたいですけど、飼育係の人は『そんなことは絶対にできない』って。仕方なく我々は、金網の前の手すりを乗り越えて、檻の前に立たされた。飼育係がライオンを竿でガンガンついて起こして、こっちでバスタオルを振ると、ガーッとくるわけです。怖かったですよ。

ライオンだけじゃない。『おい、日本で一番最初に金メダル取った人が誰だか知ってるか?』『三段跳びの織田幹雄さんですか?』『そうだ。明日はその織田先生を呼んで、君たちに走る形とオリンピックへの心構えを教えてもらおう』八田会長のことだから、どうせ口だけだろうとみんなが思っていたら、本当に連れてきた。『この人が織田さんか。日本で一番最初にオリンピックの金メダルを取った人か！』って。オリンピックの合宿中ですからね、感激しましたよ。何日か後にはまた『おい、将棋指しでいま一番強いのは誰だ？』『升田幸三名人でしょう』『じゃあ明日、升田名人を呼ぼう』もちろんあらかじめ計画が立ててある。八田会長はそういう人です」（松原正之）

しかし、八田や笹原の懸命の努力にもかかわらず、ヘルシンキ、メルボルンと上昇機運にあった日本のフリースタイルは、ローマで惨敗した。

わずかにフライ級の松原正之が銀メダルを獲得したのみで、エース浅井正（バンタム級）が四位に沈んだほか、日本選手たちは次々に敗れた。〝レスリング日本〟の名は、地に墜ちたのである。

ローマオリンピックのフリースタイルで最も注目を集めたのは、日本でもソ連でもなく、金メダル三個を獲得したアメリカであった。

バンタム級（五七キロ）のテリー・マッキャン、ライト級（六七キロ）のシェルビー・ウィルソン、そしてウェルター級（七三キロ）のダグラス・ブルーボウ。

三人の金メダリストは、いずれもオクラホマ在住。笹原が教えた選手たちだった。

ローマ大会におけるアメリカの大躍進は、結果的にオリンピックにおけるフリースタイルを存続させる原動力となった。

レスリングでアメリカが勝てるのであれば、メダルを減らす必要はないからだ。ローマオリンピック以後、ブランデージ率いるＩＯＣは方針を改め、以後、レスリングのメダルを減らせとは言わなくなった。

フリースタイル消滅の危機は回避されたのである。

第7章　すべての道は東京へ

東京オリンピック最終予選で美しい反り投げを披露する市口政光

一九六〇(昭和三十五)年のローマオリンピックレスリング競技に、日本はフリー八名、グレコ八名計十六名を送り出した。

歴史の浅いグレコローマンに大きな期待をかけられないことは最初からわかっていた。特に重量級におけるメダル獲得の可能性は限りなく低かった。

それでもローマオリンピックをグレコローマン普及の契機としたい八田一朗は、フリー、グレコ合わせて十六名のフルエントリーを、日本体育協会専務理事の竹田恒徳に強硬に主張した。

明治天皇の外孫である竹田は日本スケート連盟の会長をつとめ、二年後には日本オリンピック委員会の委員長に就任することになるスポーツ界の最重要人物である。

そんな〝スポーツの宮様〟に八田は啖呵を切った。

「フルエントリーさせないと竹田さんが言った時、僕はもし連れていって勝てなかったときは頭の毛を剃ってみせる。それでもだめなら一物の毛も剃ってみせる。あなたはスケートで入賞できなかったらこれができますかと言ってやったら、宮様黙っちゃった」(八田一朗『内外タイムス』)

八田の迫力に押された竹田は、レスリングの十六名フルエントリーをしぶしぶ認めた。ローマオリンピックが惨敗に終わった翌朝、八田は選手村内の床屋に行き、美しい銀髪をバッサリと落とした。坊主頭の八田を見て、北野祐秀監督、笹原正三フリースタイル、笠原茂グレコローマンの両コーチも床屋に走った。

選手たちは頭髪だけでは済まず、陰毛まで剃らされた。銀メダリストの松原正之も例外ではなかったが、結婚を控えていたフリースタイルヘビー級の石黒馨(中大OB)だけは武士の情けで上も下も勘弁してもらった、というところがいかにも八田らしい。

「私もですか？　と八田会長に聞いたら『君ね、金メダル以外はメダルじゃないよ』と。仕方ないから剃って見せると、『よし、これでお前は強くなる』とニコニコ笑いながら言った。八田さんにはそういう面白いところがあった」(銀メダルを獲得した松原正之)

ローマオリンピックの日本レスリング選手団の中で頭髪を残したまま帰国したのは、審判員として参加した西出武(当時日本アマチュアレスリング協会常務理事)ただひとりであった。

「自分は国際審判員としてオリンピックに参加したのであり、日本選手団とは関係ない」というのが西出の言い分であった。

ローマから選手団が帰国してまもなく、東京日本橋の「紅花」で反省会兼理事会が開かれた。

席上、「ローマオリンピックの敗因は、最近日本でフリースタイルとグレコローマンを一緒にやりだしたことにある」と丸坊主のコーチングスタッフを批判したのは、選手団とは関係ないはずの西出だった。

西出の主張は、すなわち笹原正三への非難であった。笹原はメルボルンオリンピックの直後から、「日本のフリースタイルを強くするためにはグレコを学ばなくてはならない。フリーとグレコはレスリングの両輪だ」と主張していたからだ。

「フリースタイルの技術革新は進んでいる。我々が外国の技を研究するように、日本のタックルや投げや足技もまた研究されている。世界最強のソ連はグレコローマンの戦法をフリースタイルでも使ってくる。敵を知らなくては勝てない」と笹原は言った。

笹原の言葉は正しい。西出の笹原批判は、技術革新が進む世界のレスリングの現状を無視し、過去の栄光を懐古するだけの妄言に過ぎなかった。

しかし、ローマオリンピックで日本フリースタイルが惨敗したことは事実だったから、コーチとしての責任を感じる笹原は、西出の批判を黙って聞くほかなかった。

西出は早稲田大学レスリング部の初代キャプテンであり、ヘルシンキオリンピックの監督をつとめた人物だが、そもそもレスリングにおける代表監督は名誉職に近く、西出が選手たちに技術を教えていたわけではないのだ。ヘルシンキの深夜、選手たちが苦しい減量に耐えている最中にも、代表監督たる西出は連日のように街に繰り出していた。

だが、早稲田大学のOBが多くを占める理事たちは西出に同調して、口々に笹原を批判した。

理事たちの中には、独断で物事を進める八田への不満が蓄積されていたのである。

しかし、西出たちが直接八田に文句を言うことはできない。早稲田大学レスリング部員は顔の広い八田に就職などで散々面倒を見てもらっていたからだ。西出がTBSスポーツ局に入社できたのも、八田という最強のコネクションのお陰だった。

かくしてローマ惨敗の責任は八田一朗ではなく、笹原正三に押しつけられたのである。

《それぞれ勝手な熱をふいたが、座の半ばで、それまで黙って聞いていたオリンピックコーチの笹原正三氏が顔色を変えて立ち上がった。『みなさんの中で、普段から学生の試合を見ている人がいったい何人いますか。東京にいる理事だけでも、今後は学生の試合を見てほしいものです』一座はたちまちシーンとなり、ほとんどが下を向いて黙ってしまったという》(『月刊ファイト』)

笹原は、選手生活を終える二十七歳まで女性を知らなかった。初めてのキスはソ連遠征の際、ヒゲ面の巨漢に勝利を祝福されて唇を奪われるという悲しいものだった。

長身でスマートなテレビ局勤務の西出が、国際審判員という名目で大手を振って海外に出かけ、世界中の娼婦と華麗なる交際を繰り返す一方で、現役時代の笹原は女性の柔肌も知らぬまま、ただひたすら金メダルを目指した。現役を引退して結婚してからも、後輩たちのために週に四日は神田の中大道場に通い、合宿にも必ず顔を出した。朴訥な笹原の、精いっぱいの反論であった。

では、ローマオリンピック惨敗の真の理由はどこにあったのだろうか。

筆頭に挙げられるのは「自分たちは強い」という慢心である。

「ヘルシンキ、メルボルンと日本レスリングは右肩上がりだった。だから次のローマでも勝てる、と暗示をかけたのは八田さん。『ローマでは金メダル八個を獲る。いやフリーグレコ全階級十六個だ』などと八田さんがホラを吹いたのは、選手たちに『俺の分も入っているんだ』と思わせたいから。大ボラを吹けば新聞記者も寄ってくる。選手たちがレスリングの記事を読めば『自分たちは注目されているんだ』と発奮する。マイナースポーツのレスリングに記者たちの目を向けさせるために、八田さんはあらゆる手段を使った。選手たちを上野動物園に連れて行ってライオンとにらめっこさせたのがいい例です」(市口政光)

要するに、選手にやる気を出させるための八田の大ボラが裏目に出て、選手たちは「自分たちは強い」と勘違いし、勝負への執念に欠けた、ということだ。

その顕著な例が、ローマオリンピック最大のエースとして注目されながらも、結局は四位に終ったバンタム級の浅井正(中大OB)である。

浅井が強いレスラーであったことは確かだ。しかし、精神的に弱く、緊張感を最後まで持続できないところがあった。一九五九年に行われたテヘランの世界選手権決勝ではソ連のアルセニアンに四—〇と大きくリードしながらも残り三十秒の時点で投げられ、フォール負けを食らっている。

本番たるローマオリンピックの三回戦でもブルガリアのザレブにフォール負けを喫してメダル圏内から去ったのだが、この試合もまた、浅井の不注意としか言いようのないものだった。

《浅井は試合前、ニコニコしながら日本人記者に言っていた。「二分と四分の時に合図してください。二分間で体をほぐし、四分でカタをつけますから」その言葉通り、浅井は二分過ぎには鋭いタックルからバック・ポイントをとり、ザレブをレフェリーポジション（パーテールポジション）に追い込んだ。浅井はボディプレスで攻め、一気にフォールしようとしたが、体がザレブの上に乗りすぎ一瞬安定を失った。ザレブはこの隙をうまくつき、浅井の右手首をつかむと右斜め前方に思い切り巻いた。浅井は逃げようとしたが、たまらずマットから転がりおちた。普通ならブリッジで難を逃れられるのだが、体の堅い浅井は一瞬のブリッジができない。「防御が甘い」といわれた浅井の最大の不安が現実となってあらわれたわけだ》（『日刊スポーツ』）

ローマオリンピック当時のルールは瞬間フォール。上から抑えつけられなくても、自分のミスで背中をつけてしまえばフォールが宣告される。

「まったくうかつだった。なぜあんな負け方をしたのか、自分でもわからない」と浅井は涙を流して悔しがったが、テヘラン、ローマと二度続けば、もはや〝不運〟ではありえない。

精神的に甘かったのは、選手だけではなかった。一九六〇(昭和三十五)年三月、つまりローマオリンピックの五カ月前に創刊された日本アマチュアレスリング協会の広報誌は、「日本レスリングは何故強いか」というタイトルの原稿を笹原正三に依頼している。笹原は協会関係者の楽観主義に苛立ちつつ、次のように書いた。

《日本のレスリングがなぜ強いかという題を与えられたが、私はこの題で書くにはまだまだ時期が早すぎまいかと思う。日本が全階級に世界制覇をしてこそこの題が生きてくるので、現時点で日本のレスリングが強いなどと思ったら大変なことになる。(中略)メルボルンから早四年、ローマを目前にして日本レスリングは如何ばかり前進したであろうか。これらの点を考えるとき私は緊張感に迫られるのである。諸外国ではスポーツ科学の動員によって、徹底的に技術を分析、研究、確信の上にたって指導を行っている。レスリングは動く力学であるが、我々はただ外国の技をまねるだけではなく、深く掘り下げて技術を分析し、この技はなぜ合理的なのか(崩し、掛け、バランス、スピード等々)をはっきりつかんで練習するようにならなければならない》

笹原のような危機感を、選手たちや関係者が共有することはついになかった。ローマの惨敗のあと、八田一朗は「頭の悪い選手は、力があってもいざとなるとつぶれる。今後は頭がよくて土性骨のあるヤツを集めなくちゃならん」(『日刊スポーツ』)と吐き捨てた。

タレントがいなかったこと、精神的な弱さ、寝技の弱さ、練習におけるマンネリズム、減量の失敗、外国から研究されていたこと。これが笹原正三の考えるローマの敗因である。

笹原によれば、日本選手は徹底的に研究されていたという。ライト級で優勝したアメリカのシェルビー・ウィルソンは、日本代表の阿部一男(明大OB)のフィルムを三百回以上見たという。その結果、阿部はウィルソンに完敗した。

さらには笹原自身の影響力が強すぎたことも見逃せない。ローマの選手たちは笹原のように多彩な技を身につけようとしたが、多くの技を学べば、ひとつひとつの技の完成度はそれだけ落ちる。

笹原はフリースタイル・レスリングのすべてを研究した、世界最高の研究者だった。あらゆる局面に対応し、最も適切な技を繰り出す笹原のスタイルは、優秀な頭脳と旺盛なる研究心があってこそ初めて可能なものであり、容易に真似ができるはずもなかったのだ。

反省会の席では思わず声を荒らげた笹原だったが、フリースタイル惨敗の責任を誰かに転嫁するつもりなど毛頭なかった。責任はもちろんコーチたる自分にある。ローマの屈辱は次の東京オリンピックで必ず晴らす。笹原はそう決意していた。

ところが、日本が再び世界と相見えた一九六一(昭和三十六)年横浜世界選手権のマットサイドに、笹原正三の姿はなかった。

フリースタイルのコーチは、石井庄八の後任として中央大学監督に就任していた川野茂。グレコローマンのコーチは拓大OBの高比良昭男であった。川野にも高比良にもオリンピックや世界選手権で活躍した経験はない。ふたりに共通するのは、大酒飲みであるということだ。

川野と高比良を選んだのは八田一朗ではなく、強化委員長兼日本代表監督に就任した村田恒太郎(明大OB)であった。戦前の名レスラーの筆頭が風間栄一(早大OB)であるならば、戦中の名レスラーの筆頭に挙げられるのが村田だろう。村田の全盛期は、幻となった一九四〇(昭和十五)年の東京オリンピックから敗戦国日本が参加を許されなかった一九四八年ロンドンオリンピックまでの期間に、不運にもぴったりと重なってしまった。

神田生まれの村田は、戦後、関西レスリングの生みの親である大阪市立中学(まもなく新制となって大阪市立高校)の小田原徳善の招きで関西に移り、小田原と共に関西大学にレスリング部を創設した。ヘルシンキオリンピックフェザー級五位の富永利三郎や、同ライト級六位の霜鳥武雄、少年少女レスリングの最強クラブ吹田市民教室を長年率いた故・押立吉男らは村田の教え子たちだ。

その村田がローマオリンピックの不振によって動揺する協会を自ら牽引しようと、世界選手権の監督に立候補したのだ。

村田も西出同様、笹原のレスリングは複雑すぎ、技術に走りすぎるという印象を持っていた。

さらに村田は、監督やコーチの役割は技術を教えることではなく、選手のやる気を引き出すことである、という信念を持っていた。

村田が笹原を外して川野を選んだ時、八田一朗は村田に「なぜ実績のない川野を選ぶのか」と詰問したが、村田は「八田さん、コーチは監督が選ぶものですよ」と突っぱねた。

しかし、結果は無惨だった。

横浜世界選手権フリースタイルにおける日本選手の成績は、ウェルター級の兼子隆の三位入賞が最高で、バンタム級風間貞勝、フェザー級佐藤多美治、ライト級阿部一男は共に四位。鳥倉鶴久と今泉雄策を下してフライ級の代表となった松原正之は足の故障もあってソ連のアリエフのアンクルホールドに完敗し、ローマを下回る五位に沈んだ。

「グレコを学べ、寝技を学べ」という笹原の言葉の正しさは、皮肉にも笹原不在の世界選手権で証明されたのだ。

笹原の物真似では勝てない。しかし、昔ながらの立ち技だけのレスリングでも勝てない。選手の体格や体質はひとりひとり異なる。まずは自分の体に合ったスタイルを確立した上で、笹原の持つ高い技術を学びとり、欠点を矯正していくことが必要なのだ。

東京オリンピックまで三年半。日本のフリースタイルは、笹原とはまったく異なるタイプのエースを必要としていた——。

ローマオリンピックの惨敗によって日本のフリースタイルが方向転換を迫られる中、始まったばかりの日本のグレコローマンは来るべき一九六四年東京オリンピックのために、まったく新しい強化策を必要としていた。

八田一朗が出した結論は、外国人コーチ招聘であった。

日本アマチュアレスリング協会に金など最初からない。八田は東芝や明治乳業に資金援助を頼み、トルコからコーチを呼んだのだ。

「国内に指導者がいなければ、外国から呼ぶのは当然ではないか」と、あるいは読者諸兄諸姉はお考えになるかもしれない。しかし、約六十年前の外国人コーチ招聘は破天荒な発想であった。

日本スポーツ界には、それまでにひとりの外国人コーチも存在しなかったからだ。

八田からの要請を快諾したトルコが日本に送り込んできたのは、ハリル・ユーゼセスである。

この四十九歳のトルコ人が日本スポーツ史上初めての外国人コーチであったことは、

1961年に行われた横浜世界選手権．下段中央の笑顔の人物が監督の村田恒太郎．その上が日本スポーツ界初の外国人コーチとなったハリル・ユーゼセス(トルコ)．前列右端にはローマ2位の松原正之が，その左斜め上には市口政光がいる

八田一朗の先見性の証左として特筆大書しておかなくてはならない。

契約期間はわずか三カ月(結局は五カ月に延びた)。それ以上のカネはレスリング協会にはなかった。ユーゼセスが来日したのは横浜世界選手権の二カ月前のことだった。

「大卒のユーゼセスは、肉体労働者のレスラーが多いトルコでは異色の存在です。欧州で二、三カ月コーチした経験もあり、日本のトップレスラーを教えると聞いてはりきって来日した。ところが当時の日本のグレコローマンの選手たちは、オリンピックに出場した市口も含めてまったく基礎ができていなかった。ユーゼセスは『俺は初心者に教えにきたわけじゃない』と文句タラタラでしたが、仕方なく基礎体力づくりから始めた。一方の市口たちも『なぜ俺たちが基礎からやらされるんだ』という不満を持った」(当時通訳をつとめた本多賀文)

険悪な雰囲気の中、日本グレコローマンチームは横浜の世界選手権を迎えた。外国人コーチを呼んだ効果がわずか二カ月で現れるはずもなく、結局、日本グレコローマンの成績はフェザー級の村野力(中大)の五位が最高で、フライ級の花原勉(日体大)は六位、ローマオリンピックバンタム級代表の市口政光(関大)に至っては二試合続けて敗れ、早々に失格してしまった。

ソ連のレンツ監督は、日本のグレコローマンを次のように評している。

「日本のグレコはローマと今回の二度しか大試合の経験がない。歴史も浅く、とやかく言うことはできないが、これだけははっきり言える。それは体力をつけなければ勝てないということだ。グレコはフリー以上に力を必要とする競技だからだ。それと、役員の数は非常に多いのだが、トレーナーやコーチの数が実に少ない。これでは選手個人個人に適した指導ができないのではないか」(『日刊スポーツ』)

自分たちの非力さを改めて知った市口たちはユーゼセスの言葉を素直に受け入れるようになり、ユーゼセスもまた、日本のグレコローマン・レスラーを見下すことをやめた。

特に市口との関係は密接になり、大阪にきた時は市口の自宅に泊まった。布団の上で話をするうちに、いつのまにか寝技の指導になっていたこともあった。

「世界選手権が終わってから帰国するまでの三カ月間はずっと一緒に過ごした。ユーゼセスは年寄りだったから本格的なスパーリングはしなかったけれど、自分の良い所、直すべき所を率直に言ってくれた。他の選手は嫌がっていたけれど、私はユーゼセスから基礎体力をつけるための補強運動の大切さや、決め技を持つことの重要性など、多くのことを吸収した。食事に関してもいろいろと教えてもらった。チーズを食べろとか、野菜はこれ、肉はこれを食べろとか」(市口政光)

だが、ユーゼセスが帰国した頃の市口には深刻な危機が訪れていた。父親が経営していた鉄工所が当時の金で一億円近い負債を抱えて倒産したのだ。両親は郊外の小さな家に移り、三人の兄たちは職を求めて散った。

自分も大学を中退して働こうとする市口を両親は止めた。慌てることはない。あと数カ月で卒業だ。レスリングもできる限り続けなさい。お前は日本一のレスラーなのだから、と。

市口は土方や港湾労働者等、肉体労働のアルバイトをして自らの学費を稼いだ。

すでに市口はバルカン遠征のメンバーに選ばれていた。十一月中旬から十二月中旬までの一カ月間、ソ連からバルカン諸国をまわって試合を行うのだ。

後ろ髪を引かれる思いで日本を離れた市口は、強い気持ちで臨んだこのバルカン遠征で大きく飛躍を遂げた。緒戦では敗れたものの、その後は十二連勝を遂げたのだ。

「横浜の世界選手権ではスタンドで逃げられ、寝技で転がされて負けた。だからこの遠征では、投げられてもいいから思い切ってやろうと真っ向勝負に行った。それまで柔道の技はレスリングには使えないと思っていたけれど、ためしに投げ技を使ってみたら、面白いようにひっかかった。私はもともとがフリースタイルだから、タックルにスピードがある。グレコの選手には早いタックルを持っている人が少ないから、私のスピードについてこられない。私がフリースタイルの要領で低く構えると、相手もタックルを嫌って同様に低く構える。そこをフリーのやり方で落としていくと、相手は背筋がかなり疲れてくる。疲れたところをタックル(胴タックル)に入る。相手が強引に押してくれば相手の力を利用して一本背負いで投げる。何もヨーロッパスタイルで戦う必要はない。グレコにも日本人向きの戦い方があった」(市口政光)

日本のグレコローマンは、この時、市口政光によって初めて形づくられたといっていいだろう。

このバルカン遠征で、市口は隅落としを実戦に初めて投入している。ローマオリンピックの時に、ソ連のカラバエフにかけられた技だ。

「イランの選手を隅落としでパッとフォールした。反り投げに行くふりをすると、相手が腰を引く。その瞬間に体重を預け、相手の腰をポンと落としてあげる。あれは自信

[連続写真①〜⑤]　カンヌキからの隅落とし．80 年代に市口が作りかけて中絶した技術書からの抜粋である．柔道の隅落とし＝空気投げとは外見がまったく違うものの，原理は共通している．取りは宮原厚次(ロサンジェルス五輪 52 キロ級優勝)，受けは江藤正基(83 年キエフ世界選手権 57 キロ級優勝)

になりましたね」(市口政光)

柔道で言われる〝崩し〟は、通常の場合、前後左右斜めの八方に相手を動かすものだが、隅落としは相手を下方向に抑えつけて崩すところに特徴を持つ。

二足歩行をする人間には、足裏に敏感なセンサーがついている。そのセンサーの働きによって、私たちは極めて小さな接地面(足裏)の上に全体重を乗せることができる。

ところが接地の瞬間に予想外の荷重がかかると、センサーは異常を示し、足の筋肉が不随意的に緊張して動かせなくなる。階段を下りる時、あると思ったもう一段が実際にはなかった時のような違和感を感じるのだ。

相手の足を瞬間的に止めてしまえば、投げるのも倒すのもたやすい。三船久蔵の隅落とし=空気投げも、第四十五代横綱若乃花の豪快な呼び戻し=仏壇返しも、同様の原理を応用したものだ。

バルカン遠征で自信をつけた市口は、東京オリンピックで金メダルをめざす決意を固めた。

関西大学文学部を卒業すると、毎日新聞からの誘いを断り、笹原に紹介された東京・神田の富士商会への就職を決めた。仕事は午前中だけで午後は練習、給料は人並みという条件だったが、明治大学と中央大学が近く、練習相手がいることが何よりもありがたかった。当時、レスリングができる環境はごく限られていた。

荷物も持たぬまま、夜逃げのように大阪の実家を出て上京してから二カ月後、市口政光は世界チャンピオンになった。一九六二(昭和三十七)年六月にアメリカ・オハイオ州トレドで行われた世界選手権バンタム級で、見事に優勝を遂げたのだ。
初めて日本選手権が行われてからわずか三年半。日本はレスリングの本流ともいうべきグレコローマンで早くも世界チャンピオンを生み出したのである。
日本レスリング史上、永遠に記録されるべき偉大な勝利であった。

このトレド世界選手権では、もうひとり、偉大な王者が誕生している。

フリースタイルフェザー級の渡辺長武(おさむ)(中大)である。

北海道和寒出身の渡辺は幼い頃からスポーツ万能であり、小学校四年の時に参加した相撲大会では六年生を次々に破って優勝。ついに卒業まで負けを知らなかった。

中大道場で練習する渡辺長武と，それを見守る笹原正三．笹原が渡辺に教えたのは主に寝技のディフェンスだった石材店を営む父は若い頃には草相撲の大関を張ったほどの力持ちだったが、渡辺が生まれてまもない頃、リウマチに倒れて寝たきりになってしまった。渡辺は父親の歩く姿を見たことがない。

母親はしばらく石材店を引き継いだが、渡辺が中学に入る頃には豆腐屋を始めた。大豆を挽くのは息子の仕事だ。毎朝四時に起きて、前の夜に洗って水にひたしておいた大豆を二斗(三十六リットル)も挽く。綱のついたT字形の棒を引いて重い石臼を動かすためには、腕力のほかに足腰の力が必要だった。

毎朝、一時間半から二時間かけて大豆を挽き、朝飯を食べて登校する生活が中学高校の六年間続いた。そんな日常が強靭な足腰を作り上げていく。

一六〇センチに満たない短軀の渡辺が、体重無差別の相撲や柔道ではなくレスリングを始めたのは必然だった。

兄の援助によって進学した士別高校レスリング部では、中央大学を卒業したばかりの田制秀穂による中大式のハードトレーニングが行われていた。

全国大会個人戦では二年連続準優勝に終わったが、じつは当時の高校選手権には団体戦と個人戦を同じ階級でエントリーしなくてはならないという規定があり、重い階級にエントリーした渡辺は、常に十キロ以上重い相手と戦っていたのである。「北海道に渡辺あり」という評判は日増しに高まり、当時日本最強チームであった中央大学から入学金と授業料免除という異例の条件でスカウトされた。

中大経済学部に入学した渡辺は、春と秋に行われる新人戦で大いに名を上げた。新人戦の対象は一、二年生。優勝すれば次の大会は同じ階級に出場できない。渡辺は入学まもない六月にバンタム級で優勝すると、秋にはフェザー級、二年の春にライト級、二年の秋にはなんとウェルター級まで上げて優勝した。

当時のバンタム級のリミットは五七キロ、ウェルター級は七三キロである。試合開始から数秒後、渡辺がいきなり自分より遥かに大きい相手に飛びつき、瞬く間に首投げでフォールした時には、猛者揃いの中大レスリング部員たちもさすがに舌を巻いた。

大学二年の冬には早くも全日本選手権で初優勝。翌年に行われた横浜の世界選手権には肋骨を骨折して出場できなかったものの、市口らと共に廻ったソ連～バルカン諸国遠征で十二勝一敗の好成績を挙げて自信をつけた。

翌年春の全米選手権ではついに渡辺の名が世界に轟いた。決勝までの六試合すべてにフォール勝ち。一ポイントも奪われることなく完勝したのだ。所要時間は合計で十分弱。試合開始から二十秒でフォールしたことさえあった。翌日の地元紙は渡辺の強さを〝ワイルド・アニマル〟と形容した。

余勢を駆って出場した一九六二年トレド世界選手権でもアニマル渡辺の快進撃は止まらない。鋭いタックルから相手を抱え上げ、一気にフォール勝ちに持ち込む渡辺の前に敵はなく、圧倒的な優勝を飾ったのだ。

この世界選手権では渡辺にもうひとつのニックネームがつけられた。〝スイス・ウォッチ〟である。スイスの時計のような正確な動きで相手を仕留めるからだ。

「じつは三つめのあだ名もあった。それは〝ポテト〟。ジャガイモのように小さくて丸っこくて、つかむところがないから(笑)」(笹原正三)

そう、渡辺の傍らには代表コーチに復帰した笹原正三がいたのだ。

日本のグレコローマンを作り上げた市口政光と、笹原正三以来最大の衝撃を世界に与えた渡辺長武。この二人の世界王者を中心に、日本レスリングは二年後の東京オリンピックを目指していくことになる。

第8章　東京オリンピック

東京オリンピックで日本の宿敵であるアリ・アリエフに勝利した吉田義勝の勇姿.「アリエフの反撃をよく防いだ」と，ライバルの今泉雄策は感慨深く振り返った

日本スポーツ界において、八田一朗の国際性、先進性は際立っている。

すでに戦前からレスリングは海外遠征を繰り返していた。戦後も真っ先にアメリカに遠征し、他団体に先駆けて世界選手権東京大会を開催し、米ソ両国の参加を史上初めて実現させた。国交のないソ連に遠征したのも、外国人コーチを招聘したのも、レスリングが一番最初だった。

極東の島国で三人の金メダリストを育て上げた実績は、ＦＩＬＡ国際レスリング連盟の副会長に推挙されるに充分なものだった。

だが、選手強化にはカネがかかる。強豪国のレスリングが潤沢な予算に支えられる一方、日本ではマイナースポーツにすぎないレスリングには観客は集まらず、企業のサポートも存在しなかった。敗戦後、大陸から無一文で引き揚げてきた八田は、裕福からはほど遠い生活をしていた。

《イラン、トルコ、ロシア、ブルガリアと日本が現在世界の五強といわれるんですが、イランは皇帝が非常に興味を持っている。トルコは国技で一回国際試合をやれば四、五千万円の売り上げがあるほどだし、ソ連は他のスポーツでもご存じのごとく国が背景になっているように、それぞれ大きなバックを持っている。しかし日本にはそんなものはいらない。一千五百万円で世界一が約束されるんです。そのわずかな金がままにならないとはね……。現在の青山レスリング会館を改善したいのです。もっとシャワー、ロッカー、フロ場といったものを近代化し充実させ、選手がいつでも練習できるようにする、ということです》(八田一朗『デイリースポーツ』)

カネがなければ、どこからか持ってくるほかはない。自らの渡航費用や遠征、合宿等の強化費用を捻出するために、八田はあらゆる手段を使った。

まだ海外への自由渡航が許されない時代、スポーツ交流という名目ならば大手を振って海外に行くことができた。八田はその特権を大いに利用した。

もっともわかりやすい例がレストラン「ベニハナ・オブ・トーキョー」である。日本橋で評判の洋食レストランを経営していた青木湯之助は、息子同士が同じ慶應高校レスリング部員であったことから、八田と急速に親しくなった。かねてからアメリカで店を開きたいと考えていた青木湯之助は、八田の秘書という肩書でアメリカ遠征に同行した。

やがて青木は家族全員を連れてニューヨークに移住、高級鉄板焼店「ベニハナ・オブ・トーキョー」を始めた。集客のためのアイディアを出したのは八田だった。八田はアメリカ人が何を好むかをよく知っている。エキゾチックなムードが漂う店内では、ガンホルダーのように包丁を腰に差した調理人が、塩や胡椒の容器をクルクルと回しつつ肉を焼く。鉄板焼きを一種のショーに仕立て上げた「ベニハナ・オブ・トーキョー」は、柔らかい肉質と相まって連日大盛況。ついにはヒルトン・ホテルにまで出店し、青木湯之助は巨万の富を築き上げた。息子の青木廣彰はロッキー青木としてベニハナの広告塔となり、アメリカン・ドリームを実現させた立志伝中の人物として有名になった。青木親子は億万長者への道を開いてくれた八田に心から感謝しており、長年に渡ってレスリング協会に年間一万ドルの寄附を続けた。

八田が生涯、極めて質素な生活を送ったことは間違いない。集めたカネのすべてはレスリングのために使われたのだ。

しかし、右のような八田の集金術が、周囲からはレスリングを利用して私腹を肥やしていると見えた。八田は「ワンマン」と陰口を叩かれつつも、自らの信念に従って強化を続けていく。井の中の蛙では強くなれない。世界のレスラーと直接肌を合わせない限り、極東の島国のレスラーが金メダルを獲得することはできないのだ。

八田一朗率いる日本レスリングがヘルシンキ(一九五二年)とメルボルン(一九五六年)の両オリンピックで大成功を収めたことから〝レスリング日本〟の声価は大いに高まり、かつて東京の大学だけで行われていたレスリングは全国の大学へ、そして高校へと広がっていった。

第一回高校選手権はヘルシンキの二年後にあたる一九五四(昭和二十九)年七月に群馬県館林市で行われた。高校選手権で好成績を収めた者には、当然のように各大学から誘いがかかるようになった。

早稲田、慶應、明治、中央の各大学が授業料を免除することはまだなかったが、新興の日本大学は大学の名を広めようと学費を免除したことから、ローマオリンピック銀メダリストの松原正之など多くの選手が日大に進学し、強豪校へとのし上がっていった。

低迷を続けていた早稲田に救世主が出現したのは一九六一(昭和三十六)年のことだ。高校チャンピオンの上武(うえたけ)洋次郎が入学してきたのだ。

群馬県館林出身の上武は、レスリングを始めてわずか二十日後に北関東大会に初出場、フライ級三位に入賞した逸材である。高校二年の時には関東高校レスリング選手権で優勝、高校三年の時にはインターハイの五五キロ級に優勝して、第一回日米高校交流試合の遠征メンバーに選ばれた。上武は全米各地で約三十試合を戦い、全勝している。

早大に進学した後も、上武はフォールの山を築いた。二年春のリーグ戦で大活躍。中央と日大を下して、早稲田を準優勝に導く原動力となった。

七月の全日本選手権兼ローマオリンピック予選では浅井正に惜敗したものの、早稲田の若きエース上武洋次郎の実力は、もはや誰にも疑いようのないものだった。

早稲田のレスリング関係者の期待は上武に集まった。この男を中心として、伝統ある早稲田大学レスリング部をもう一度常勝軍団に押し上げよう。そして、早稲田が未だひとりも輩出していないオリンピック代表の座を勝ち取るのだ。

しかし早稲田関係者のもくろみは画餅に帰した。一九六二年夏、上武洋次郎は早稲田大学を中退してオクラホマ州立大学に留学してしまったからだ。

早稲田大学レスリング部の監督だった白石剛達(たけみち)と前監督の永里高平は、上武の留学に大反対した。上昇機運にある早稲田レスリング部のエースを、いきなり引き抜かれてはたまらない。

「上武を留学させる話が出た時には、八田さんと大ゲンカした。やっとリーグ戦で準優勝したところだし、もうすぐ東京オリンピックもある。上武がいなかったら早稲田はどうなるんだ、困る、絶対反対だ、と。そうしたら八田さんはこう言った。『お前は上武に金メダルを取らせる自信があるのか?』と。やっぱり八田さんは見ているところが違う。いまの日本のレスリングじゃダメだ。アメリカのレスリングを上武に身につけさせようと考えていたんです」(白石剛達)

上武の米国留学を決めたのは、早稲田レスリング部の創設者たる八田一朗と、戦後の早大レスリング部復興に大いに貢献した正田文男のふたりであった。

正田は群馬県館林の名家・正田醬油の御曹司であり、前年に浩宮徳仁親王(現・天皇陛下)を無事に出産したばかりの美智子皇太子妃(現・上皇后陛下)の従兄弟にあたる。館林高校にレスリング部を作ったのも、第一回高校選手権を館林で開催したのも正田だった。若い白石と永里が、偉大なるふたりの先輩に逆らえるはずもなかった。

初めてアメリカに留学した日本のレスリング関係者は、八田一朗の長男・正朗である。終戦を七歳で迎えた正朗は、帰国後一年間を渋谷にあった引き揚げ者のための寮で暮らしつつ公立の小学校に通い、一年後、慶應幼稚舎に小学校三年で編入した。普通部から慶應高校に進学すると同時にレスリングを始め、一九五六（昭和三十一）年には第三回高校選手権五八キロ級で優勝。翌五七年のアメリカ遠征では西部選手権のバンタム級で優勝している。

八田一朗にとって、息子の教育とレスラーの教育はまったく同じものだ。息子に海外経験を積ませたい八田と、日本から強い軽量級のレスラーを迎え入れてチームを強化したいオクラホマ州立大学レスリング部コーチのマイロン・ローデリック（三度のＮＣＡＡ王者に輝いた名選手だが、メルボルンでは笹原に敗れた）の利害は一致して、八田正朗は、慶應義塾大学を二年の夏に中退してオクラホマ州立大学に留学することとなる。

「海外に出ていろいろなものを見なければダメだ、と親父はずっと言っていました。今は多少違いますけど、当時の日本の会社は勤務時間がすごく長くて、会社に所有されてしまう感じがあった。やりたいことがある人間が日本の企業に勤めていてはダメだ、という考えを親父は持っていたんです。だから私もいつかはアメリカに行くものと思っていました。奨学金が出るから、親父は一銭も払っていません。学費、書籍代、寮費、食費が無料。奨学金を管理しているのは大学の体育課で、コーチはいい選手を見つけると『奨学金を出すからこないか？』と誘うんです」(八田正朗)

アメリカのアマチュアスポーツの中心はNCAA全米大学体育協会である。

NCAAはフットボール、バスケットボール、レスリング、ゴルフ、陸上競技、水泳、サッカー、体操等多くの競技を運営しているが、その規模は日本人の想像を遥かに超える。

「NCAAでは巨額の金が動く。フットボールとバスケットボールの集客力がもの凄いからです。大学のキャンパスには五、六万人を収容するフットボールスタジアムがあって、時にはそこでローリングストーンズがコンサートを開く。スタジアムの観客席の下には巨大なスペースがあり、そこにはトレーニングジムやレスリング場がある。バスケットボールも専用アリーナに一万人の観客を集める。フットボールとバスケットボールが上げた巨大な収益を他のスポーツに振り分けているんです。

アマチュアレスリングも、オクラホマ州やアイオワ州、ペンシルベニア州では大きなアリーナに満員の観客を集める。演出も凄い。場内がパッと暗くなり、マット中央のところにスポットライトが当たると、そこにはタキシードを着たリングアナウンサーが立っていて、天井から下りてきたマイクでアナウンスする。"Ladies & gentlemen, may I have you attention please. Champion from West Coast……"（紳士淑女の皆様、ご静粛に願います、西海岸の王者……）なんて朗々とやるわけです。

アメリカのレスラーで一番強いのは学生ではなくコーチ。ところがコーチは全員大学とプロ契約をしている。アメリカはプロとアマをはっきりと分ける国ですから、プロであるコーチは、オリンピックには出にくい。だからローデリックがメルボルンオリンピックに出た時は、相当大変だったんじゃないかな」（豊富な海外経験を持つ日本レスリング協会総合格闘技委員会代表の木口宣昭）

レスリングだけをやればいいというほどアメリカの大学は甘くない。落第すれば奨学金は即座に打ち切られてしまう。正朗は練習と減量の他に、必死に勉強しなくてはならなかった。もちろん授業はすべて英語である。留学生にはアスリートとしての能力の他に、優秀な頭脳と勤勉さが必要なのだ。上武洋次郎もまた、正朗同様に猛勉強を重ねた。

「試験を通らないと奨学金をストップされて、家に帰らなきゃいけない。それはみっともない話だから試験を通るための勉強はしましたね。一日、五、六時間は勉強したかな。レスリングの練習が終わると、夕飯を食べてすぐに図書館に飛び込んで、十時に閉まると寮に帰り、夜食をちょっと食べて十二時頃まで毎日勉強するんです」（上武洋次郎）

オクラホマ州立大学でひたすら勉強とトレーニングに励む上武は、コーチのマイロン・ローデリックから多くのことを学んだ。

アメリカの学生レスラーたちの最大の目標はオリンピックではない。カレッジ・スタイルで行われる全米学生選手権である。

「オリンピック予選がいつ行われる、というニュース自体が入ってこない地域もある。オクラホマなんて、フリースタイルのことは全然気にしていなかった。特に六〇年代まではそうだった。レスラーにとっては全米学生選手権とチームの勝利が何よりも大事。そこで勝たないとコーチの給料も上がらないし、下手をするとクビになる。オリンピックは個人で好きなように行ってこい、費用はどこからも出ないから、自分のカネで行ってこい、とその程度なんです」(上武洋次郎)

メルボルンオリンピックで笹原正三に敗れたローデリックは、カレッジ・レスリングとはまったく異なる笹原のフリースタイル技術、特にグラウンド技術に感嘆し、コーチとしてアメリカに招聘した。その結果、ローデリックが代表監督をつとめたローマオリンピックで、アメリカが日本を遥かに上回る三つの金メダルを獲得したことはすでに触れた。

だが、上武洋次郎によれば、ローマオリンピックにおけるアメリカの好成績の理由を笹原の指導だけに求めるのは適切ではないという。

「ローデリックのレスリングはテイクダウン(タックルして相手を倒すこと)が中心。八田正朗はローデリックに、オリンピックのフリースタイルに適応したテイクダウンを教えた。数学の専門家である正朗は頭脳明晰な理論家で、ローデリックのレスリングを理論づけた。それまでは左右どちらかの足を前に出していたけれど、ローデリックと正朗は平行にした。ちょっと体重をシフトすれば左右どちらからでも攻められるパラレル(平行)スタンスです」(上武洋次郎)

オクラホマではアメリカンフットボールも盛んだ。上武はアメリカンフットボールの練習メニューを取り入れた。ゴムひもを膝よりやや下の高さに何本も張っておき、足を高く上げて走る。スプリングのついた重い器材に胸からタックルする。

カレッジ・レスリングのシーズンは十月から三月までのわずか六カ月。残りの半年間は、コーチについて練習することを禁止される。オフシーズンの上武は、アメリカンフットボール流の体力トレーニングをひとり黙々と続けた。

「日本の選手は一年中相手と格闘している。だからリフレッシュすることがない。僕はオフシーズンで相手と組めない時期があったからこそ、シーズンを迎えると組み合うことがとても新鮮だった。相手は僕のスピードとパワーに全然ついてこられない。スピードというのは、パワーにもなるわけで、腕の力や握力が足りなくてもスピードがあればパワーをカバーできる。スピードは非常に大切で、『あっと思ったら後ろにいた』というのは力だけではできない」(上武洋次郎)

オリンピックの東京招致運動が活発化したのは、ローマオリンピックの二年前にあたる一九五八(昭和三十三)年のこと。この年の十一月、八田一朗は東京オリンピック招致実行委員長の北島義彦と共に、中南米諸国に出かけている。目的は次回開催地を決定するIOC理事会で、東京への投票を依頼することだった。

都議会議員の北島は、ヘルシンキオリンピック後に八田排斥のクーデターが起こった際に調停役を引き受けてくれた人物だ。東京のフリースタイル世界選手権の時には東京都とレスリング協会をつなぐ重要な役割を果たした。いわば八田の盟友である。

体協上層部が交通の便の良いヨーロッパに飛んでIOC委員たちを接待する一方で、招致活動の実質的な責任者である北島義彦は、日本から最も遠く交通の便も悪い中南米諸国を歴訪して、アジア初の開催となる東京オリンピックの意義を説いた。北島の体調が悪いことを知っていた八田は、少しでも負担を減らそうと中南米諸国への招致活動に名乗りを上げ、北島と手分けして各国を回ったのだ。

一九五九年が明けて早々、北島はブラジル・サンパウロの地で過労のために亡くなった。盟友の悲報を異国の地で聞いた八田の無念は察するに余りある。

しかし北島義彦の死は無駄ではなかった。五九年五月にミュンヘンで開かれたIOC理事会は、一九六四年オリンピックの東京開催を決定したのだから。オリンピック招致

(右)1964年東京五輪ポスター．デザインは亀倉雄策，撮影は早崎治，モデルは順天堂大学陸上競技部の田中良明選手．ロケは荒川土手で行われた　(中)同じく東京五輪ポスター．シンプルでモダンな亀倉雄策のデザインは世界各国で大評判を呼び，ミラノ・デザイン賞を受賞した　(左)幻の1940年東京オリンピックポスター．基本モチーフは神武東征だろう．戦争の泥沼に突入していく時代の空気を見事に表現している，ともいえるかもしれない

には、時に人の命がかかっている。

オリンピックの開催が決まると、首都東京は急速に変貌を遂げていった。東京の大動脈たる首都高速道路、日本の背骨となる東海道新幹線、空港と都心をつなぐ東京モノレール等の公共交通機関はもちろん、多くのスタジアムが建設され、幹線道路も拡張された。

費用は国債の発行に全面的に頼った。イタリアサッカーのトトカルチョを知る八田一朗は、以前から「プロ野球や大相撲で宝くじをすればいい」というアイディアを出していた。実際にローマオリンピックの費用はトトカルチョでまかなわれていたからだ。しかし「神聖なるオリンピックにギャンブルとは」という理由で一蹴されてしまった。サッカーくじｔｏｔｏが誕生するのは、それから四十年以上も後の話である。八田の発想は常に時代の遥か先を行く。

一九六二（昭和三十七）年五月には、自衛隊体育学校の中に特別体育課程が誕生した。

「自衛隊体育学校は本来、自衛官の体育教師を養成するところです。八田さんは防衛庁に要望書を出した。レスリングはマイナースポーツであり、企業が協力してくれない。主な選手は大学生だが、就職するとレスリングを止めてしまう者がほとんど。一番いいのは国が選手を養成してくれることだ。東京オリンピックの選手強化のために、自衛隊体育学校でレスリング選手を養成してほしいという内容です」（自衛隊体育学校出身でモントリオールオリンピックグレコローマン五七キロ級四位の菅芳松）

防衛庁は八田の要望を受け入れ、体育学校内に特別体育課程を発足させた。レスリング、ボクシング、重量挙げ、陸上、射撃、近代五種など十種目のトップレベルの選手を育成するのだ。

エリートを自衛隊に勧誘し、隊員の中からも体力優秀者を選抜する。特別体育学生の代表が重量挙げの三宅義信であり、マラソンの円谷幸吉である。もちろん八田は多くのレスラーを自衛隊に送り込んだ。

日本体育大学レスリング部の創設にも、やはり八田が関わっている。八田が日体大の栗本義彦学長に「これから日本のレスリングを発展させるために、日体大にレスリング部を作ってほしい」と依頼したことから日体大レスリング部は始まった。一九五三(昭和二十八)年春のことだ。

後発の自衛隊と日体大は、特にグレコローマンに力を入れて選手を育成した。伝統のないグレコローマンならば、早くオリンピック選手を作り出せると考えたからだ。

皇太子殿下と正田美智子さんの御成婚、いわゆるミッチーブームによって、テレビは爆発的に普及した。一九六四(昭和三十九)年の段階で、日本の白黒テレビの普及率は約八五％にまで達している。日本のアスリートにとって、東京オリンピック出場は、自分の勇姿を地元の人々に見てもらえることを意味した。

これまでのレスラーたちは大学卒業と共に現役を引退するのが常だったが、東京オリンピックはあまりにも魅力的であり、就職を先延ばしにしてもこのチャンスに賭けようという選手が多数現れた。有力選手の地元には後援会が次々と誕生し、遠征費用のための寄付金は瞬く間に集まった。これまでスポーツには極めて冷淡であった政府も、今回ばかりは充分な強化予算を組み、合宿は自衛隊が全面的に協力してくれた。

かくして八田一朗率いる日本アマチュアレスリング協会は、創設以来初めて、費用を心配することなく、選手強化を進めることが可能となったのである。

コーチのいないグレコローマンのためには、トルコから再びコーチを呼んだ。

ローマオリンピックで七個の金メダルを獲得したレスリング最強国からやってきたの

はリザ・ドーガン三十二歳。一九五六年のメルボルンオリンピックではライト級二位、一九五八年のブダペスト世界選手権で優勝、一九六二年のトレド世界選手権で三位となったのを最後に引退したばかりの若いコーチである。

前任のハリル・ユーゼセス(トルコ)と異なるのは、若く、身体が動くことだ。実際に選手とスパーリングを行えば、言葉ではなく身体で理解させることができる。

「ユーゼセスと比べるとドーガンは人格者。柔軟性もあり、日本のコーチの要望もよく聞いた。練習中のある日、道場の窓が全開で風が吹き抜けていたことがあった。するとドーガンは『窓を閉めて。強い風に当たると筋肉によくない』と言った。細やかな神経の持ち主で、日本人の体質に合わせて指導をしてくれた」(通訳をつとめた本多賀文)

「ドーガンは引退したばかりで、動けるところがよかった。八田さんがトルコに『動けるコーチをよこせ』と言ったんじゃないかな。トルコには日本贔屓(びいき)が多かったから、コーチも安く雇えた」(市口政光)

バンタム級(五七キロ)の市口は世界チャンピオンの技を学ぼうと懸命だったが、フライ級(五二キロ)の花原勉(日体大)は、最初のうちドーガンから少し距離を置いていたという。

「花原さんは理屈っぽく、打ち解けにくい人間。市口さんがトレドで優勝したのを見て『俺も優勝しないといけない』というプレッシャーを感じた。ドーガンがきたばかりの頃には、フライ級の自分が頑丈なトルコ人と同じような練習をしたら身体が壊れてしまうという恐怖があり、『お前の体格ならこうしろ』とドーガンに指導されても最初は反発していた。ところが、ある大会でドーガンに言われたことがズバリと当たって以来、『ドーガンは凄い』と言い出した」(本多賀文)

ユーゼセスとドーガンの通訳をつとめた本多賀文は、当時青山学院大学の学生であり、日本に数少ないトルコ語の使い手であった。八田は本多に「通訳の仕事だけではなく、トルコのレスリングを徹底的に研究するように」と命じた。

「ユーゼセスやドーガンと一緒に生活して合宿にも行け、と八田さんは言った。トルコのレスリングがどうして強いのか。向こうの食事は肉とピラフばかりでバランスが悪い。どうしてこんな食事で強くなれるのか。何でも盗んでこい。死ぬ気でやらないとダメだと。『海外に行って勉強してこい』などと言う指導者なんて、日本スポーツ界には八田さん以外ひとりもいなかった」(本多賀文)

グレコローマンには外国人コーチを招聘したが、フリースタイルには必要なかった。世界一のコーチ、笹原正三がいたからだ。

ローマの復讐に燃える笹原は仕事も家庭も投げ捨てて、ひたすら東京オリンピックを目指した。

「笹原さんが練習を休むことはまずない。合宿にもほとんどいらっしゃる。ああいうコーチは他にはいません。お願いするとスパーリングをしてくれますけど、私なんか一ポイントも取れない。もちろん体重も違いますけどね。笹原さんは言葉の多い方ではない。『これじゃあダメだ』と言う程度。身をもって教えるタイプなんです。時々はタックルの入り方を教えてくれました。本当に強い。特に守りが強いんです。『ああ、こんなに強いのか』と感動しました。神様です。あの渡辺さんがタックルに入っていっても取れない。本当に堅固だった。『これがコーチなんだな』としみじみ思いました」（東京オリンピックに出場した吉田義勝）

世界最高と誰もが認める渡辺長武の両足タックルは、笹原の鉄壁のディフェンスを突き破れるのか。笹原の有名な股裂きは渡辺の強靭な足腰をねじ上げられるのか。大いなる緊張感の中、渡辺と笹原のスパーリングは幾度となく続けられた。

東京オリンピックは国家を挙げての一大イベントであったから、選手やスタッフが所属する学校や企業も全面的に協力し、オリンピックが終わるまでの間、選手たちは長期休暇を取ることを許された。

しかし八田は「学校や会社にはちゃんと行け」と命じた。「お前たちは世界でも一流の選手だ。一流の誇りを持て。一流の人間と付き合い一流のレスラーと練習しろ。一流慣れするためだ」と言った。

一九五九年の全米選手権に優勝した西脇義隆が記すアメリカ遠征回顧録は、八田一朗という人物を知る上で非常に興味深い。

《外国遠征に際し八田会長が選手一同に訓辞、指導したのは、外国のどこに行っても、誰に会っても、恥ずかしくないマナーを身につけること。欧米のテーブルマナーは日本と大きく違う。食べるときは音を立てないから始まって、ナイフをなめない、姿勢を正せ、などなど、徹底的に教育された。身だしなみについては、ひげを剃ること、ネクタイを締めること、ワイシャツを洗うこと、靴を磨くことなど、毎日チェックを受け、一つでも出来ていないと厳しく叱責された。

ホテルに泊まるときは、何より先に非常階段の確認をさせられた。遠征中は、小さな事までずいぶんうるさく言われたが、君たちがどこに行っても恥をかかないようにと言っているのだ。大統領とも堂々と食事が出来るようになれと言っているのだ、という八田会長の訓辞には、今も尚ありがたく思っている。（中略）

ニューヨーク滞在中、八田会長に連れられてマジソン・スクエア・ガーデンにプロレスを見に行った。時のスターは、裸足の跳び蹴りで有名なアントニオ・ロッカだった。試合の途中、我々はリングの中央に上げられ日本のアマチュアレスラーと紹介された。リングから見た館内は驚くほど広く、最上段の観客席はかすんで見えた。試合後、会長に連れられてロッカールームに入れてもらった。シャワーを浴びて出てきたアントニオ・ロッカ選手は私の名前を書いてサインをしてくれた。

八田会長の米国で顔の利くのにはまったく驚いてしまうばかりだ。次の日、八田会長にブロードウェーの小綺麗なレストランに連れて行っていただいた。四人がけのテーブルに会長と初老の背の高い眼光鋭い鼻筋の曲がったアメリカ人とで座った。会長は私に言った。「彼は誰だか分かるか、ジャック・デンプシーだよ。米国ではベーブ・ルースと同じくらい有名な男だよ」ボクシング元ヘビー級世界チャンピオン、ジャック・デンプシーだった。（中略）一九五九年といえば、日本は敗戦の混乱から立ち直ったとはいえ、国際的には欧米と対等につき合えるような時期ではなかった。そんなとき米国のどこに行っても、一流米国人が敬意を払って接してくる。私たちは八田会長を誇らしく思い、心から敬愛した》（西脇義隆『米国遠征記』）

一九六二（昭和三十七）年六月に行われたアメリカ・オハイオ州トレド選手権において、日本は渡辺長武と市口政光というふたりの世界王者と、原田紀之と八田正朗というふたりの銀メダリストを出して復活の狼煙を上げた。一方、ローマオリンピック以後二年近く強化委員長をつとめていた村田恒太郎は、この大会でその地位を逐われた。

原因は、外国人が見ている前で村田が選手を殴ったことにあった。

「トレドの時は市口が優勝した。八田はあとでプールに飛び込んじゃったくらい喜んだし、俺もうれしかった。ところが杉山（恒治＝後にプロレスラーのサンダー杉山）と風間（貞夫）が遊びに行っていて、市口の試合を見てなかった。それで俺はふたりを殴ったんだ。八田には後から叱られたよ。アメリカ人の前であああいうことをしてはいけないって」（村田恒太郎）

「村田さんは西洋の文化に全然なじめない人。アメリカのコーチや教師も、選手や生徒には絶対に手を出さない。殴られたふたりは明治出身。つまり村田さんの後輩だから殴り返すことはできない。もし私や渡辺長武が殴られたら殴り返しますよ。親父は外国人の前で選手を殴ったからこそ村田さんに辞めてもらったんです」（八田正朗）

「八田さんは僕に言った。『外国人の前で選手を殴るなんてとんでもない。あいつを強化委員長から外す』と」（白石剛達）

八田は村田を外し、新たなる強化委員長に風間栄一を据えた。こうして東京オリンピックという晴れ舞台の日本代表監督は、戦前の功労者がつとめることになったのである。

もちろん選手にとっては、監督が誰であろうが関係ない。

「東京オリンピック前には一年にも及ぶ長い合宿があった。千駄ヶ谷にボロボロのアパートを借り、自衛隊以外のオリンピック候補選手は皆そこに入る。自衛隊から二段ベッドを大量に借りて、六畳の部屋に二台ずつ入れて四人で寝る。朝早く起きて神宮外苑を走ったり、体力トレーニングをガッチリやってから学校や会社に行く。午後は母校で練習し、夜は候補選手だけで集まって青山レスリング会館で練習する。一日三回練習があったから、パンツが乾く暇がなかった。食事の面倒は女子栄養大学の小池五郎教授の指導下で女学生が見てくれたし、牛乳やバター、チーズ、ハチミツ、ヨーグルトを明治乳業が提供してくれた。ヘルシンキ金メダリストの石井庄八さんが電通で明治乳業の担当だったことがきっかけです。素晴らしい練習環境が、選手たちの体力、気力、根性、技を鍛え上げていった」(当時日大三年、現在日本レスリング協会会長の福田富昭)

ちなみに明治乳業は半世紀以上が経過した現在もなおレスリングのメインスポンサーである。敬服するほかはない。

合宿で栄養面のリーダーシップを取ったのは、八田家と家族ぐるみのつきあいのあった早稲田大学レスリング部出身の野島明生だ。

「八田家とは北京にいた頃からのつきあい。親父が北支開発で貿易部長をしていたんです。正朗さんとは同じ年。僕は北京にいた頃から餃子を作るのを手伝ったりして、料理には興味があった。八田さんは僕に『国から下りる予算をうまく使おう。立派なホテルもベッドもいらない。寝泊まりできればいい。その代わり、食べ物には贅沢させたい』と言ったので、僕が合宿中の食事を自炊することになった。選手たちにはありとあらゆるものを食べさせました。穀類は使わず、牛乳、野菜サラダ、果物、肉、卵を豊富に使う。減量がキツい選手にはシチューのいい部分、スープを飲ませる。僕が作った食

東京オリンピック前に千葉県館山市で行われた合宿中のスナップ．左端の八田一朗の隣にいる学生が，現在日本レスリング協会会長をつとめる福田富昭．左から６人目が副会長をつとめた今泉雄策．右から２人目が日本グレコローマンのエース市口政光

事の評判がよかったから、女子栄養大学の小池五郎教授が『この内容は東ドイツよりも素晴らしい。ぜひ研究したい。合宿にも参加させてほしい』と言ってきた。レスリングは減量のあるスポーツですから、食事が一番重要なんです」(野島明生)

一九六四(昭和三十九)年八月には最終予選が行われた。フリーとグレコの両エースである渡辺長武と市口政光は予想通り盤石の強さを見せ、前年五月にブルガリア・ソフィアで行われたフリースタイル世界選手権を制したライト級の堀内岩雄も、世界チャンピオンの貫禄を示した。

その他、フリー、グレコとも各階級

で熾烈なる代表争いが繰り広げられたが、最大の注目を集めたのは金メダルが狙える階級、すなわちフリースタイルのバンタム級(五七キロ)とフライ級(五二キロ)の二階級だった。

ひとつ上のフェザー級(六三キロ)には絶対王者の渡辺長武がいたから、体重を落とす者が続出して、バンタム級は大激戦区となった。本命はカウンターを武器とする金子正明(自衛隊)と、相手の股下に頭を突っ込んで持ち上げるという独特のタックルを得意とする福田富昭(日大)のふたりだった。

ところがアメリカ帰りの上武洋次郎は、強豪犇(ひし)めくバンタム級最終予選を全勝で勝ち抜き、文句なく代表の座を勝ち得たのである。

「上武さんはアメリカにいたから最終予選だけに出場した。それまで誰も対戦していないから手の内が読めない。僕が先にタックルでポイントを取ったけど、取り返されて横崩しをやられて負けた。上武さんは基本に忠実で、気力、気迫が素晴らしかったと思う」(福田富昭)

「当時の日本のレベルが恐ろしく高かったことは間違いない。でも、日本の選手は力に頼り、スピードに欠けるきらいがあった。もうひとつはタックルに入ったあとのコントロール。その点でも僕が上回っていたと思う」(上武洋次郎)

フライ級の最終予選も意外な結果となった。大本命の今泉雄策(中大OB)が調子を崩し、四位に終わったのだ。今泉は全日本選手権を三度も制し、前年のプレ・オリンピックでも優勝。ソフィアの世界選手権では四位に沈んだものの、六四年六月に行われたバルカン遠征では十一戦十勝一分六フォールと驚くべき強さを示した。

一方、日大三年の吉田義勝はこの最終予選で絶好調。緒戦でこれまで一度も勝っていない今泉と引き分けると、残り試合を全勝して優勝を果たしたのである。

定時制高校でレスリングを始めた吉田は、一日一時間未満という短い練習時間にもかかわらず、高校選手権を制した天才的な選手である。

「高校は夜学の定時制だから授業が終わるのは九時一〇分。体育館は十時消灯なので、練習時間はほんの三十分か四十分しかとれない。それでもインターハイも国体も全部チャンピオンになった。大学では『練習嫌い』で通っていたけれど、練習が嫌いで全日本選手権を取れるはずはない。ただ、回数をあまりやらなかったのは確か。重量級の選手と同じ練習をしていては体力的に保たない。二時間、三時間の練習が私にはとても辛いわけです。そんな時にラジオでボクシングの白井義男さんの話を聞いた。白井さんのトレーナーはアメリカ人のカーン博士。白井さんが遠征した時、カーン博士が荷物を持ち、白井さんが手ぶらだったことから『年寄りに重い荷物を持たせるなんて』という批判の声が上がった。それを聞いたカーン博士が『それは違う。私が持たせないのだ』と言った。『重いものを持って筋肉がつけば、白井の特徴である切れやスピードが消えてしまうんだ』と。その話を聞いて私は『そうか、俺も白井さんと同じだ。力はないけれどスピードと柔軟性がある。だったらそれに特化したトレーニングをすればいい』と思った」(吉田義勝)

吉田は三月にテヘランで行われたカップ・アリアメルに参加すると、イランの強豪ハイダリーを破って見事に優勝。外国人に強いところを示した。

「カップ・アリアメルは中東の強い国が集まる大会。日本大学が単独チームで参加しました。おそらく日本協会に選手派遣の話があって、東京オリンピックも近いから、有力候補を送り出す必要はないと考えて、日大が単独で遠征したのでしょう。ただし、当時の日大は非常に強く、学生チャンピオンが五人、オリンピック候補選手も四人いました。

イランのレスリングに対する情熱はハンパじゃない。大会には国王もやってきて、レスラーが側近や大臣に取り立てられて護衛を担当するんです。観衆も熱狂的で、テヘランの大きな体育館に入りきらない。ホテルから会場へはバス。もちろんパトカーが先導してくれます。体育館に着いた途端、バスは人に取り囲まれて、警察官が棍棒で頭を叩いてようやく道を開けるほど。僕らがバスを下りるとあっという間に取り囲まれる。敵意があるわけではありません。むしろリスペクトしているんです。四試合か五試合あったと思いますが、私がトーナメントを勝ち抜いていくと、年端もいかない子がヨシダと言えず『ユシダ、ユシダ』と握手を求めてくる。その時初めて『国際大会に勝つというのは凄いことなんだな』と思いました」(吉田義勝)

東京オリンピックに行くのは、最終予選に無敗で優勝した吉田になるはずだった。しかし八田と笹原は、優勝した吉田と実績のある今泉のふたりを朝霞の自衛隊体育学校で行われる最終合宿に呼び、合宿終盤に再試合を行って代表を決定することを決めた。

吉田と今泉のふたりは、互いを痛いほど意識しつつ恐ろしくハードな練習をこなした。合宿終盤のある夜、翌日に行われる再試合の予定表が貼り出された。そこにはグレコローマンのフライ級とフェザー級、ライト級の試合開始時刻が記されていたが、フリースタイルフライ級の試合予定はなく、その代わりにこうあった。

「フリースタイルフライ級の試合はなし。代表は吉田義勝に決定」

この一文を見た今泉は、すぐに荷物をまとめてクルマで合宿を飛び出した。

「どこに行ったかな？　女のところにでも行ったかもしれない。中野の自宅に帰ったら、お袋が『笹原さんから電話だよ』と。出たくねえな、と思ったけど仕方なく出たら『わかってんだろうな』と。要するにオリンピックはない、ということさ。『わかってます』『じゃあ明日一番で合宿にきて、吉田に教えろ』『はい』それで俺はもう一度朝霞の自衛隊に戻って、吉田に手取り足取り教えたんだよ」(現在日本レスリング協会最高顧問の今泉雄策)

三度の世界選手権に優勝したソ連のアリ・アリエフは世界最強のフライ級選手だ。松原、鳥倉、今泉ら日本の精鋭たちはことごとくアリエフに敗れている。

「恐ろしく力が強い。手首を握られると握力でしびれてしまう」(鳥倉鶴久)

「力があって柔らかくて速くて、渡辺長武みたいな選手」(今泉雄策)

中大OBの今泉を外して日大の吉田を選んだのは、中大出身の笹原正三コーチだった。笹原はすべてのしがらみを断ち切り、東京オリンピックでアリエフに勝つことだけを考えて吉田義勝を選んだ。再試合を行わなかったのは、ふたりが戦えば今泉が勝つ可能性が高かったからに違いない。

「アリエフは基本的にどの日本人選手よりも強い。しかし、前半の五分を〇―〇で持ちこたえることができればアリエフは疲れ、最後にはポイントを取れるという自信があった。その戦略を実行できるのは吉田しかいなかった」(笹原正三)

今泉はすべての無念を胸にしまい、ソフィアで対戦したアリエフの技や特徴を吉田に教えた。

長く降り続いた雨がピタリと止んだ。

一九六四(昭和三十九)年十月十日。東京オリンピックの開会式が国立競技場で華やかに行われた。NHKの北出清五郎アナウンサーは「世界中の青空を全部東京に持ってきてしまったような、素晴らしい秋日和でございます」と名調子で実況を始めた。

航空自衛隊が誇るブルーインパルスが五色のスモークを使って作り出す五輪マークが、快晴のスタジアム上空にくっきりと浮かび上がると、国立競技場を埋め尽くした七万人の観客からため息が漏れた。

海外紙の記者たちは「日本が世界に誇るべき日。運営の手際の良さも、ジェット機の着想も素晴らしい」「凄く印象的。秒刻みの進行のうまさ。ローマよりも上出来」「運営の正確さ、信じられぬほどの晴天と素晴らしい色彩感」と絶賛した。

世界各国から数多くの要人たちが東京に集結した。レスリング関係ではロジェ・クーロンFILA国際レスリング連盟会長や、ミラン・エルセガン事務局長がやってきた。彼らVIPを接待したのは、東京都アマチュアレスリング協会会長に就任していた「ベニハナ」の青木湯之助であった。

《青木会長の任務はFILA役員およびアメリカを始めとする各国役員の接待であった。羽田への出迎えや見送り、暇を見ての都内への観光案内または夕食のお付き合い等である。大会運営予算には接待費はないため、それらの費用は大半が青木会長のポケットマネーで賄われたと思う》(元・日本アマチュアレスリング協会理事長の戸張樹一、協会広報誌より)

一九五四(昭和二十七)年に行われた東京世界選手権の杜撰な大会運営を酷評したのは、

ロジェ・クーロンＦＩＬＡ会長その人だった。それからわずか十年にして、日本の大会運営は世界中から賞賛されるに至ったのである。

開会式には内藤克俊の姿もあった。一九二四年パリオリンピックのフリースタイルフェザー級に日本人として初参加、見事銅メダルを獲得したことは第一章で触れた。

《第八回パリ大会(一九二四年＝大正十三年)でレスリングのフェザー級三位に入賞した内藤克俊さん(六九)夫妻がロイヤルボックス後段で外人賓客にまじって開会式を見ていた。内藤さんはレスリングの大先覚者。パリ大会後、ブラジルに移住し、こんど三十六年ぶりに母国を訪問したもの。神戸の港で六甲山を眺め、涙を流した内藤さんも、あまりに変わった東京の姿に驚いて声も出ない。オリンピック会場への案内は、日本レスリング協会の八田会長が引き受けている。八田さん夫妻は「先輩、どうぞ」と接待につとめ、前日は内藤さんと渡辺長武(フェザー級金メダル候補)が固い握手を交わしたという。開会式のキップも八田会長の努力で入手できた。「日本にきてよかった。若い時から北米留学、南米移住で長く母国を離れていたから、天皇陛下を拝見するのも、いまが初めて。きょうは、なんといっても日本選手の入場行進が一番よかった。私の胸に四十年前のパリ大会がよみがえってくるようだった」往年の美青年も、いまは苦闘四十年のシワを浅黒い顔にたたみ込み〝浦島太郎〟の実感を味わっているかのよう》(『日刊スポーツ』)

内藤克俊が開会式の感激に震えていた頃、フライ級の代表に選ばれた吉田義勝は高熱に震えていた。

「開会式の三日前に高校の恩師(旭川商業高校の赤松則克)を上野に迎えに行って、帰りにドシャ降りの雨に遭ったんです。傘も持たず、ズブ濡れになって選手村に帰ってきたら、風邪を引いて熱が出てしまった。だから私は開会式に出ていない。当時ドーピングがあったら引っかかっていたでしょう。減量していてメシが食えないから、太い栄養剤の注射を打ちながらひたすら寝ていたんです。

試合前日、八田さんが私の部屋にきて『吉田、もういい。お前のメダルはいらないからメシを食え』と言うんです。メシを食うということは試合には出られないということ。でも身体の方が大事だからメシを食えと。一度も『不注意だ』とか『バカ野郎』とか怒られませんでした。翌日のドクターチェックにはやっぱり引っかかった。脈が早いとか、体温が高いとか、聴診器から異音が聞こえるとかがあったんでしょう。八田さんはちゃんとその場にきていて『いや、こいつは風邪を引いているだけで、他は元気だから通してやってくれ』と言ってくれてパスした。日本だったからこそ助かった。やっぱり八田さんは人間の器が違うんですよ」(吉田義勝)

開会式から四日後の十月十四日、フリースタイルが行われる駒沢体育館は、四千五百人の観衆でびっしりと埋まった。

フライ級の吉田義勝の強敵はソ連のアリ・アリエフ。体調の悪い吉田は試合終盤まで必死に持ちこたえ、アリエフがマット際で引っぱりこもうとする隙をついてポイントを奪い、アリエフの猛反撃を凌ぎきって念願の優勝を果たした。

記者団に囲まれた吉田はまっ先に「今泉さんのおかげで勝ちました」と語り、息子のオリンピック落選に胸を痛めていた今泉の母親は、その言葉に救われたと吉田に礼状を書いた。今泉が母の礼状について吉田から聞かされたのは、何十年も後になってからだ。

バンタム級の上武洋次郎の強敵はトルコのフセイン・アクバシュ。一九五四年の東京世界選手権で北野祐秀が敗れて以来、幾多の日本人選手がどうしても勝てなかった名レスラーである。多くのトルコの強豪と同様にヤール・ギュレシュ(オイル・レスリング)の選手。トルコの村の結婚式では出し物として必ずオイル・レスリング大会が行われ、勝利した選手にはご祝儀が出る。幼い時にかかった小児マヒによって、アクバシュの左足には障害が残り、左膝が通常ではあり得ない方向に曲がる。サカット(びっこ)とからかわれた悔しさが、アクバシュを世界一流の選手に押し上げた。サカットのアクバシュは不自由な足を前に出し、相手にタックルさせておいてカウンターをとるのだ。

アクバシュの手の内はわかっている。しかし、カウンターを食らう恐怖があり、上武は目の前にあるアクバシュの足がどうしても取れない。

上武とアクバシュの決勝戦を民放プール(共同制作)でテレビ解説したのは、早稲田大学レスリング部監督で、東京12チャンネル（現在のテレビ東京）に勤務していた白石剛達だった。上武に飛行機投げを教えた白石は、半世紀近く前の話を興奮した口調で語る。

「僕は民放で上武の試合を解説していた。本当はマットサイドで応援したかったけど、どうしても逃げられなかった。試合前に上武の取材に行き『お前のスピーディーなアメリカ式タックルなら絶対にアクバシュから取れる。勇気を持って取りに行け』と言ったら、上武は『先輩だから言うけど、じつは左足にタックルするのが怖い』と。『バカ野郎、上州出身だろうが。とにかく突っ込めば取れるから』とだけ言って僕は放送席に戻った。試合が始まってしばらくすると、上武がタイムをかけてコーナーに戻った。左肩を亜脱臼したんです。コーナーにいた笹原が上武の肩にタオルをかけ、汗をふくふりをして関節をクッと入れるところが、放送席からはっきりと見えた。僕はカーッとなってしまって『あ、まずいですよ。亜脱臼だと思います』と話した。僕も経験があるけど、亜脱臼になると左腕が使えなくなる。そのうちに上武は審判に〝逃げた〟ととられて一ポイントリードされた。そこからの上武は凄かった。『タックルに入るのが怖い』と言っていたヤツが右手一本でバンバン入っていって、とうとうひっくり返して二ポイントを取って逆転した。二―一になったら、今度はアクバシュがガンガンきた。そのあとは僕も興奮して、何を解説したか全然覚えていない。『あと十秒！　そのまま抑えて逃げろ！』とか、ただ応援しちゃった覚えがある。金メダルの瞬間、僕は実況席を飛びだそ

うとしたけど、誰かがベルトを後ろからつかんでいて、残念ながら胴上げには参加できなかった(笑)」(白石剛達)

フェザー級の渡辺長武は、誰よりも重くのしかかったプレッシャーを見事にはねのけて、すべての相手に一ポイントも与えない完全優勝を飾った。

「ローマの敗北を散々叩かれたから八田さんは本気になっていた。『お前、負けたら切腹だからね』と真顔で言うんです。天皇陛下の命令で戦争をやるような感覚。私自身も『負けたら死。チャンスは二度とない』と日記に書いていました。ライバルはソ連のホハシビリ。手足が長くて、私と並べば大人と子供。でも私の方が強い。東京オリンピックの決勝の相手も予想通りホハシビリだった。じつは決勝の前、笹原さんのところにソ連の監督がやってきて、『引き分けにしてほしい』と頼んできたそうです。私は引き分けでも優勝が決まっていたけれど、相手は引き分ければ二位になれる。ソ連ではレスリングがメシのタネ。二位と三位では待遇が全然違う。三位だと地方に飛ばされちゃうんです。でも笹原さんは、動揺させてはいけないと私には黙っていた。何も知らない私がガンガン攻めると、ホハシビリがしきりに何かを訴えている。要するに『引き分けにするという話なのにどうして攻めるんだ?』ということ。結局、私が一―〇で勝ってホハシビリは三位に終わった」(渡辺長武)

グレコローマンでは、バンタム級の市口政光が期待通り優勝を勝ち取った。バルカン遠征で多用した投げを控えて、勝ちに徹したのである。

「グレコではスピードのある技と飛び道具がないとダメ。飛び道具というのは投げのことです。世界の連中は組んでくるから、いざという時に投げが効く。トレドの世界選手権に優勝した時の私はまだ半人前だったけど、決勝では残り十秒でソ連の選手を首投げでフォールした。その時『投げを見せておかないとダメだ』と思いました。バルカン遠征の時は『俺はチャンピオンだ。ここで大きな技を見せてやる』とイランの選手を俵返しで投げたこともありました。マットは劇場ですから、みんなが驚くようなことをやらないといけない。一点二点では面白くない。派手にやってやろうと。でもオリンピックでは勝ちに徹してリスクは冒さない。以前投げ飛ばしたハンガリーのチャンピオンとは東京オリンピックの三回戦で対戦したけど、やっぱり向こうは投げを警戒して腰が引けている。そういう時には正攻法でいい。笹原さんはよく言っていました。『一回戦の相手が強いヤツだったら儲けたと思え。こいつに勝てば優勝だ』と。決勝戦は一点差でいい。勝てばいいんだ、という言葉は今も忘れませんね」(市口政光)

手足の長い日本人離れした体格から繰り出される華麗な反り投げや一本背負い、グラウンド状態の相手を抱えて後ろに投げ捨てる力強い俵返し、そして未だ継ぐ者のない秘技・隅落とし。市口は芸術品のように美しいレスリングを封印し、東京オリンピックという人生最大の舞台で勝ちに徹した。

日本レスリングがついに世界の頂点に立った、記念すべき1964年東京オリンピック5人の金メダリストたち. 左から花原勉, 市口政光(以上グレコローマン), 渡辺長武, 吉田義勝, 上武洋次郎(以上フリースタイル)

市口に敵はいなかった。五回戦でチェコのシュベツを大差の判定で退けると、他の選手は全員失格に追い込まれ、決勝リーグを前に市口の優勝が決まったのだ。

グレコローマンフライ級の花原勉(日体大助手)も、柔道の経験を生かした腰投げと首投げで優勝を飾った。

花原は山口県豊浦市出身。豊浦高校時代は柔道選手だったが、身体が小さかったことから、日体大進学と同時にレスリングに取り組んだ。大学二年の時には、早くも全日本グレコローマン選手権に優勝したが、六一年の横浜世界選手権では六位と奮わず、翌年のアジア大会でも銀メダルに甘んじた。六三年の世界選手権予選では完勝したものの、代表に選ばれたのは花原に敗れた関西大学の山本定夫だった。激怒した花原は猛練習を重ね、最終予選では山本を圧倒して日本代表の座を勝ち取った。

花原は東京オリンピックの二回戦で優勝候補筆頭のサヤドフ（ソ連）に圧勝。「大試合に弱い」という悪評を覆すと、決勝でもブルガリアのケレゾフを大差の判定で破り、見事に金メダルを獲得した。

計五個の金メダルに加え、フリースタイルライト級の堀内岩雄も銅メダル。堀内は組み合わせ運が悪く、強豪ばかりと対戦して引き分けが続き、無敗にもかかわらず三位となった。

ローマの屈辱を晴らす東京の完勝。日本レスリングはついに世界の頂点を極め、八田一朗は選手たちから幾度となく胴上げされた。

すべての試合と表彰式が終わると、八田は集まった記者たちにこう言って頭を下げた。

「レスリングはますます精進して金メダルをたくさんとるよう努力するから、どうか協力してください」

常に強気な発言を繰り返し「ハッタリ一朗」の異名を取る男の、いつになく素直な言葉に、記者たちは大いに好感を持った。

第9章　スーパースター

モントリオールオリンピックで優勝して，表彰台の一番高いところに上がった高田裕司．しかし，天才の受難劇はこの時すでに始まっていた

《オリンピック東京大会が終わって幾日もたっていなかった。十一月七日朝は秋の大気が澄みきっていた。わたしは合気道の早朝練習のため、青山のレスリング会館に車を走らせた。早朝のせいか、車は快調に走らせることができた。神宮外苑に入ると、学生の姿が多いのに、わたしは、まだオリンピックが開催されているのかと、ちょっと錯覚を感じた。そうだった。今日は早慶戦だった。秋のリーグ戦の優勝をかけた早慶野球戦の第一日だった。午後一時からの開戦だというのに、もう球場を囲んで長蛇の列ができている。

やがて球場に近い会館(青山レスリング会館のこと)に着いた。あいかわらずのバラック建てのような殺風景な建物。吹きっさらしに近い館内。学生が来ていた。練習をしている者もあるし、九時からの試合にそなえて会場の準備をしているものもある。わたしが合気道の練習をやっている間に、会館の入口には立て看板も立ち受付もできた。定刻九時には、慶應大学対工学院大学、学習院大学対防衛大学の試合がはじまった。周囲のスタンドには、各大学のレスリング部員と少数の応援団が小さな集団となってところどころにかたまり、声をかぎりの声援を送っている。一般席には一人も観客はいない。

わたしは、ひとり考えた。これが、オリンピック以来、新聞紙上の人気をさらった観のある、レスリングの実状なのだ。まさに日本のレスリングは世界一になったのである。神宮球場を数万の観衆で埋める早慶戦は、世界で果たして何番目なのか。(中略)わたしは、人気というものの底の浅さと、冷飯を食いつづけてきた、アマチュア・レスリングが、世界一になってからの、これからの道の厳しさを思わずにいられなかった》(八田一朗『わが道を行く』)

地元開催の東京オリンピックで、日本レスリングは五個の金メダルを獲得した。八田一朗の三十年以上にも及ぶ不断の努力は最高の形で結実したことになる。当時の日本のレスラーたちのレベルは、技術体力ともに間違いなく世界の頂点にあった。

東京オリンピックはテレビのオリンピックであり、日本中の人々がテレビに釘付けとなってアニマル渡辺長武やグレコの王者市口政光の優勝に熱狂した。

にもかかわらず、レスリングがマイナー競技から脱することはついになかった。日本人の興味関心はレスリングという世界的な格闘競技の本質にはなく、ただ金メダルの輝きのみにあったのである。

その一方で、八田一朗は時の人となっていた。

日本に五個の金メダルをもたらした指導力と豊富な国際経験、巧まざるユーモアとマスコミへのサービス精神、テレビ時代にふさわしい端正な顔立ちとダンディなロマンスグレー。テレビや新聞雑誌への出演依頼が引きも切らない八田の人気に、まもなく自民党副総裁の川島正次郎が目をつけた。東京オリンピック担当大臣であり、自民党副総裁にして日本プロレスのコミッショナーでもあった川島は、八田に参院選への出馬を要請したのである。

八田は川島の誘いに乗り、自民党から立候補することを承諾した。

東京オリンピックという大舞台で最高の結果を出したにもかかわらず、レスリングに関心を持つ人の数は一向に増えず、日本アマチュアレスリング協会は、体育協会の中でも指折りの貧乏所帯のままだった。八田は政治家となることで、この手詰まりの状況を打開しようとしたのだ。

政策も糸瓜(へちま)もなくて連呼かな

選挙運動の際に八田が作った句だ。

「選挙戦の最中、八田さんの留守中に慶應の菊間さんが事務所にきた。ヘルシンキの後に明治、専修と組んでクーデターを起こした人だよ。その菊間さんが五万円を持ってきて『私にはたいしたことはできませんが、身の回りだけはしっかり固めますから』と言ってすぐに帰った。事務所に戻ってきた八田さんに報告すると『うーん、ありがた

い』と思った。親父たちの心の中はかっこいいな、と思った」(日本レスリング協会最高顧問の今泉雄策)

「選挙戦は楽ではなかった。選挙事務所は青山レスリング会館。開票が進んでも当選ラインには全然届かない。絶望的だった。八田さんは家に帰ってやけ酒をガンガン飲んでたはずです。ところが朝になったら、なんと逆転で当選が決まっていた。相当酔っぱらっていた八田さんをなんとか青山レスリング会館に連れてきて記者会見を開くと、こんな質問が出た。『自民党を散々批判しながら自民党から出馬したのはなぜか?』そうしたら八田さんはこう言ったんだ。『そりゃあキミね、窓の掃除をするのに外から拭くか?』さすがは親分。やった!と思った」(元・早稲田大学レスリング部監督の白石剛達)

「(戦前の名レスラーで東京オリンピックの監督をつとめた)風間栄一さんは、地元の新潟でずいぶんとお金を使い、選挙違反ギリギリのことをやったそうです。その結果留置場に入ったと聞きました。それほど風間さんは八田さんに尽くしたんです」(ヘルシンキオリンピックで入賞した霜鳥武雄)

参議院議員となった八田は文教委員となり、体育振興予算を取ろうと懸命に動いた。だが「スポーツは票にならない」と、仲間は一向に増えなかった。

八田の六年間の議員生活における最大の成果は、文部省を動かしてレスリングを高校体育の正課に入れたことだろう(一九六七年三月)。

「柔道や剣道と同様にレスリングを体育の時間に教えてもいいことになった。このことが高校でのレスリング普及にどれほど役立ったかわからない」（栃木県レスリング協会理事長の大島大和）

レスリングが高校体育の正課に入ったことは、体育教員育成機関である日本体育大学レスリング部に有利に働いた。日体大レスリング部に入れば、大学四年間を存分にレスリングに打ち込んだ後、体育教師となって高校でレスリングを教えることができる上に、さらに教え子をオリンピックに送るという夢も持てるからだ。以後、日体大を卒業して高校レスリング部のコーチや監督となる者の数は増え続けていく。

東京オリンピックにおける日本の活躍は世界に衝撃を与えた。ソ連もイランもトルコもブルガリアも、すばやい日本のタックルや合気道に由来する手首の返しを、八ミリフィルムを駆使して大いに研究した。

今日の新しい技術も、明日になれば世界中で解析される。世界のレスリングの技術レベルは急速に上がり、日本の現役大学生が表彰台に上がることが難しくなってきた。

その一方で社会人の練習環境はないに等しい。高度成長期、企業に就職した新入社員は馬車馬のように働かされ、宣伝にならないレスリングに資金を出す酔狂な企業などどこにもなかった。

スポーツエリートを養成するべく自衛隊体育学校内に作られた特別体育課程も、東京オリンピック後には解散した。残されたのは戦技として必要不可欠とされた射撃、陸上競技、そして近代五種（射撃、フェンシング、水泳、馬術、ランニング）の三種目だけ。ウェイトリフティング部もレスリング部もすべてなくなった。

しかし一九六六（昭和四十一）年、にわかに特別体育課程復活の機運が高まった。

「おそらく八田さんがメキシコオリンピックを目指して防衛庁に働きかけたのでしょう」（自衛隊体育学校出身でモントリオールオリンピックグレコローマン五七キロ級四位の菅芳松）

復活した自衛隊体育学校レスリング部を牽引したのは、フリースタイルフェザー級の金子正明であった。

金子はレスリングのために自衛隊に入隊したわけではなかった。専修大学を卒業する際に「就職は堅い公務員にしなさい」と母親に厳命されたことから、難関の陸上自衛隊幹部候補生の試験を受けて見事に合格したのである。

金子の入隊は東京オリンピックの前年にあたる一九六三年四月。時を同じくして特別体育課程が発足し、久留米に配属予定だった金子は、一転して朝霞の体育学校に入校した。

一九六四年六月のバルカン遠征で金子は十勝一敗の好成績を収めたものの、帰国まもなく行われた最終予選では上武洋次郎に完敗した。

「疲れたんです。遠征で四十日間減量が続き、帰って一カ月もしないうちに最終予選だったから。今泉(雄策)さんもそうだけど、あのバルカン遠征で疲れてオリンピックに出られなかった選手は多い。予選一カ月前の遠征はよくないわね(笑)」(金子正明)

いったんはオリンピックを諦めた金子だったが、結局レスリングから離れることはできず、バンタム級(五七キロ)からフェザー級(六三キロ)に階級を上げて一九六八年のメキシコオリンピックをめざすことにした。

自衛隊体育学校レスリング部が復活した一九六六年の時点で、すでに金子正明は朝霞駐屯地にいた若手たちを集め、まったくの素人にレスリングのイロハを教え始めていた。若者たちの中には、後にミュンヘンオリンピックで銀メダル、モントリオールオリンピックで銅メダルを獲得するグレコ五二キロ級の平山紘一郎と、モントリオールオリンピックのグレコローマン五七キロ級で四位に入賞した菅芳松がいた。

「金子さんは恐ろしく強かった。その日の練習パートナーにされるのが怖くて、目を合わせないようにずっと下を向いていた」(平山紘一郎)

金子正明は、これまでの日本のレスラーとはまったく違うタイプのレスラーだった。

「今の選手が見たらみんな笑うよ。タックルを取られて持ち上げられちゃうんだから。でも持ち上げられて、下に落ちた時にはなぜか金子さんが上になっている。あの腰の強さは天性のもの。防御型というと下がるイメージがあるけれど、金子さんは前に出て行

1966年に復活した，自衛隊体育学校レスリング部の一期生が夏期合宿．右から4人目が金子正明．ひとりおいて右がミュンヘンの銀メダリスト平山紘一郎，右端がモントリオール4位の菅芳松

く。相手は目の前の足がとれないままドンドン下がってしまう」（菅芳松）

攻撃は最大の防御なり。これが八田一朗のモットーであった。離れた間合いからすばやく低く相手にタックルし、バックを取ってポイントを重ねるか、相手を抱え上げてそのままフォールに持ち込む。すなわち石井庄八や渡辺長武のようなレスリングこそが日本人のレスリングだ。

そう考える八田一朗の目に、タックルを受けることから始まる金子のレスリングは消極的に映った。

金子のレスリングがどうしても理解できない八田は、メキシコオリンピックの最終予選前にグレコの王者市口政光をわざわざ現役に復帰させて、フリ

[連続写真①〜⑨]　メキシコオリンピック決勝リーグの映像から．金子の特異なカウンターレスリングをよく理解できる．イランのアバシは金子に何度もタックルを試みるものの，どうしても上になれず，逆に金子に投げられてバックをとられてしまう．金子のスタイルを八田一朗はまったく理解できなかった

ースタイルフェザー級(六三キロ)に出場させた。もちろん金子にぶつけるためである。

「僕が市口さんにポイントを取られる要素は何もなかった。相手の技を全部止めて、一点取って勝てばいい。グレコみたいに組まれることを避けつつ、タックルに入るぞ、入るぞと脅かしておいて、最後にタックルに入ってポイントを取って勝った。両足タックルだと投げられる危険があるから、片足です。片足ならいつでも取れたけど、早い時間にポイントを取るとヘンな捨て身の技をかけられる危険があったから、試合終了前に取ったんです」(金子正明)

無事にメキシコオリンピックの代表選手となった合宿中にも、金子には受難が続いた。

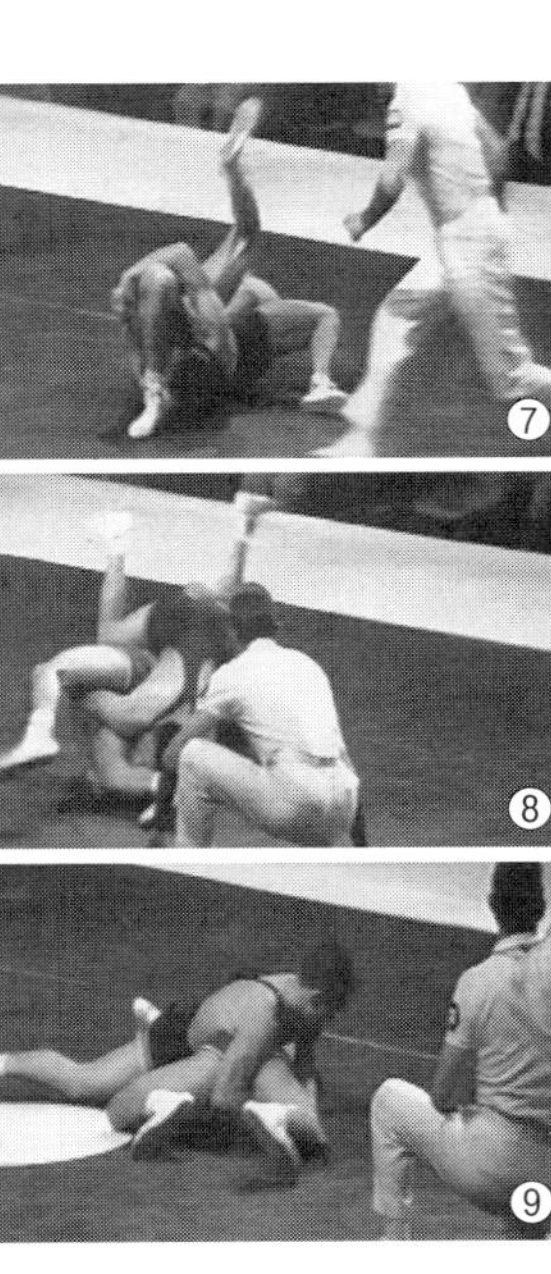

オリンピックの監督に選ばれた戸張樹一(慶大OB。日本アマチュアレスリング協会理事長)から「戦い方を変えろ」と本気で迫られたのである。

「ああ、この人はレスリングを知らないんだな、と思った。僕は身長が一七二センチあって手足も長い。その上、脚力が人の倍あった。だからこそ、このレスリングができる。足を取らせるのは僕の欠点ではなく、特長なんです。逆にいえば、背の高い僕が低い姿勢で入っていって、相手を持ち上げることはできない。人間は力のあるヤツないヤツ、身体が柔らかいヤツ堅いヤツ、脚力はあるけど腕力のないヤツ、あるいはその逆、いろいろなタイプがある。要はその人に合ったレスリングをすればいい。僕の代わりに上武が戸張さんに反論してくれましたよ。『金子さんは世界選手権に二度優勝している(一九六六年トレド、一九六七年ニューデリー)んです。そんなことを言う必要はない』って」(金子正明)

上武洋次郎は東京オリンピックで金メダルを獲得した直後、留学先のオクラホマ州立大学に戻っていた。

日本ではほとんど知られていないが、上武洋次郎のカレッジ・レスリングにおける活躍は伝説の領域に属している。主な記録は以下の通りだ。

NCAA全米大学体育協会主催の試合で五八戦全勝。全米学生選手権三連覇。うち二度のアウトスタンディング(最優秀選手)。

上武はレスリング関係者の投票で選ばれた一九六〇年代最高の選手でもある。ちなみに五〇年代最高の選手はプロレスラーとしても知られるダニー・ホッジ、七〇年代はカレッジ・レスリングの代名詞となったダン・ゲーブルである。

「アメリカでの上武さんは正に神様。NCAAで全勝なんてあり得ない。超人としかいいようがない」(数多い渡米経験を持つ木口宣昭)

オクラホマ州立大学のマイロン・ローデリックコーチは、上武を次のように評している。

「上武は、勝負にこだわる素晴らしいレスラーであっただけでなく、テクニックや技術にもこだわった、私のコーチ人生で最高のレスラーであった。おそらく彼は私が会った最も完全なレスラーだろう。彼をアメリカ史上最高の選手として推薦することを非常に光栄に思う」

卒業後、大学院に通いながらオクラホマ州立大学レスリング部でアシスタントコーチをしていた上武に故郷の館林で結婚話が持ち上がり、急遽大学院を中退して帰国したのは、メキシコオリンピック前年にあたる六七年十二月のことだった。

「大学での選手生活が終わってから肩の手術をして、しばらくはリハビリ生活。その後は学費をタダにしてもらう代わりにアシスタントコーチをしていたので、稽古は充分やっていた。帰国後しばらくは何もやることがなかったので、八田先生から『遊んでい

るんだったら、指導かたがた目黒の合宿所に来てくれ』と言われたんです」（上武洋次郎）

メキシコオリンピックに出るつもりなど毛頭なかった上武だったが、合宿でスパーリングをしてみると相手になる選手はひとりもいなかった。すっかり自信を持った上武は、メキシコを目指して本格的なトレーニングに入った。

メキシコオリンピック代表の中には、東京オリンピックで誰よりも強い屈辱を味わった男が含まれていた。グレコローマンライト級の宗村宗二（むねむらむねじ）である。

東京オリンピックの最終予選で明治大学の学生だった宗村は見事に優勝を果たした。しかし、八田一朗率いる日本アマチュアレスリング協会は、二年前のアジア大会に優勝した藤田徳明（日体大助手）を東京オリンピックに出場させることを強く望んだ。

宗村と藤田のふたりは朝霞の自衛隊体育学校で行われた合宿に呼ばれ、合宿終盤に試合が組まれた。宗村によれば、ふたりの試合は膠着し、プロレスのように時間無制限で試合をしたという。しかし、どちらもポイントを挙げることができないまま引き分けになった。

結局、協会が選んだのは藤田だった。最終予選に優勝しながら落選した宗村は涙に暮れた。宗村の代わりに東京オリンピックに出場した藤田は四位に終わっている。

この屈辱を何としても晴らしたい宗村は、明治大学卒業後、まともな職にも就かず、ただひたすらメキシコを目指した。

しかし、一九六四年から六七年まで四年連続で全日本選手権を制した実力者にとっても、世界の壁は厚く、六五年のタンペレ、六六年のトレドの両世界選手権ではいずれも四位に終わった。

「グレコは共産圏の選手が強い。共産圏のジャッジは露骨に共産圏有利の判定をつける。かといって圧倒的な実力差がなければフォールすることはできない。メキシコでの優勝は難しい、なんとか三位に入って表彰台に上がりたいと思っていた」(宗村宗二)

かくして金子正明、上武洋次郎、宗村宗二らは、太平洋の彼方にあるメキシコで行われるオリンピックに挑戦した。

有形無形の利点があった地元開催のオリンピックに比べて、四年後のメキシコオリンピックは決して好条件とはいえなかった。

すでに八田一朗はＦＩＬＡ国際レスリング連盟の副会長の座から引きずり下ろされていた。

二年前の六六年十一月にスイスのローザンヌで開かれたＦＩＬＡ総会の席上で、八田はロジェ・クーロン会長を「十年間もの長きに渡って会計報告が行われていない」と追及した。世界各国からＦＩＬＡに集まる金は年間一万ドルに及ぶ。計十万ドルもの大金をＦＩＬＡはどのように使ったを明らかにすべきだ、と八田はクーロン会長に会計報告を要求した。一九六二年、クーロン会長は自らが経営する会社を計画倒産させたとして背任横領の罪に問われ、約六カ月間の留置場生活を送っている。クーロン会長がＦＩＬＡの運営資金を着服していることはほぼ確実であった。

しかし、当時のＦＩＬＡ本部はクーロンの自邸内にあり、クーロンはＦＩＬＡのすべてを握っていた。スポーツの国際連盟のほとんどは、英仏を中心とするヨーロッパの上流階級が支配している。米ソの両超大国さえ、二十世紀初頭から続くこの欧州支配を打破することができない。クーロン会長に逆らえば、レスリング界における自国の地位が危うくなることは目に見えていた。

八田がクーロンを糾弾した十カ月後の六七年九月、ルーマニア・ブカレストで開かれたＦＩＬＡ総会の選挙で、八田一朗はＦＩＬＡ副会長を解任された。投票の結果は十三対一。一票は八田が入れているから、つまりは満場一致で八田解任が決議されたことになる。

日本がＦＩＬＡと和解するためには、一九七一年のクーロン会長の急死を待たなければならなかった。

さらに悪いことに、オリンピックイヤーの一九六八年四月にルーマニア・ブカレストで行われた審判講習会に、金のない日本は審判員を派遣することができなかった。

かくしてメキシコオリンピックにおける日本チームは四面楚歌に陥った。試合が進むにつれて、日本への不利な判定は露骨に現れた。温厚な笹原正三強化委員長も「こんなにひどい判定はない。史上最低ですよ」と怒りを八田にぶつけた。

しかし、最悪の状況下でも日本チームは奮闘した。「勝って、クーロンを見返してやろうじゃないか」という思いで一致団結したのだ。

「高地対策を科学的に研究した。二〇〇〇メートルを超えるメキシコシティでは酸素摂取量がどうしても少なくなる。当時、世界では血液ドーピング(自分の血液をあらかじめ抜いておいて、試合前に輸血すること)も行われていたみたいだけど、日本はそういうことはやらない。とりあえず『苦しい中で息を上げろ』とタオルを口に巻いたり、防塵マスクを着けてハードトレーニングをしたり、水中に長く潜る訓練をした。現地では高地でトレーニングを行った後、海辺の標高の低いところまで下りて一週間くらい滞在したから、その間にヘモグロビンがうんと増えた。一度は手綱を緩めて、悪い場所で遊ぶことも大目に見た。あそこは公娼がいっぱいいますからね。名前は言えないけど、一晩で二回通ったヤツもいたんですよ。それから上に上がって、爆発的な勢いで試合をした。メキシコはバッチリ成功しました」(メキシコオリンピックでグレコローマンのコーチをつとめた市口政光)

結果は目覚ましかった。

「レスリングスタイルを変えろ」と言われ続けたフリースタイルフェザー級の金子正明は、批判を浴び続けた自分のスタイルを最後まで押し通し、世界三連覇とオリンピックの金メダルを同時に手に入れた。

表彰台の一番上で金子は号泣した。八田一朗を含む協会上層部からのいわれなき批判を、ついに見返すことができたからだ。

フリースタイルバンタム級の上武洋次郎の優勝は壮絶なものだった。イランのタレビとの試合中に左肩を完全脱臼しながらも、恐るべき闘志で試合を続行。〇—三とリードされた試合を痛みに耐えつつ右腕一本で追いつき、ついに引き分けに持ち込んだのだ。その時点で他の選手が全員失格していたから、上武の優勝が決まった。

金子の世界三連覇も上武のオリンピック二連覇も、偉業以外の何物でもない。しかし日本レスリングにとってメキシコオリンピック最大の収穫は、グレコローマンライト級宗村宗二の優勝であったはずだ。

当時の階級は五二キロリミットのフライ級から九七キロオーバーのヘビー級までの八階級。どの階級においても優勝するのは至難の業だが、特にライト級七〇キロ、ウェルター級七八キロは世界のレスラーの標準体重でもあり、当然、両階級には最も厚い選手層が存在する。

すなわち宗村は、世界で最も厳しい競争を勝ち抜いてオリンピックチャンピオンとなったのである。しかも日本人が苦手とするグレコローマンで。

「地元の新潟では神社でよく相撲大会をやっていた。私はいつも優勝して賞品をもら

1968年のメキシコオリンピックグレコローマンライト級決勝リーグにおいて，ギリシャのガラクトポーロスをフォールしようとする宗村宗二．ガラクトポーロスは卑怯にも，宗村の目に何度も指を入れてきたという

って帰り、家族を喜ばせた。グレコは脇が堅くないとダメ。私のレスリングは全部両差し。差されると相手は身体が浮いちゃう。そこでひねってしまえばひっくり返る。よく『宗村の技は技じゃない』なんて言われたけど、両差しは自分に一番合った技なんです。レスリングは自分に合った技を見つけることが大切。手足の長い笹原さんは股裂き、足の短い渡辺さんは両脚タックル。私は双差しで全部勝った。ギリシャのガラクトポーロスは何回も目の中に指を入れてきたから、双差しでぶん投げて、マットに叩きつけてやりました」(宗村宗二)

フリースタイルフライ級の中田茂

男(中大から自衛隊体育学校)も、前年のニューデリー世界選手権に引き続いて優勝を果たした。

「中田さんは崩しが上手で攻撃的。計算されたレスリングです。すかしからのタックルと正面タックル、そして首投げが得意だった。最大の敵は減量。ふだんの体重は六二キロ。それを五二キロまで十キロも減量して、そのまま四日間維持しないといけない。メキシコの前の年(六七年)のニューデリー世界選手権の時には減量が原因で体中の水分を失って全身痙攣が起こった。舌が丸まって窒息死する危険さえあったんです。でも、それを乗り越えてニューデリーで優勝し、メキシコでも優勝した精神力は本当に凄い」(菅芳松)

《メキシコ市は約二千メートルの高地にあり、しかも約十キロの減量をした状態の私にとって、苦しくて勝負を捨てたくなることが再三だったが、捨てずに頑張ったのは、「自分はこの一年間、世界一の訓練と世界一の努力をした。絶対に勝つ、いや勝てる」という自信と信念があったからである。準決勝のリチャード・サンダース(アメリカ)戦が終わったとき、私はフラフラでまるで夢遊病者のように、何もわからないほど疲労困憊していた。とにかくあと一戦が残っており、対戦者に自分の弱さを見せられない。勝負の世界は敵に自分の弱さを見せた時、それは負けである。私は胸を張ってゆっくりと控え室に戻ったが、その場にうずくまり酸素ボンベで酸素を吸入しなければならない状態であった》(中田茂男『体育だより』)
結局、日本レスリングはメキシコオリンピックで計四個の金メダルを獲得。グレコローマンフェザー級の藤本英男も銀メダルを獲得した。

1968年のメキシコオリンピックグレコローマンフェザー級決勝．世界を五度も制してギネスブックにも載った最強レスラー，ロマン・ルルア(ソ連)と引き分け，惜しくも銀メダルに終わった藤本英男(左)

《藤本は二位。彼もよくやってくれた。一戦一戦、火の出る激戦だった。準決勝(ルーマニアのポペスク)の彼の勝利、未だ消えることなく印象に残っている。両者ヘトヘトになりながらも、猛然と攻撃を加えて攻めたてた。ゴング三、四秒前、貴重な一ポイントをあげた。これぞ日本レスリングの神髄を見せてくれた。決勝では、世界三連勝のソ連(ロマン・ルルア)を相手取り、接戦の末引き分けを演じ、あと一歩で勝利を逸した》(市口政光「オリンピック大会所見」より)」
藤本が決勝で引き分けたソ連のロマン・ルルアは東京オリンピックの銀メダリストである。六六年から七〇年まで世界選手権とオリンピックを合わせて五大会連続世界チャンピオンになっているが、これは当時の世界記録。藤本の敵は世界最強のレスラーだったのだ。

「当時のルールはバッドマーク・システム。選手は六点を持っていて、フォール勝ちは減点ゼロ、判定勝ちでも減点一、判定負けは減点三、フォール負けは減点四。グレコの強いのは東欧諸国。ソ連、ブルガリア、ハンガリー、ルーマニア、チェコ、ポーランド、このあたりはしょっちゅう試合をしている。彼らは思想的に同じグループなんです。僕はメキシコで一回も負けていないけど、バッドマークで二位になった。グループに入っていない日本人が勝つためには、要するに全部勝たないといけない」(藤本英男)

メキシコにおける金四個、銀一個は、東京の金五個、銅一個には及ばないものの、充分に満足できる成績といえるだろう。しかし金子、上武、宗村はいわば東京組。彼らを倒す若い力が現れなかったことも事実だった。メキシコオリンピックの好調は、東京オリンピックの遺産に支えられていたのだ。

一九六八年当時の日本には、学生運動の嵐が吹き荒れていた。

レスリング選手たちがメキシコで必死に戦っていた十月には、日大経済学部本館のバリケード封鎖解除に出動していた機動隊員が、四階付近から重さ十六キロのコンクリートの塊を落とされ、頭蓋骨骨折で死亡するという痛ましい事件が起こった。翌六九年一月には東大・安田講堂を封鎖占拠する全共闘の学生たちと、封鎖解除を命じられた機動隊の間で攻防戦が繰り広げられた。体育会に所属する学生たちは全共闘から〝権力の犬〟呼ばわりされ、安保闘争の中、自衛隊廃止論が声高に叫ばれる時代でもあった。

大学の体育会と自衛隊を母体とするレスリングは時代の逆風の中に置かれ、東京オリンピックの時には全国民の願いであった日の丸と君が代の存在意義も大きく揺らいだ。

一九七一年六月、参議院議員選挙に出馬した八田一朗は落選し、ただの人に戻った。それと共に体協における発言力も低下、一時はレスリングや体操の風下に置かれた陸連、水連の関係者が再び台頭してきた。

失意の八田を勇気づけるのは、来るべき一九七二年ミュンヘンオリンピックにおける大勝利以外にはなかった。しかし、誰が出ても金メダルが見込めた東京オリンピックの頃のような厚い選手層は、すでに存在しなかった。

東京オリンピック以後、国からの強化費用はほとんどゼロになった。一般企業がレスリングをサポートすることはほとんどなく、大学を卒業した選手が生活の心配をすることなく練習に打ち込める環境は、自衛隊以外には存在しなかった。実際に一九六八年のメキシコオリンピックにおける日本代表メンバー十五名のうち、半数近い七名を自衛隊員が占めた。

かつてグレコローマンに偏していたソ連および東欧諸国がフリースタイルにも力を入

れるようになると、優秀なコーチたちは潤沢な予算を使って日本選手の映像を大量に撮影し、徹底的に分析して、低くすばやいタックルへの対策を練った。

さらにモンゴル、韓国、北朝鮮、キューバ等の発展途上国も、国威発揚のために大量のメダルが期待できるレスリング強化に乗り出した。

その一方で日本選手の遠征資金はオリンピック以外はほとんどすべてが選手の自腹。レスリング協会にはビデオカメラを買う予算さえなかった。かつて人生のすべてをレスリングに賭けて情報収集に励んだ八田一朗も、国会議員になってからはもっぱら剣道と乗馬に精を出していた。

日本レスリングの地盤沈下は必然だった。

ミュンヘンオリンピック前年にあたる一九七一年ソフィア世界選手権の金メダルは、五七キロ級(旧バンタム級)の柳田英明が混戦の末に勝ち取った一個だけ。グレコローマンのエース藤本英男は三位に終わっている。

薄い選手層と乏しい強化資金をカバーするために、強化委員長の笹原正三が出した答えは、七一年十一月からオリンピック直前の七二年七月までの九カ月間に及ぶ超長期合宿であった。

すでにレスリングの選手の出身地は鹿児島、徳島、和歌山、三重、秋田と日本中に散らばっていたが、この合宿に参加しなければオリンピック代表の座を勝ち取ることはできない。学生は留年を覚悟し、会社員はクビを覚悟して休職届を会社に出した。
合宿会場となったのは七〇年九月にオープンした東京・大久保のスポーツ会館である。
《こどもや年配の人、老人に至るまで喜ばれるわが国初のスポーツ・トレーニング・センターが百人町三丁目に完成した。財団法人スポーツ会館（八田一朗会長）は文部省がバックアップ。工費は五億円、地階はプール、大人用の二十五メートルプールと子供用の二つがあり、老人向けに超音波風呂や、サウナも設備されている。一階は玄関とロッカールーム、二階事務室、エクササイズ・ラウンジ、三階、合気道、空手、柔道、剣道、フォークダンスなど四階バスケット、バレー、ボードテニスその他、五階タータントラック（ゴムのような化学繊維の床）一周が八十メートル》（『新宿区新聞』一九七〇年七月十五日号）
「八田さんが参議院に当選すると、貧乏所帯のレスリングにも少しは寄付がくるようになった。ボロボロだった青山レスリング会館が取り壊される際に、八田さんは立ち退き料を取り、それを元手にしてスポーツ会館ができた」（八田家と家族ぐるみのつきあいがあった早稲田大学レスリング部ＯＢの野島明生）
合宿に集まってきたのは選手たちばかりではなかった。東京オリンピックとメキシコオリンピックで日本レスリングの栄光を築き上げた男たちは、このまま日本が凋落していくことが許せなかった。自らが金メダルを取るためではなく、日本レスリングの伝統を守るために、彼らはどんなことでもするつもりだった。

オリンピックの金メダリストや世界選手権王者たちが次々にスポーツ会館を訪れ、現役選手に真剣勝負を挑んだ。すでに引退した選手が現役選手より強いなど、他のスポーツでは絶対にありえない。ところがレスリングではそんな常識は通用しない。体重も多少違うが、それ以上に技術の差が大きい。かつてないほど厚い選手層の中を勝ち抜いて世界の頂点に立った男たちの技術は、引退後もなお現役選手を圧倒したのである。

《世界選手権で二年連続優勝しているフリー五七キロ級の柳田(英明)を、七人のコーチが入れ替わり立ち替わり、いじめてしまう。柳田の弱点は寝技の守りにあった。一九六五年の同級世界チャンピオン福田(富昭)コーチに攻められてヒイヒイ言う。「いてェ、いてェ」「いてェもくそもあるか。こんな技にかかるのが悪い」おかげで柳田の寝技は長足の進歩を遂げた》(『日刊スポーツ』)

長期低落傾向にあった明治大学レスリング部の最後の砦である柳田英明は、七〇年のカナダ・エドモントンと七一年のブルガリア・ソフィアで世界二連覇を達成した日本レスリングの切り札である。

「柳田は瞬発力があって速い。フットワークをしながらパッとタックルに入る、昔の人の大好きなレスリング。天性の足腰の強さとバネがないと、あのレスリングは難しい」(金子正明)

グレコローマンのエースはメキシコの銀メダリスト藤本英男だ。六九年三月の全日本選手権ではフリーとグレコの両スタイルを制する偉業を達成し、七〇年のエドモントン世界選手権ではついに初優勝。世界チャンピオンとなった。翌年のソフィア選手権では三位に終わったものの、これは引き分けが続いた結果で、前回のメキシコオリンピックからミュンヘンまで、藤本は一度も負けていなかった。

しかし、フリーとグレコの両エースはミュンヘンオリンピックで明暗を分けた。

柳田が世界三連覇を飾って金メダルを獲得したのに対し、藤本は四位に沈んだのだ。

「ミュンヘンの頃の藤本くんは疲れているように見えた。『先輩、スムーズに体重が落ちるんですよ』と喜んでいたけれど、要するに筋力が落ちていたのだと思う」（元・国士舘大学監督の滝山將剛）

フリースタイルでは五二キロ級（旧フライ級）の加藤喜代美（専大ＯＢ）が優勝した。これで日本の五二キロ級は東京オリンピックの吉田義勝、メキシコオリンピックの中田茂男に続き、オリンピック三連覇を達成したことになる。

興味深いことに、三人はいずれも北海道旭川市の出身だった。

「加藤喜代美くんは正真正銘のイモレスラーでした。何ひとつ光る技術はなく、ドタバタレスリングの典型でしたね。それでも眼の奥からにじみ出るように光る眼光が気にかかり、もしかしたら遅咲きかもしれないと思ってスカウトしました。それも恩師の赤

松則克先生の強力な推薦があったからこそなのです」(当時専修大学監督の鈴木啓三、『週刊プロレス』のインタビューより)

旭川商業高校定時制レスリング部コーチの赤松則克が見込んだ通り、加藤は努力と研究を重ねて一流のレスラーへと成長していった。一九六八年から七二年にかけては全日本選手権五連覇を成し遂げている。七二年の全日本選手権はミュンヘンオリンピックの最終予選を兼ねていたから、加藤がオリンピック代表となることは間違いないと思われた。

ところが、八田一朗およびレスリング協会上層部は加藤喜代美を嫌った。

七〇年アジア大会の際、期待されながらもイランの選手に負けて二位となった加藤に、強化委員長の笹原正三は次のように厳命した。

《この(ソフィア)世界選手権でまた完敗するようなことがあれば、たとえ来年の全日本選手権で五連覇しようともオリンピック代表には不適格。外人に負けるとはっきりわかっている選手をオリンピックに出すのは間違いだ。軽量級は交代選手も多いから、二位の選手を出した方がよい》(『日刊スポーツ』)

しかし加藤は一九七一年ソフィア世界選手権で惨敗する。ついに加藤を見限った笹原は、メキシコオリンピックの金メダリスト中田茂男に白羽の矢を立てた。

メキシコの後、中田は階級をひとつ上げて五七キロ級で現役生活を続けていた。しかしそこには柳田英明というエースがいる。ならば中田に減量させて、加藤の代わりに五二キロ級の代表にしよう。笹原はこう考えたのである。

「加藤喜代美は不成績だった上に、フットワークからの正面タックルばかりでレスリングが単純すぎる。あれでは外人には勝てないという判断が協会にあったんでしょう。それで中田さんに五二キロに落としなさいと命じた。でも中田さんはもともと減量がきつく、水分不足で全身痙攣を起こしたことさえあったんです。茨城県の笠間で行われた最終予選(兼全日本選手権)の時、中田さんは僕と一緒にサウナで減量していた。リミットまであと二百グラムか三百グラムだったけど、どうしても落ちない。ついに中田さんは『もうやめた！　俺は金メダルを取ったんだ！』と叫んで水をガブ飲みした。この瞬間に中田さんのオリンピックは終わった」(この最終予選で柳田に惜敗した菅芳松)

「中田は無計画に体重調整をやってきたのだろう。こんな心掛けでは、たとえ代表になってもミュンヘンでは勝てなかったはず」と笹原は吐き捨てた。

「加藤では外人に勝てない」と信じる笹原は、最終予選で加藤に七—三の判定で敗れたものの、二月のグルジア杯レスリング大会で二位となった渥美敏範(日大)をオリンピック代表にしようと考え、「フリースタイル五二キロ級の代表は宮崎で行う強化合宿の際に決定する」と言った。

専修大学レスリング部関係者は怒り狂った。

「各階級は最終予選の優勝者が代表に決まっているのに、五二キロ級だけが再試合というのは理不尽すぎますからね。私は協会との絶縁も覚悟して抗議しました」(当時専修大学監督の鈴木啓三、『週刊プロレス』のインタビューより)

ローマオリンピックの時、最終予選に優勝したにもかかわらず代表から外された鳥倉鶴久はこの時、専大のコーチをつとめていた。加藤喜代美をスカウトするために旭川まで足を運んだのも鳥倉だった。

「僕はみんなの前で叫んだ。『また俺と同じ犠牲者を作るのか！　そんなことをするのなら、予選会なんか開くんじゃない！』と」(鳥倉鶴久)

講道館レスリング部を引き継いで誕生した専修大学レスリング部は、八田一朗以下早稲田大学出身者が支配するレスリング協会から長い間嫌われ続けた。

戦前のベルリンオリンピックでは矢田部勇治が代表から下ろされ、ヘルシンキオリンピック後のクーデターの中心人物は専大監督の畠山達郎だった。ローマオリンピックでは最終予選に優勝した鳥倉鶴久が代表から外され、メキシコオリンピックでは金子正明が独特のレスリングスタイルにケチをつけられ、そして今度は加藤喜代美が最終予選に優勝したにもかかわらず、ミュンヘンオリンピックの代表から外されようとしていたのである。

しかし、鈴木と鳥倉の血を吐くような叫びは協会上層部の人々の心を打ち、加藤喜代美は無事にミュンヘンオリンピックの代表に選ばれた。

ミュンヘンでの加藤は「気が弱い、外人に弱い」という評判が嘘のように、恐ろしく強かった。

緒戦の相手はアジア大会王者であり、前年の世界チャンピオンでもあるイランのゴルバニ。「この二年間、ゴルバニだけを目標にしてきた」という加藤はスタートから飛ばし、タックル、首投げ、抑え込みと積極的に攻め、第二ラウンド終了直前には相手のブリッジを崩してフォールした。勢いに乗った加藤は決勝リーグで北朝鮮のキム・ゴンヒョン、ソ連のアラフベルディエフを続けざまに破り、ついに八戦全勝で優勝を飾ったのである。

旭川商業高校定時制という環境にもかかわらず、東京オリンピックの吉田義勝、ミュンヘンオリンピックの加藤喜代美という二人の金メダリストを生み出した赤松則克は、「僕はスポーツ界で一番幸せな男になれた」と目をうるませた。

赤松同様に、いやそれ以上に加藤の金メダルを喜んだのは鈴木や鳥倉ら専大関係者だった。専修大学レスリング部を長く覆い続けた講道館レスリング部の呪いは、加藤喜代美の金メダルによってついに解かれたのである。

フリースタイルでは六八キロ級の和田喜久夫(明大)が銀メダルを獲得したが、期待の六二キロ級・阿部巨史(自衛隊)は四位に終わった。

グレコローマンでは、金子正明の教え子である五二キロ級の平山紘一郎(自衛隊)が、ただひとり銀メダルを獲得した。

「試合初日は九月五日でしたが、当日の朝の四時か五時、選手村でパンパンと爆竹を鳴らすような音がした。まもなく上空をヘリコプターが飛び回り、窓の外には自動小銃を持った兵隊たちが走っていた。後になってわかったことですが、パレスチナゲリラがイスラエル選手の宿舎を襲ったんです。すぐに選手団選手全員に屋内待機命令が出されて、昼の十二時過ぎには大会日程が一日延期されることが決まった。大事件だったけど、僕は不思議なほど試合に集中していて動揺することはなかった。ただ、一日長く減量することがうらめしかった。五二キロ級の本命はブルガリアのキロフ。僕は決勝でキロフと当たりました。当時は三分三ラウンド。最終ラウンドまで行けば、汗が出て脇を差せるだろうと考えていました。でも僕の考えは甘かった。決勝だったにもかかわらず、第二ラウンドの途中で両者警告失格となってしまったんです。結局、罰点(バッドマーク)の関係でキロフが金メダル、僕が銀メダルになった」(平山紘一郎)

グレコローマンの審判は東欧諸国ばかり。平山はまんまと謀略に引っかかったのである。

結局、ミュンヘンオリンピックにおける日本レスリングチームの成績は金二個、銀二個。誇り高き男たちがあらゆる逆境を撥ね除けて獲得した価値あるメダルだったが、日本レスリングの退潮が誰の目にも明らかになる中、新たなアマチュアスポーツが台頭してきた。メキシコオリンピックで銅メダルを獲得したサッカーと、ミュンヘンオリンピックで金メダルを獲得した男子バレーボールである。ボールゲームのわかりやすさと楽しさは人々を魅了し、レスリングの地盤沈下はさらに進んだ。

観客サービスに頭を悩ませていたのは日本アマチュアレスリング協会ばかりではない。FILA国際レスリング連盟も同様だった。

攻撃しようとしない選手にすぐにパッシブ（消極的）の警告を与えるようになったのも、試合時間が東京オリンピック当時の五分二ラウンドから三分三ラウンドに短縮されたのも、すべては飽きっぽいテレビ視聴者のためだ。

テレビの普及が世界中で進み、先進国ではカラーテレビが、発展途上国では白黒テレビがあまねく行き渡った。スポーツはブラウン管を通じて世界中の人々が見るものとなったのである。

急死したロジェ・クーロンに代わってFILA会長に就任したミラン・エルセガン（ユーゴスラビア）は、レスリングの試合がテレビ中継された時の苦い思い出を、次のように語っている。

《友人のテレビ関係者に頼んでベオグラードの試合を十五分だけ中継してもらった。

翌日友人は私を非難した。「無駄な時間を使ってしまった。レスリングは面白くない」と。二十分のつまらない試合より、六分という短時間にいかに充実した爆発的な戦いを演じるか。それがスピード化、テレビ化する現代にマッチしたレスリングの発展につながる道なのだ》(協会広報誌より)

一九七一年からすべての国際試合で使用された円形マットも、試合をより攻撃的にするためのものだ。

そもそも円形マットは一九五六年二月のＦＩＬＡ総会で八田一朗が提案して了承されたもの。コーナーをなくすことで選手の逃げ場を奪い、場内外の微妙な判定を減らそうとする素晴らしいアイディアだった。相撲の土俵が八田の頭の中にあったことは間違いない。オリンピックや世界選手権で円形マットが採用されるまでには長い時間がかかったが、一九七〇年十月、ついにＦＩＬＡ理事会は円形マットの採用を正式決定、ミュンヘンオリンピックは円形マットが採用された初めての大会となった。八田の革新的な提案は、十五年の歳月を経てようやく実現されたことになる。

以上のようなルールの変化を追っていけば、ＦＩＬＡが求める理想のレスラー像が、次の条件を満たす者であることが明らかとなる。

- 一瞬も休むことなく、相手を常に攻撃し続けること。

- 反撃のリスクを恐れず、多彩な技を駆使して攻撃すること。
- 意外性のあるすばやい動きで、見る者を退屈させないこと。

攻撃し続ければ、それだけ隙も生まれる。フォールされれば一瞬で敗北するレスリングでは、相手に多くの隙を与えることは命取りにもなりかねない。理想が現実のものとなる可能性は極めて低いと思われた。

ところが、新時代を象徴するレスラーが登場したのは意外なほど早かった。しかも幸運なことに、私たちの国に現れたのだ。高田裕司である。

高田は不良少年だった。

群馬県太田市出身の高田は、中学時代は器械体操を二年間続けたが「なんだか面白くなくて」柔道部に移った。高校ではボクシングをやりたかったが、千頭以上豚を飼う大規模な養豚業を営む父親から、農業科のある大泉高校に進めと命じられた。仕方なく入学し、体格差がモノをいう柔道ではなく、同好会から昇格したばかりのレスリング部に入った。「レスリングをやればアメリカに行けるぞ」という先輩の言葉が魅力的に響いたからだ。

映画館で見た『イージーライダー』に憧れていた高田は、夏休みにはバイクの免許を取り、大型バイクを親に買ってもらって乗り回した。

「暴走族とまではいかなくても、不良少年であったことは間違いない。普通ならバイク通学を一度か二度見つかれば停学処分。私なんか何十回と見つかったし、翌日も平気でバイクで通った。監督がとりなしてくれなかったら、とっくに退学になっていますね」(高田裕司)

サボってばかりいた練習も、三年になってからはようやく真面目に取り組んだ。レスリング部の顧問は選手経験のない英語教師。先輩が教えにきてくれることも一切なかった。技術指導をほとんど受けなかったにもかかわらず、高田はインターハイで三位に入った。才能以外の何物でもない。

インターハイで三位以内に入れば、アメリカ遠征に参加する資格が得られる。高田裕司はついに憧れのアメリカの地を踏んだ。

道路は広い、クルマはデカい、アイスクリームを頼めばバケツのような容器に入って出てくる。レスリングの観客は多く、体育館も練習施設も凄い。試合の時はホームステイ先の家族が揃って応援にきてくれて、同じ年頃の可愛い女の子が、勝利のお祝いにキスしてくれる。すべてが驚きの連続だった。

当時四八キロ級の高田は減量がきつく、大学でレスリングを続けるつもりなど毛頭なかったが、アメリカに行って気が変わった。レスリングを続ければ、もう一度アメリカに行けるかもしれない。

高田裕司が日本体育大学に入学したのは、ミュンヘンオリンピックが行われた七二(昭和四十七)年四月のことだ。特別な理由はなかった。

「当時はサッカーも駅伝も日体大が強かった。私は日本体育大学にレスリング部があることさえ知らなかった。新聞を見て、日体大という文字が出ていたから、レスリング部の顧問の先生に『日体大にレスリング部があるかどうか、聞いてみて下さいよ』と頼んだんです」(高田裕司)

日体大入学と同時に、高田は四八キロ級から五二キロ級に階級を上げた。

「日体大の四年生は、六月になると教育実習のために全国に散っていく。実習に行く前の四年生は高田を問題にしなかった。ところが彼らが八月に戻ってくると、今度は高田にメタメタにやられた」(日体大監督を長くつとめた藤本英男)

夏のインカレには出場できなかったが、秋の新人戦で優勝して自信をつけると、十月に行われた鹿児島国体ではいきなり決勝まで進んだ。

翌七三年の五月、二年生になったばかりの高田は、アメリカのトレドで行われたワールドカップに出場した。参加したのはアメリカ、ソ連、カナダ、日本の四カ国。

高田はこの大会で三位。アメリカの高校生には勝ったものの、日本チームの監督をつとめた小幡(旧姓・上武)洋次郎からはこっぴどく叱られた。

「当時の私は基礎体力だけで、ガンガン前に出るレスリング。ところが上武さんは

が変わった。構えも少し低くなったし。今でも私の構えは高いけど、以前はもっと高かったんです」(高田裕司)

カレッジ・レスリングの生ける伝説に磨かれた高田は快進撃を続ける。

九月のテヘラン世界選手権では銅メダル。翌年八月イスタンブールで行われた世界選手権では見事に初優勝を遂げた。二十歳の世界チャンピオンの誕生である。

一九七五(昭和五十)年のミンスク(ソ連)世界選手権での高田は圧巻だった。なんとバッドマークゼロで優勝。すべての試合をフォールあるいは十二ポイント差以上の大差をつけて勝ったということだ。

「ミンスクで優勝したことで、初めてオリンピックで勝てると思った。世界選手権を二連覇してオリンピックにも優勝した日本人は過去三人いる(渡辺長武、金子正明、柳田英明)。結局、オリンピックにも同じメンバーがくるんですから」(高田裕司)

高田の考えは正しかった。一九七六年のモントリオールオリンピックでも、高田は盤石の強さを発揮、ついに金メダルを獲得したのである。

世界を三連覇したオリンピックチャンピオンは、まだ二十二歳の大学四年生に過ぎなかった。

第10章　反逆者

1984年ロサンジェルスオリンピックグレコローマン52キロ級で優勝した宮原厚次(右)の俵返し．豪快な投げはグレコローマンならでは

一九七六（昭和五十一）年に行われたモントリオールオリンピックのレスリングフリースタイル五二キロ級に出場した高田裕司は、圧倒的な強さで優勝した。七四年イスタンブール世界選手権、七五年ミンスク世界選手権に続いて、三年連続で世界を制したことになる。

東京オリンピック以後、長期低落傾向にあった日本レスリングに彗星の如く登場したスーパースターのレスリングとは、いかなるものだったのだろうか？

「つかみどころがない。水の上に浮かんだボールを取るような感じ。高田さんの手はレーダーみたいになっていて、取ろうとした瞬間にフワッといなくなる」（ロサンジェルスオリンピックフリー五七キロ級で優勝した富山英明）

「イチローみたいなもの。独特の動き。高田さんにとっては簡単なことが『こうやるんだよ』と教えてもらっても、誰にも真似ができない。タックルも投げ技も返し技もできるオールマイティな選手。僕と同世代のアメリカのレスラーたちは皆『ユージ・タカダこそが世界のベストレスラーだ』と言う。僕も同感です」（ロス、ソウル両オリンピックのフリースタイル九〇キロ級で銀メダルを獲得した太田章）

「日本レスリング史上最高の選手。体重移動、重心のかけ方が天才的。自分の体重を一点に集めることができる。がぶった状態(膝をついて下になった状態の相手の肩口に前から乗りかかった状態)からの圧力が他の選手とは全然違う。ただ、高田も最初の頃は負けている。下になったことがないからブリッジができない。ある時、カウンターで下になった高田は、逃げ方を知らなくてフォール負けした。練習でもブリッジはやらない。そもそも下にならないから(笑)」(モントリオールオリンピックグレコローマン五七キロ級四位の菅芳松)

下にならないから、ブリッジを練習する必要がない！　一体そんなことがあり得るのだろうか？　高田自身に聞こう。

「練習はしますよ。ただ、自分が下になった場面の想定はしないんです。痛いし(笑)。だから、下になった時に逃げられなかったというだけ。組み手のうまい人は内側をとってくる。そこを組み返そうとすると、かなり力を使う。その繰り返しをやっているんです。強いレスラーほど組み手がうまい。ほんの二、三十秒でわかりますよ。私はレスリングは頭を使うスポーツだと思っています。たとえばこっちの方向にフェイントをかけると、相手はこう引いてくる。そうしたら相手の頭を落としてがぶったり、いろいろなことができる。

止まっていればつかまっちゃうから、私は常に動く。相手を中心軸にした円の動きです。手は絶対につかませない。手が一番の武器ですから。必ず相手より先に抑える。抑えれば、相手は必ず反撃してきますから、また次の手を打つ。常に先手先手をとっていく。

教えてできるものではありません。自分の『間』はそれぞれ違いますから。相手との距離にも組み手争いにも『間』があって、その『間』を自分は守っているだけの話。この『間』を崩される時は、自分が負ける時です」(高田裕司)

高田の構えは高い。離れた間合いから低い姿勢で一気に飛び込むという、いわゆる日本式のレスリングとは見た目からして異なる。

高く構える高田に、しかし相手は飛び込めない。動き出す一瞬前に、高田の手に抑えられてしまうからだ。高田のフェイントに幻惑されてバランスを崩せば、その瞬間に切れ味鋭いタックルを食らう。速い反応と強い足腰を持つ選手ならば、それでもなんとか踏みとどまれるかもしれない。だが、前に出ようとした瞬間に、膝を手で払われて横転してしまう。高田得意の外無双である。

大相撲における外無双は「十年に一度出るか出ないかの大技」と言われる。しかしモントリオールの高田は七試合中、六試合でこの外無双で相手を倒した。高田裕司の代名詞ともいえる技だ。

「外無双は普通の状態ではかからない。がぶっておいて、相手の力を利用してかける。

外国人のタックルは膝をつく。だから横に脆く、外無双が有効だった」(高田裕司)

強い外国人の技を研究することも、柔道や相撲、サンボ等の格闘技を研究することも一切ない。高田裕司は無数のスパーリングの中から技のヒントを見つけていった。

「普通の選手はスパーリングで一〇〇%の力を出せばそれで終わり。次のスパーリングまでは休む。ところが高田はマットから下りず、そのまま打ち込みや崩しを反復練習する。なぜ、さっき出した技がかかったのか、あるいはかからなかったのか。それを研究するんです。二時間ずっとマットに上がりっ放し。だから高田には、もの凄くスタミナがあったと思います」(菅芳松)

「もし今の選手が、高田さんみたいに相手が触った瞬間にパッと動くレスリングをやったら、多分一分も続かない。高田さんのレスリングはもの凄い集中力と持久力を必要とするんです。それをさりげなくやってしまうんだから、それだけ心肺機能が高かったんでしょうね」(富山英明)

他の追随を許さない組み手で戦局を有利に導き、バレリーナがつま先の一点で立つような繊細な体重移動によって相手を制する。そんな高田の天才的なレスリングを支えているのは、常人離れした心肺機能の高さだったのである。

一九七〇年代、レスリングが新聞や雑誌で大きく扱われる時代はすでに終わっていた。

プロスポーツの王者は読売ジャイアンツの長嶋茂雄と王貞治を中心とするプロ野球であり、大相撲では輪島や北の湖が国技館を沸かせていた。オリンピックのアマチュア競技に目を移せば、松平康隆率いる男子バレーボールが国民的な人気を集め、体操では塚原光男のムーンサルト＝月面宙返りが話題をさらった。

マイナースポーツのレスリングは四年に一度、オリンピックの時だけ扱えばいい。後はどこでどうしているやら、というのが新聞記者たちの考えであった。かつて紙面の多くを埋めたレスリング記事は小さくなり、やがて結果だけがポツリと掲載されるようになった。

それでも数少ない関係者たちは、恐るべき情熱をレスリングに注ぎ込んでいた。

「地方でスポーツ振興をするのは、荒れ地に木を植えるようなものだ」と山口県柳井市に「斎藤道場」を開いた斎藤憲は言う。一本ではすぐに枯れてしまうが、周囲に二本、三本と生え出すと、もう枯れることはなく林へ、さらに森へとなっていくのだと。

柳井商業高校柔道部の主将だった斎藤は卒業後、海軍に志願入隊した。戦後まもない頃は警察の柔道師範をしていたが、やがて体重無差別の柔道からレスリングに転向、メルボルンオリンピック予選に惜敗した後に、質屋を経営する傍らで子供たちにレスリングを教え始めた。

私財を投げ打って自宅にレスリング道場を開設したのは一九六一年のこと。日本の少年レスリングは山口県柳井市から始まったのである。

《私は、男ばかり八人兄弟の三男として生まれ、海軍に志願し、沖縄の海上特攻隊員として駆逐艦「浜風」に乗船していたが、敵の攻撃を受け船体が真っ二つに折れ沈没した。海上から、火を噴く戦艦大和に「大和、お前は頑張れ！」と叫んだが大爆発、巨体を揺るがせ轟沈した。その後、六時間も夜の油の海を木切れ一枚にしがみつき漂った。初めは「早く助けにこい」というおごりから次第に「助けて下さい」という気持ちに変わり、最後は「神様、仏様お願いします。今度助かったら絶対に悪いことはしません」と切羽詰まった気持ちになった。意識朦朧となっているところを救助艇に助けられたが、その時から人の世話にならなければ生きていけない、ということを悟った。どんな困難にあっても、何を失敗しても「あの時死んでいたではないか、今こうして地球の上で空気が吸えているではないか」と自分に言い聞かせ、気力を奮い立たせている。二十数年間、無料のレスリング道場をやってこられたのも、そういう気持ちと人のつながりがあったからだと思う。（中略）ミンスクのレスリング世界選手権で優勝し、モントリオールのオリンピックで銅メダルを獲得した荒井政雄も、小学校四年の時、私の道場に通っていたが、非常にひ弱な少年だった。しかし、彼には抜群の気力があった》（斎藤憲「いばるな、恐れるな」『現代山口の一〇〇人』）

斎藤が育てた荒井政雄を国士舘大学にスカウトしたのは、監督の滝山将剛である。吉田義勝や上武洋次郎と同期の滝山は、現役時代は実績のある選手ではなかったが、卒業後まもなく母校の監督に就任、国士舘大学レスリング部を日本有数の強豪チームに引き上げた。

「当時山口には四人の高校チャンピオンがいた。斎藤先生は僕に『荒井はチャンピオンではないけれど、僕は彼が一番強くなると思う』と言った。練習してみるとなるほど凄い。僕はすぐに学校に電話して『一番いい待遇で採ってほしい』と頼んだら『お前が責任を取れるのなら採れ』と言われた」(国士舘大学監督の滝山將剛)

優秀な指導者のいない国士舘レスリング部を強くするために、滝山は他校に合同練習を頼んだ。

「ほとんどの大学に断られ、明治大学の笠原(茂、メルボルンオリンピックライト級二位)先生だけが面倒を見てくれた。夏の新潟合宿にも一緒に行かせてもらいました。国士舘のベースは明治に教えてもらったものです」(滝山將剛)

メキシコオリンピック金メダリストの金子正明(自衛隊)は、当時の国士舘レスリング部の様子を次のように語っている。

「僕らも練習相手がほしいから、ボロトラックにみんなを乗せていろいろな学校に行く。僕の全盛期だから学生が敵う訳がないんだけど、彼らは悔しいわけ。後輩の目の前でボロボロにされるから。次の時は僕がくるのを手ぐすね引いて待っている。それでも

やっつけたけどね(笑)。当時の国士舘は弱かったけれど、そんな気概があったからこそ強くなった」(金子正明)

リーグ戦に負ければ、駒沢体育館から世田谷のキャンパスまで走って帰らせた。練習が終わった後、多摩川まで十往復させた。急な坂道をうさぎ跳びで何往復もさせた。滝山が課すハードトレーニングによって、国士舘レスリング部は徐々に強くなっていった。

一九七〇年夏、滝山は同期の上武洋次郎に誘われてアメリカに飛んだ。オクラホマ州立大学のマイロン・ローデリックが主催するサマーキャンプに参加するためだ。

「アメリカ人が子供を怒るところを見たことがない。ローデリックはジョークがうまく、泣いている子供がいると、すぐに話を聞いてやる。話の最後には、必ず誰かを血祭りに上げて冗談を言う。笑いが出るような雰囲気を作ってリラックスさせるんです。レスリングの練習は苦しいもの。でも、ハードな練習をするためには、時々緊張を解かないといけない。それまで国士舘大学という堅苦しい雰囲気の中でずっとやってきたから、ローデリックの練習は勉強になりましたね」(滝山将剛)

ハードトレーニング一辺倒だった国士舘大学レスリング部は、これを機に変貌を遂げていく。滝山の努力によって、一九七六年のモントリオールオリンピックのフリースタイルでは十階級中、国士舘出身の選手が四名を占めた。五七キロ級の荒井政雄、六八キロ級の菅原弥三郎、七四キロ級の伊達治一郎、八二キロ級の茂木優である。

日体大のスーパースター高田裕司と、進境著しい国士舘勢を中心とするモントリオールオリンピック日本レスリングチームを率いるのは小幡（上武）洋次郎監督。フリースタイルのコーチは前回ミュンヘンオリンピックの金メダリストである柳田英明と加藤喜代美。グレコローマンのコーチは藤本英男である。

五次に及ぶ強化合宿は地獄のようだった、と合宿に参加した選手たちは振り返る。

「理不尽ですよ。練習が終わらないんですもん。ウェイトトレーニングもランニングも全員がへたばるまでやるんです。最初の合宿が日体大であったんですけど、いきなり四〇〇メートルトラックを百周走れ、五十周までできたら逆に回れって。四〇キロですよ。ふざけんじゃないと思いましたけど、みんな真面目に走るから、重量級は二回も三回も四回も追い越される。そのうちに何周回っているかわからなくなって、タラタラ走ってると『重量級はこっちに集合。もう走らなくていいから懸垂百回やれ』。無理に決まってる。十何回やって脱落すると、蹴られて罵られておしまい。小幡さんはスパーリングの時も殴る蹴るをするんです。その頃テーピングというものができて、テーピングをすると一定以上には曲がらないから、ケガをしていてもスパーリングができる。だけどやっぱり痛いわけですよ。ケガを気にしてスパーリングをすると、小幡さんが痛いところを蹴り始める。考えてやる科学的トレーニングでは全然ない」（太田章）

「『ぶつかり稽古』は恐ろしいメニューでした。指名を受けた選手に五人から十人が交替で向かっていく。クタクタになってマットの外に弾き飛ばされた選手が座り込んでしまうと、コーチが動けない選手の腕をつかんでマットに引き戻し『バカ野郎！　そんな根性で勝てるか！　やる気がないなら出て行け！』と罵声を浴びせる。国士舘の伊達治一郎は豪傑で、酒も遊びもハンパじゃない。そんなヤツが合宿に遅刻して丸坊主にさせられたあげく、ぶつかり稽古で散々絞られた。閉じ込められて精神的に落ち込んだ伊達は、代々木の研修館（オリンピックセンター）の外階段で四階の部屋に戻る途中、僕に向かって『オリンピック代表になんてなるんじゃなかった。先輩、俺はここから飛び降りたいですよ』と真顔で言いました。みんな似たり寄ったりです。合宿が終わると全員がクモの子を散らしたように所属に帰る。帰ると『あの野郎をぶっ殺してやりたい』ってコーチの悪口ばっかり。そのくらい精神的に追いつめられていた。例外は高田裕司だけ。世界選手権を二連覇しているし、みんなが頼りにしている。その期待に高田も淡々と応える。身体も強いし神経も図太い。オリンピックで金メダルを取るという目標が明確だから、どんなメニューでも平気でこなすんです」（ミュンヘンオリンピックグレコローマン五二キロ級二位の平山紘一郎）

「グレココーチの藤本（英男）先生はフリーコーチの柳田（英明）さんとしょっちゅうケンカしていた。『フリーには負けるな』とグレコの僕たちはいつも言われていた。ライバル意識が凄く強かったんです。実際にバスケットボールでもハンドボールでもマラソン

でも、何をやってもグレコの方が強かった」(菅芳松)

しかし、オリンピックで二連覇を遂げた小幡洋次郎はやはり、並の指導者ではなかった。

モントリオールの選手村に入った途端、代表選手たちを解き放ったのである。

「全体練習だけ一緒にやれば、食事も体力トレーニングも各自に任せる」

小幡監督の粋なはからいに、野生児・伊達治一郎は水を得た魚となった。

「伊達は食事から体力トレーニングから、すべて自分でしっかりと管理した。選手村の食堂に行っても、僕が減量で食えなくてしょぼくれている時、伊達は野菜から肉からバランス良く食べる。見るからに調子が上がっていた」(平山紘一郎)

「伊達さんは計量にパスすると、試合を数時間後に控えているにもかかわらず、ビールを飲むんですよ。脱水しているから、口の中もひどいことになっているんですけどね。顔が赤くなると温かいスープを飲んでしばらく寝る。起きて身体を動かしてウォーミングアップして、試合して優勝しちゃう。目の前で見てビックリしました」(太田章)

国士舘相撲部の巨漢と相撲を取っても互角に戦う、伊達治一郎の人並外れた基礎体力とパワーは、モントリオールで全開になった。

「レスリングで一番強いのは七四キロ級。本物の七四キロ級は一三〇キロ級の選手とやっても負けない。力勝負をしなければ勝てるんです。モントリオールの頃の伊達さんは、一四〇キロくらいある選手とスパーリングしても全然負けなかった。タックルに入ってもつぶされないし、ひねれば相手は倒れる」(太田章)

伊達は一回戦から五回戦まですべての試合でフォール勝ち、決勝リーグではアメリカのスタンレー・ジェジェックに判定に持ち込まれたものの、続くイランのマンスール・バルゼガルには第三ラウンド開始直後に見事なフォール勝ちを収め、文句のつけようのない優勝を飾った。

結局、モントリオールオリンピックの日本レスリングの成績はミュンヘンを上回った。フリースタイルで金二個(五二キロ級の高田裕司と七四キロ級の伊達治一郎)、銅三個(四八キロ級の工藤章、五七キロ級の荒井政雄、六八キロ級の菅原弥三郎)。

グレコローマンでは五二キロ級の平山紘一郎の銅メダル一個に終わったものの、四八キロ級森脇由晃、五七キロ級菅芳松、六二キロ級宮原照彦はいずれも四位、八二キロ級の高西一宏も六位入賞を果たした。前年のミンスク世界選手権ではメダルゼロ、四位と六位がひとりずつということを考えれば、上々の出来だった。

しかし、八田一朗は、四位となった菅芳松にこう言った。

「君は自衛官だ。君はメダルが取れなかった。だから上も下も剃りなさい」

菅がグレコローマンコーチの藤本英男に八田の命令を報告すると、藤本は「絶対に剃るな。俺が許さない」と言った。

八田一朗は日本レスリングの象徴であり、絶対権力者である。

その八田に逆らったただひとりの男。それが藤本英男だった。

藤本は八田一朗を大いに尊敬している。結果を出したからだ。八田は散々悪口を言われてきたが、実際に金メダルという結果を残した。「レスリングは結果がすべて」という思いが藤本にはある。

「モントリオールの前年の世界選手権(一九七五年ミンスク)で日本のグレコローマンは惨敗した。三回戦に進んだのがひとりだけで、あとは全員二連敗。その後僕がコーチに入って一年間指導した。結果はひとり(平山)が三位。あとは四位四位四位。すごく良かったんです。満足している僕に八田さんは言った。『お前はいい結果を出した。指導者としてよく頑張った。だけど、グレコは全員坊主にせい。体育館の外で報道関係者が待っているぞ』要するに八田さんは坊主頭を並べて新聞記事にしたいんです。僕はカッとなって『いえ、僕は坊主にはしません。選手たちも坊主にはさせません』と言った。そのことは八田さんにとってすごくショックだったらしい」(藤本英男)

三十二歳の反逆者の出現に動揺した七十歳の八田は、すぐに藤田徳明のところに行った。東京オリンピックでライト級四位に入賞した後にアメリカに渡り、青木湯之助の「ベニハナ・オブ・トーキョー」の皿洗いから修行を重ね、独立してレストラン「マウント・フジ」を大成功させた男である。徳島県立穴吹高校と日体大の両方で先輩にあたる藤田の命令ならば、藤本も言うことを聞くだろう、と八田は考えたのである。

結局、藤本は自分ひとりが頭を丸め、グレコローマンの選手たちには「絶対に剃るな」と厳命した。丸坊主になった藤本は、愛弟子高田裕司の金メダルを見届けるためだけにモントリオールに残った。

屈辱だった。

日本レスリング史上最高の天才は誰か？　日体大の高田裕司だ。その高田を育てた功労者は誰か？　日体大の藤本英男だ。モントリオールオリンピック最大のスターを作り、ボロボロだったグレコローマンチームを率いて実力以上の結果を残した自分が、なぜ懲罰を受けなくてはならないのか。あまりにも理不尽な仕打ちではないか。

やりきれない思いを紛らわせようと、藤本は浴びるように酒を飲んだ。愛弟子の高田裕司がオリンピックチャンピオンになった瞬間、藤本は泥酔していた。

「私が優勝した時、藤本先生は観客席でベロンベロンに酔っ払っていました。ロレツが回らないくらいだった」(高田裕司)

「八田さんは日本のレスリングを強くすることを朝から晩まで考えていた人。八田さんには本物の情熱があった。でも、そのやり方を半世紀続けられるかといえば違う。東京オリンピックの翌年(一九六五年)、日体大三年の僕は世界選手権の予選に勝った。同じ学年の田中忠道(法政大)もその時に優勝した。(それから)グレコローマンの僕はフィンランドのタンペレ、フリースタイルの田中忠道は英国マンチェスターの世界選手権に行った。世界選手権に行くためには自己負担金二十五万円が必要だった。大金です。初の海外遠征ということで、大勢の知り合いから千円とか五千円ずつの餞別をもらってなんとか金を作った。ところが二人とも、世界選手権の本番には出してもらえなかった。

僕の代わりに出たのが高校の先輩の桜間幸次さん、田中忠道の代わりに出たのが福田富昭さん。その時に『こんなことはしちゃいけない』と強く思った。いくら八田さんだろうとダメなものはダメ。僕は昭和十九年生まれだけど、ほぼ戦後の生まれ。東京オリンピック以前の人たちとは違う時代に育った新人類です。遅かれ早かれ僕のような人間は出たと思います」(藤本英男)

八田一朗への反逆は、すべてのレスリング関係者を敵に回すことを意味する。狭いレスリング界の中で完全に孤立した藤本は、以後、狂ったように選手育成に打ち込んでいった。

二十二歳でオリンピックを制し、三度目の世界チャンピオンとなった天才高田裕司は、翌一九七七(昭和五十二)年十月にスイス・ローザンヌで行われた世界選手権でも優勝。あっさりと世界四連覇を飾った。四度も世界王者となった日本人選手など、これまでにひとりもいなかった。

三年後に行われる一九八〇年モスクワオリンピックの独占放映権を獲得したのは、テレビ朝日だった。オリンピックの前景気を煽ろうと、絶対王者・高田裕司の特別番組を企画したテレビ朝日は、一九七八年の世界選手権が開かれるメキシコシティに取材クルーを送り込んだ。

日本におけるレスリングはマイナースポーツにすぎない。海外で行われる世界選手権にテレビが同行するなど、前代未聞の出来事だった。

ところが、テレビカメラが見つめる中、主役たる高田裕司は緒戦でソ連のアナトリー・ベログラゾフの飛行機投げの前にフォール負けを喫した。

「当時は三分三ラウンド。ソ連の選手とやる時には一ラウンドは負けていてもいい。二ラウンド、三ラウンドで挽回できると思っていた。ところが、この試合では一ラウンドで楽に三、四ポイントを取った。『これは楽勝だな』と思っていたら、ラスト二十秒くらいで飛行機投げにかかった。それもポーンと返るならいいけど、グズグズッと崩れるように倒れて、そのままフォールされてしまった」(高田裕司)

絶好調で迎えた世界選手権の緒戦で敗れたことにショックを受けた高田は、結局ドイツのライヒにも敗れて五位に沈んだ。天才の初めての挫折だった。

強化コーチとして遠征に同行した国士舘大学監督の滝山将剛は、高田敗北のショックを次のように書いている。

「日本チームのショックは大きく、全身に冷水でも浴びせられたごとく、顔はこわばり、何といって高田を慰め、そして励ましたらよいのかその言葉さえ失ってしまった」(協会広報誌より)

「要するに中だるみ。普通ならオリンピックの後は一年休んで、次の世界選手権から二連覇してオリンピックに行く。金子さんも柳田もそうだった。ところが高田はオリンピック翌年のローザンヌ世界選手権に出て優勝した。勝つことが当たり前になってしまい、マンネリ化したんです」(平山紘一郎)

「テレビ朝日の番組の中で、高田さんは『僕が負けるとしたら、巻かれて、ひっくり返ってフォール負けというのはあるかもしれないけど、それ以外にはない』と言っている。高田さんは自分で予言した通りに巻き技をやられて、フォール負けしたんです」(太田章)

五二キロ級の絶対王者である高田裕司が敗北すると、日本の期待は五七キロ級のホープ富山英明(日大)に集まった。

フリースタイルの五七キロ級(旧バンタム級)は、日本レスリング伝統の階級である。東京とメキシコの両オリンピックでは上武洋次郎が、七二年のミュンヘンオリンピックでは柳田英明が優勝を果たした。七五年のミンスク世界選手権では荒井政雄(国士舘OB)が優勝。翌年のモントリオールオリンピックにも出場した荒井は三位に終わったものの、七七年のローザンヌ世界選手権では、佐々木禎（ただし）（日体大ＯＢ）が罰点ゼロの完璧な優勝を飾っている。

だが、当時の日本の五七キロ級の選手層は恐ろしく厚かった。世界王者の佐々木は、翌七八年のメキシコ世界選手権に出場することができなかったのである。

世界選手権の予選を兼ねた全日本選手権準決勝で佐々木をフォールしたのは弱冠二十歳、日本大学三年の富山英明だった。

世界王者の佐々木を破って勢いに乗った富山は、決勝でも江藤正基（自衛隊体育学校）を目の覚めるような飛行機投げで頭からマットに叩きつけ、メキシコ世界選手権への切符を手に入れた。

「江藤さんは恐ろしく強かった。実際のところ、当時の僕には江藤さんほどの力はなかったと思う。経験も技もない。ただ僕には体力と勢いがあり、それに火がついてしまった。

メキシコ世界選手権では初めから苦戦続き。外国人のレスリングに慣れていなかったからです。

僕は高田さんのような天才じゃない。多彩な技もない。スピードと瞬発力で勝負するタイプです。本来、日本の技は決して多くない。日本レスリングは勝つためにひとつの方向に特化していった。ひたすら攻め続けろ、守るな、脚を触らせるなというレスリングです。

一方、外国のレスリングはカウンター主体。入らせてから返す。僕がタックルに入ってポイントを取っても、すぐに取り返されてしまう。

そんな外国人のレスリングにもだんだん慣れてきた頃に、高田さんが目の前で負けた。全身が震えましたね。決勝の前日にはコーチと監督に呼ばれてこう言われた。『高田はもうダメだ。東京オリンピック以後、日本が軽量級で金メダルを逃したことは一度もない。お前しかいないんだ。絶対に勝て！』と。

それまでは『三位くらいに入ればいいかな』と思っていたのに『絶対に勝て！』ですから。命令ですよね。日本レスリングの伝統の重みを感じたのは、その時が初めてです。

高田さんのことは高校生の頃からずっと見ていました。初めて全日本の合宿に入った時には、あの人と同じ立場というだけで興奮した。何を食べるんだろう、靴はどっちの足から履くのかな、とか、それくらい観察していました」(富山英明)

スーパースター高田の敗北は、しかし富山をかえって冷静にさせた。高田ほどの天才でも、ひとつ歯車が狂えば負けてしまう。それがレスリングの恐ろしさなのだ。

決勝に進出した富山は、モンゴルのオウインボルトを八―五の判定で破り、見事に世界選手権初優勝を飾った。

「表彰台を下りた瞬間から、安心してはいられないと強く思った。胸を張って『俺は

チャンピオンだ！』と言える状況ではまったくなかったからです」（富山英明）

次の日の朝早く、二十歳の世界王者は選手村に隣接されたグラウンドに走りに出かけた。

見ると朝靄の中を大きな影が動いている。モントリオールオリンピックを含め世界を六度も制したソ連の重量級のスーパースター、レヴァン・テディアシビリが走っていたのだ。テディアシビリもまた、この大会で敗れていた。

「テディアシビリほどのレスラーでも、負けた翌朝には走るのだ」

感慨にひたりつつ、富山もまた走り始める。しばらくすると高田裕司がやってきた。三人の世界王者は無言のまま、いつまでも走り続けた――。

帰国後まもなく、高田裕司はメキシコの屈辱を晴らすべく猛練習を開始した。

「メキシコで負けた後が、人生で一番練習したと思います。この頃の練習を知っている後輩たちは、俺の顔を二度と見たくないでしょうね。とにかくハンパじゃなかったから。アナトリーはツー・オン・ワンといって、グレコみたいにこっちの腕を両手でつかんでくる。取らせないためには腕力が必要。だから筋力アップはもの凄くやりました。僕の握力は四〇キロくらいしかない。でも引く力は六八キロ級の選手と同じくらいあった。レスリングに必要なのは引く力。押す力も握力も大して必要ない。引っかけたとき

にガッと引く力があればいいんです」(高田裕司)

翌七九年にナショナルチームの合宿で行われた高田裕司と富山英明のスパーリングは、日本レスリング史上最高のものだった。王座奪回に燃えるスーパースターと、一階級上の若き世界王者の意地と意地がぶつかりあったからだ。

「ふたりのスパーリングはもの凄い迫力だった。富山さんがスパーンと入れば、普通はみんな吹っ飛ばされる。でも、高田さんからはどうしてもポイントがとれない。三ラウンドやっても一―〇という感じだった」(宮原厚次)

「少し前までは憧れの人。一階級上だろうが何だろうが、負けて当然と思っていた。でも今度は世界王者のプライドがある。高田と富山の対決を見ようと、マスコミも大勢やってきた。高田さんとは一本目に必ずスパーリングをやるから、前の晩から必死に作戦を考えた。夕食を食べる時から寝る時までずっとです。高田さんとのスパーリングでは全精力を使い果たした。その後は何をやろうが関係ない。僕の調子がよければ五分。悪ければやっぱり取られた。そのくらい高田さんは強かったんです」(富山英明)

モスクワオリンピックを一年後に控えた七九年サンディエゴ世界選手権。高田裕司は万全の準備を整えてこの大会に臨んだ。

フリースタイル五二キロ級に出場した高田裕司は、メキシコに続いて緒戦で対戦したアナトリー・ベログラゾフ(ソ連)に判定で雪辱すると、決勝リーグでは、やはりメキシコで敗れたライヒを二十五―二と完膚なきまでに叩きのめし、最後は警告失格に追い込んで見事に復活を遂げた。

「一年前にやられたアナトリーの腕取り(ツー・オン・ワン)を完璧に封じて淡々と勝った。高田の凄さを改めて感じました」(平山紘一郎)

フリースタイル五七キロ級に出場した富山英明も快進撃を続けた。決勝の相手はセルゲイ・ベログラゾフ(ソ連)。アナトリーの双子の兄である。

「セルゲイは素晴らしい選手。身体能力も高く、知的で緻密なレスリングをする。ひとことで言えば、すべてにおいて僕よりも上の選手です。セルゲイの得意なのはツー・オン・ワン。相手の片腕を両腕でつかまえて制する。そこからの攻撃パターンを無数に持っているんです。たとえば胸を合わせての反り投げ。相手が頭で押してきたら払ってハイクラッチ。すべてのパターンが頭の中にインプットされている。そんな相手と戦うためにはどうするか。腕を取らせなければいい。僕は腕を取らせなかった。それだけの動きができたから勝ったんです。この時はパールハーバーアタックでたまたま僕が勝ったけど、長期戦になれば、日本とアメリカが戦争するようなもので、到底勝てなかったでしょう」(富山英明)

結局、富山は五―四という僅差の判定でセルゲイ・ベログラゾフを下し、世界選手権二連覇を飾った。日本レスリングの二人のエースは、その実力を再び満天下に示したのだ。

若き天才高田裕司の輝きに魅せられたのは、富山英明ひとりではもちろんなかった。多くの若者たちが、第二の高田裕司を目指した。

レスリングを始めてわずか五年の高田が世界一になったのだ。高田と同じ練習をすれば、自分も世界一になれるのではないか？

身近な目標を得て、日本の若手選手はにわかに活気づいた。

フリースタイルでは、一九七七年ローザンヌと七八年メキシコの両世界選手権で四八キロ級の藤沢信雄が続けて銀メダルを獲得。六八キロ級の宮原章も、七八年メキシコと七九年サンディエゴで続けて銀メダルを獲得した。しばらくレスリングから離れていた伊達治一郎も戻ってきた。

グレコローマンでも、一九七九年サンディエゴ選手権で五七キロ級の柏木究が二位、五二キロ級の朝倉利夫が三位となった。

高田裕司と富山英明という二人のエースを得て、日本レスリングは再び黄金時代を取り戻そうとしていたのである。

高田裕司にとって、一九八〇年モスクワオリンピックは最後の大会となるはずだった。まだ二十六歳という若さ。通常ならば引退を考える年齢ではまったくない。

しかしこの国ではレスリングでメシが食えない。プロがないのはもちろん、実業団チームもほとんどない。大学卒業後にトップレベルの現役生活を続けるためには、大学の指導者になるか、自衛隊や警視庁に奉職する以外なかった。

海外遠征のたびに親に遠征費用を無心するのも辛かった。日本体育大学の研究員などという中途半端な肩書きのまま現役を続けるのは止めて堅い職に就こう。結婚もしよう。高田はそう考えたのだ。

すべてを達成した高田にも、やり残したことがひとつだけあった。敵地で勝ってこそ真の王者だ。レスリング最強国であるソ連に乗り込み、会場中の凄まじい罵声を浴びつつ優勝してやろう。世界中の人々が見守る一九八〇年モスクワオリンピックで、真の王者が誰なのかを証明するのだ。

二十二歳でモスクワオリンピックを迎える富山英明もまた、この大会での引退を決意していた。

自分は高田のような変幻自在の天才ではない。攻撃パターンは限られている。すなわち研究されやすいタイプだ。

就職もした。母校の日大に残ったのだ。合宿所のある豊島区江古田から職場の日大藤沢キャンパスまでは片道二時間、往復四時間かかる。体育の授業をいくつも受け持ち、昼食を食べる暇もない。江古田の合宿所を朝の六時半に出て、帰ってくるのは夜七時過ぎ。後輩達はすでに五時から練習を始めている。急いで着替え、ウォーミングアップもロクにできないままスパーリングに入るのだ。

そんな生活を長く続けられるはずがない。俺は太く短くでいい。

ソ連にはレスリングコーチが三万人もいる。ディナモ(警察)やチェスカ(軍隊)では、朝から晩までタカダやトミヤマの戦術を研究している。いまやふたりは世界中のレスラーの目標であった。にもかかわらず、世界の頂点に位置するふたりの練習環境は、かくのごとく極めて貧しいものだった。それでも高田と富山は、いや日本のすべてのトップレスラーたちは、モスクワオリンピック出場をめざして厳しい減量とトレーニングに耐え続けた。

しかし、彼らの目標は突然奪われてしまう。一九八〇(昭和五十五)年五月二十四日、JOC日本オリンピック委員会は、モスクワオリンピックのボイコットを正式に決定したからだ。

すでにアメリカのカーター大統領が、ソ連のアフガニスタン侵攻に反対するために、モスクワオリンピックのボイコットを決めていた。日本はアメリカの子分であり、日本体育協会は文部省の外郭団体であり、政治からの独立を高らかに謳う日本オリンピック委員会のメンバーのほとんどは、体協出身者で占められていた。

その上、政府は昭和五十五年度予算からモスクワオリンピックへの派遣費六千百万円、選手強化費七億六千万円を計上していた。カネを出すのが政府である以上、オリンピックへの参加不参加を決めるのは政府であるという理屈だった。

もしも八田一朗が健在ならば「断固モスクワオリンピックに参加すべし」という大論陣を張ったに違いない。戦後スポーツ界初のソ連遠征を敢行し、東京で行われた世界選手権に初めて米ソを揃えたあの男ならば。

だが、この時八田一朗は病床にあった。モントリオールオリンピックの前からめっきりと衰えた八田は、東京・お茶の水の順天堂病院に肝臓病で入院していたのである。

結局、ＪＯＣは、政府からのボイコットの要請をあっさりと受け入れた。

「モスクワの不参加が決まって一番悔しいのは高田と富山でしょう。自分がピークの時に戦えないんだから。不穏な空気は漂っていたけれど、選手たちはオリンピックがあると信じて、つらい強化合宿も頑張ってきたんです。不参加が決まった時には、監督の福田(富昭)さんと一緒に、選手たちをどうやって慰めようかと頭を悩ませた。結局、モスクワの代表二十名のうち十名は引退した。故郷でラーメン屋をやると言って帰ったヤツもいれば、プロレスや大相撲に行ったヤツもいた。あんなことがあった後に、『次のロサンジェルスオリンピックを目指して、八田イズムで行くぞ』なんてとても言えない。傷ついた選手を慰めるのに精いっぱいだったんです」(モスクワオリンピックコーチの平山紘一郎)

失意の高田裕司は、まもなく選手生活を引退した。母校の日体大が偉大なる王者を指導者として招聘することはついになく、高田は結婚して群馬県立館林高校の体育教師となった。群馬県は一九八三年の赤城国体に向けて強化を図っていたから、館林高校はオリンピックチャンピオンを喜んで迎えた。

「高校の先生は過酷ですよ。週に十八時間体育の授業を持って、朝と晩にはレスリング部の練習を見る。県立高校だから強い選手を集められるわけでもないし、やめていくヤツへの対処も必要。家に帰れば八時か九時で、朝は六時半に起きる。そんなローテーションで何年もやるわけですから。国体で勝っても金はもらえない。ただ意地だけでやっていました」(高田裕司)

モスクワ不参加が決まった後の富山英明は、しばらく放心状態だった。

「当時の僕は日大レスリング部のコーチ。リーグ戦の決勝で日体大にやられて落ち込んでいたところだった。日大は負けるわ、モスクワのボイコットは決定するわ。血気盛んな頃だったし、やりきれない気持ち。『ふざけるな! 俺には四年後なんてないんだ』という怒りと、『俺みたいな田舎者にはオリンピックなんて別世界なのかな』という諦めの両方があって、葛藤していた」(富山英明)

結局、現役続行を決意した富山は、藤沢の日大農獣医学部キャンパスと江古田の合宿所を往復する生活に戻ったものの、まもなく頸椎を傷めてしまった。

「ウォームアップの時間がもったいないから、チョコッと首だけ回してすぐスパーリング。そんなことを長く続けていたから首に負担がかかった。そのうちに手が痺れ出して、四八キロあった左手の握力が二一キロまで落ちた。練習をやればやるほど痺れるし、休むバランスもわからない。医学もそんなに発達していない頃だし、あっちの医者やこっちの医者を回ってさらに時間を食われた」(富山英明)

高田の引退と富山の負傷によって、フリースタイルの軽量級はベログラゾフ兄弟の天下となった。

双子の兄よりも少し早く、七七年のローザンヌで世界デビューした弟のアナトリーは、八三年のキエフ世界選手権までに計三回の世界王者となり、兄のセルゲイは、負け知らずの世界四連覇を続けた。

オリンピックという大目標を失い、日本レスリング界に虚ろな空気が漂う中、四年半もの長きにわたって病床にあった八田一朗が肝硬変で亡くなった。

一九八三(昭和五十八)年四月十五日、享年七十六。

日本レスリング界は偉大なリーダーを失ったのである。

ロサンジェルスオリンピックが近づいてきた。富山の体調はずいぶん戻り、最終予選に敵はいなかったが、全盛期のスピードは失われていた。

富山が世界四連覇を続けるセルゲイ・べログラゾフを倒す方策を必死に考えていた頃、館林高校で多忙な日々を送っていた高田裕司が、最終予選の直前になって突然現役に復帰してきた。

「昭和五十八(一九八三)年に地元開催のあかぎ国体が終わり、目標が何もなくなった。そんな頃、コーチとしてナショナルチームを見てくれないかと高校に相談があり、ヨーロッパを回ってヨルダノフ(ブルガリア、八三年キエフ世界選手権フリー五二キロ級優勝)とかも見たけど『たいして強くないな』と思った。ずいぶん悩んだけれど、結局復帰することにしたんです」(高田裕司)

三月の第四次選考会から復帰した高田は、日体大の後輩である佐藤満(みつる)にフォール負けを喫してしまう。それでも高田は一九八一年スコピエ世界選手権の金メダリスト朝倉利夫(国士舘)を辛うじて破り、五月に行われる最終選考会への出場資格を得た。

「高田さんはオールラウンダー。でもこの時の高田さんは『軽い』と感じた。僕から見ても、体力的なレベルが落ちているのがわかった。モスクワの前のようなレベルでは全然なかったと思います」(佐藤満)

八四年五月九日、高田の希望は再び国家によって踏みにじられた。ソ連がロサンジェルスオリンピックをボイコットしたのである。モスクワオリンピックがアメリカにボイコットされたことへの報復措置であった。

高田裕司とアナトリー・ベログラゾフ、そして富山英明とセルゲイ・ベログラゾフ。レスリングの歴史に名を残す偉大なる王者同士がオリンピックという最高の舞台で戦う機会は、かくして永遠に失われたのである。

三日後に行われたロサンジェルスオリンピック最終選考会。高田は佐藤に大差の判定で完勝し、あっさりと代表の座を勝ち取った。しかしその表情に喜びはなかった。ソ連もブルガリアもいないオリンピックは、すでに世界最高の大会ではなくなっていた。

セルゲイ・ベログラゾフ不在のロサンジェルスオリンピック五七キロ級に、富山英明の敵はいなかった。優勝した富山はマットサイドで肩車された際に、八田一朗の遺影を高く掲げた。

「八四年頃のセルゲイは正に全盛期。僕と戦えなかったのはさぞかし無念だったはず。でも、そういう運命だったんでしょうね」(富山英明)

ロサンジェルスオリンピックで優勝を果たし，万感の思いの富山英明．宿敵のセルゲイと戦うことはできなかった

一方、アナトリー・ベログラゾフもヨルダノフもいない五二キロ級で、高田裕司は優勝できなかった。ユーゴスラビアのトルステナに敗れ、銅メダルに終わったのだ。

「ソ連がボイコットしたことで、これなら楽に金メダルがとれると思った。その余裕が仇になって負けた。だからあの試合が一番悔やまれます。優勝したら金メダルを首から外そうと思っていた。ロサンジェルスに行く前から女房には『ヘタしたら表彰台の上からブン投げるよ』と話していた。このメダルは俺のものじゃない。本当はモスクワでとるはずだったんだ、という意味です。でも銅メダルじゃ外せない。『あいつは銅メダルが悔しくて外したんだ』と言われるだけ。でも、いま考えれば、神様が『メダルを投げ捨てるなんてやめておけ』と言ってくれたのかな、とも思う。もし表彰台の上で本当にそんなことをやっていたら、間違いなく、もの凄い非難を浴びただろうから」(高田裕司)

ロサンジェルスオリンピックのために現役に復帰した選手は、高田裕司以外にもうひとりいた。グレコローマン五七キロ級の江藤正基(自衛隊体育学校)である。

一九七八年の全日本選手権決勝で、江藤は新星・富山英明の飛行機投げによって病院送りにされている。まもなく江藤はオリンピックを諦めて引退、自衛隊体育学校の教官になった。だが、身体が完全に癒えてくると江藤は恐るべき強さを発揮して、現役選手を問題にしなかった。「これならいける!」と、上司の平山紘一郎や菅芳松に現役復帰を勧められた。

しかし、フリー五七キロ級には富山がいた。江藤が富山を押しのけてロサンジェルスオリンピックの代表権を勝ち取る可能性は限りなく低かった。かといって階級を上げてしまえば勝ち目はない。結局、江藤はグレコローマンへの転向を選んだ。

「膝の靭帯が伸びていた。もう完全には直らない。グレコならば足を取られることもなく、膝にかかる負担も少ない。平山さんも菅さんもフリーからグレコに転向した選手だから、転向する際のノウハウや減量に関するアドバイスをもらえた。タイミングもよかった」（江藤正基）

グレコに転向してわずか一年、二十八歳になっていた江藤はキエフで行われた一九八三年度世界選手権に初出場して、見事に優勝を遂げた。共産圏で行われたグレコローマン世界選手権で優勝した日本人選手は江藤正基ただひとり。この勝利には大きな価値がある。

江藤が世界王者として迎えたロサンジェルスオリンピック決勝は大激戦となった。西ドイツのパサレリに二―八とポイントをリードされた江藤は、残り一分三十秒の時点でニアフォールの状態に入った。しかし、パサレリは必死にブリッジ。江藤は懸命に抑え込んだものの、レフェリーの不可解な動きもあってついに逃げ切られてしまい、銀メダルに終わった。

「最後は残念だったけれど、全日本王者にもなれなかった人間がオリンピックにまで行けた訳ですから。いままでの蓄積が開花したということ。自衛隊というレスリングを続けられる環境があったことに感謝しています」(江藤正基)

江藤と同様に、鹿児島から自衛隊体育学校に進んだのが宮原厚次である。

高校時代は無名の柔道選手に過ぎなかった宮原は、高校三年の夏に鹿児島商工の合宿に参加、生まれて初めてレスリングに触れた。名伯楽・加治佐正昭監督は瞬時に宮原の才能を見抜き、教え子の平山紘一郎のいる自衛隊に宮原を送り込んだ。

自衛隊体育学校に入学して一年が過ぎると、宮原は平山紘一郎と同様に東洋大学の夜間部に通い、四年で見事に卒業した。体育学校の教官は大卒でなければならないからだ。すでに宮原の前には、オリンピックで活躍した後に体育学校の教官になるという道が開かれていたのである。

こう書けばエリートのようだが、実際のところ宮原は努力の人だ。足を使わず、腕だけでロープを昇り降りする運動はレスリングでは広く行われているが、休むことなく五往復したという話は宮原以外聞かない。

宮原が放つ俵返しは観客を魅了した。

「瞬発力とパワーが必要なグレコの大技は、素人にも魅力がある。宮原が全盛の頃、子供たちと母親を連れて試合を見に行った。大阪に帰る新幹線の時間が迫っているのに、子供たちも母親も『宮原がもう一度、俵返しで上げるのを見てから帰ろう』となかなか腰を上げない。母親のひとりは『性的魅力まで感じます』と言った」(吹田市民教室の代表として、長年にわたって少年レスリングの中心人物であり続けた故・押立吉男)

宮原自身も、国内の試合では観客の視線を意識したという。

「グレコローマンはフリースタイルに比べて人気がない。だから投げる時はかっこよく、豪快に決めてグレコの魅力を堪能してもらおうという要請がグレコのスタッフからあった。自衛隊体育学校の応援席からよく見えるように投げる。カメラ目線です(笑)。ただ、豪快な投げ技は単に見せるためだけではありません。国内では自分に負荷をかけておかないと、世界では勝てない」(宮原厚次)

ロサンジェルスオリンピックでの宮原は、その実力を遺憾なく発揮して見事に金メダルを獲得した。

ロサンジェルスでは、もうひとり忘れてはならない選手がいる。フリー九〇キロ級で銀メダルを獲得した太田章である。

フリーでもグレコでも、日本の重量級のレベルは低い。八〇年に及ぶ日本レスリングの歴史の中で、オリンピックの表彰台に上がった重量級選手は太田章ただひとりだ。

幼い頃からスポーツ万能だった太田は、小学校時代は器械体操をやり、中学では身体が大きくなって柔道に転向し、県大会を制した。天理高校のセレクションに落ちて、仕方なく秋田商業高校に入ってレスリングを始めると、わずか二カ月で東北大会で優勝。東北大会のレベルは高く、一年生が優勝したのは史上初の快挙だった。

太田は順調に成長を続け、高校三年生の時には世界ジュニア(二十歳以下)で三位、早稲田大学二年の時には同大会で銀メダルを獲得している。

「ジュニアでも世界大会であることに変わりはない。だから最初はビビった。だけど僕の投げ技が案外よくかかる。外国人はパワーは凄いけど、指先や手首の使い方、足の使い方など、技術的に細かい技は日本の方がずっと上です。

モントリオールで金メダルをとった伊達治一郎さんのレスリングは参考になった。伊達さんには凄いパワーがあったけど、力と力の勝負はしない。押してくるヤツには切り返す。タックルでくるヤツには投げ技で勝負する。『太田、タックルに入れ!』とよく言われたけど、タックルすると負けるんですから(笑)。自分の一番得意なスタイルでやるしかない。タックルにいくふりをするだけ。相手が攻めてきたところをかわして技を返す。それが僕のスタイルなんです。僕がよかったのはバランス感覚。もつれても上になる。そのへんは体操をやっていたのがよかったのかな。三半規管だと思いますよ。自分の身体がどうなっているかがわからないと、バック宙バック転はできない。最初は八二キロ級だったけど、世界では通用しなかった。最終的に抑え込むところで力負けしてしまうんです。一八〇センチ八二キロでは筋肉の量は変えられないから、九〇キロに上

げて横につけるしかない」(太田章)
天才・太田章の柔らかいレスリングと不断の努力は、ついにロサンジェルスオリンピックで花開き、世界の二位にまで辿り着いたのである。

四年後の一九八八年に行われたソウルオリンピックは、モントリオールオリンピック以来十二年ぶりの〝本物のオリンピック〟であった。モスクワ、ロサンジェルスと片肺の大会が続いていたからだ。

高田、富山、江藤らはロサンジェルスで引退したが、宮原厚次と太田章は現役を続行してこのソウルオリンピックを目指した。ロサンジェルスオリンピックで獲得したメダルは本物ではない。共産諸国が参加するソウルオリンピックでの勝利こそ、真の世界一だという思いがあったからだ。

宮原は決勝戦に進出したものの、惜しくも銀メダルに留まった。

「ソウルの時は、年はとっていた(二十九歳)けれど充実していた。スポーツ医学研究所の人が、時には二時間もマッサージをしてくれて助かった。自分では世界一の練習をしていると思っていたから『これで負けるはずがない』という思いで試合に臨んだ。不器用な自分の支えは練習量しかないからです。決勝の相手はノルウェーのローニンゲン。ローニンゲンは組み合わせに恵まれて、うまく相手が消えてくれて決勝戦の日に試合がなかった。一方私は最強の敵イグナテンコ(ソ連)ともうひとりと戦い、その日の三試合目が決勝戦。いきなり七ポイントを連続で取られてペースが狂い、必死に攻めたけれど俵返しで投げられず、三回も立たれてしまった。ローニンゲンはもの凄く背筋の強い選手で、疲れていた私は破ることができなかったんです」(宮原厚次)

三十一歳の太田も再びその実力を世界に示した。フリースタイル監督の藤本英男は、ソウルオリンピックにおける太田章の活躍を次のように書いている。

《(太田は)組み手争いから、得意とする一本背負い投げを主体とした攻撃で相手を圧倒した。オリンピック二度目の経験と、持ち前の試合度胸の良さで攻めのレスリングを展開し、相手のタックル攻撃を巧みにかわし、逆に反撃体勢で応戦しポイントを重ねた。パーテールでも海老固め、トルコ刈りでのフォール勝ちで順当に五回戦へ駒を進めた。五回戦シャー(アメリカ)との対戦では強烈なタックル攻撃で防戦一方の戦い(一—八ポイント)を、がぶりからの後方ブリッジ回転固めの大逆転勝利でブロック優勝をほぼ決めた。決勝戦のハダーツェフ(ソ連)戦では肋骨骨折と最悪の状態の試合となり、善戦及ばずテクニカルフォール負けで銀メダルを獲得。最後まで諦めない試合態度、姿勢に大いなる拍手を送りたい》(『ソウルオリンピックフリースタイル報告書』)

しかし日本の本命はフリースタイル軽量級。このソウルオリンピックで優勝の期待を集めたのは、第一に五二キロ級の佐藤満(日体大)であり、次に四八キロ級の小林孝至(日大)であった。

「佐藤満は強いですよ。手足は長いし、勝ち気満々のレスリング。技の美しさより力のレスリングです」(秋田商業の先輩にあたる太田章)

「小林は身体能力が異常。背が低く、背筋力がもの凄くて、柔軟性と瞬発力に優れている。渡辺長武さんに似たタイプです」(富山英明)

ソウルオリンピックフリースタイル90キロ級で銀メダルに輝いた太田章の勇姿．オーストラリアのケーニッグをクレイドル(ゆりかご)と呼ばれる技でフォールした．レフェリーが女性であることにも注目

八田の死後、日本レスリングにかつてのような一体感は失われていた。強化の中核をになう各大学は、それぞれがバラバラに強化を進めた。すなわち佐藤満は日体大が、小林孝至は日大が責任をもって強化することになったのだ。

「ソウルの時のフリースタイルチームは日体大

ソウルオリンピックフリースタイル52キロ級で優勝を決めた佐藤満を担ぎ上げるのは，コーチの高田裕司(左)とフリースタイル監督をつとめた藤本英男(右)．3人とも大学リーグ戦10連覇中の日体大出身

と日大がほぼ半々。夏合宿も別々にやった。僕は日体大の藤本さんから『太田、お前は日体にこい』と誘われたけど『同期の富山もいるので、日大に行きます』と断った。本来、合宿を別々にやること自体がおかしいんです」(太田章)

日大の小林をマンツーマンで教えたのは富山英明だった。

しかし、日体大に佐藤満の相手ができる選手はいなかったから、ソウルオリンピックフリースタイルチーム監督の藤本英男(日体大監督)は、群馬県館林高校から高田裕司を呼び寄せて佐藤満の専属コーチに据えた。

「(自分にとっては)仕事ですよ。その前の三年間に満が世界選手権をとれなかったから、

力を貸してくれと頼まれた。技術的なことは一切教えません。毎日、身体を貸しているだけ。取っ組み合いのケンカと一緒です。『バカ野郎。てめえなんかに負けるかよ。かかってこい』そういう感じです。手取り足取りなんて一切しない。悔しかったら、倒してみろと」(高田裕司)

「それまでの世界選手権は銅、銀、銅。強気に行き過ぎて、空回りしてしまうことが多かった。失礼な言い方かもしれないけれど、高田さんは最高のスパーリングパートナーでした。コーチに負けていては金メダルは取れない。だけど、どうしても組み手でかわされて崩されてしまう。組み手から流れるタックルに関しては高田さんが世界最高。外人はそこまでうまくない。高田さんのような組み手ができれば、相手に入る余地を与えないレスリングができるし、もっと攻撃的になれる。高田さんと四カ月半スパーリングをやるうちに、日に日にうまくなっていく実感がありました。後半はタックルに入られても切れる。つかまえてしまえば勝てる。それまでは『世界といい勝負』だった自分が『頭ひとつ抜けた』という実感を持ったんです」(佐藤満)

高田裕司が教えた佐藤満と、富山英明が教えた小林孝至のふたりは、ソウルオリンピックで見事に優勝を果たした。

だがこの後、日本男子レスリングは金メダリストを出せなくなった。

第11章　迷走

和田貴広が日本で初めて使い始めたことから「ワダ・スペシャル」と名づけられたこの技は，じつはセルゲイ・ベログラゾフが編み出したもの．複雑な技だが今では小学生も使いこなす．

八田一朗の死後、日本アマチュアレスリング協会の実質的なリーダーとなったのは福田富昭だった。

福田は反骨の男である。東京生まれの福田は戦争で父を亡くし、一九四五(昭和二十)年の東京大空襲で家を失って富山県滑川市に疎開した。気丈な母親は町工場で必死に働いて、幼い子供三人を育て上げた。兄たちの協力もあって、人より二年遅れて県立滑川高校に進んだ福田は、レスリング部に入部するとメキメキと腕を上げ、やがてキャプテンに選ばれた。

一九六〇(昭和三十五)年暮れ、福田キャプテンは東京で行われる高校生合宿に参加しようと、希望者十数名をリストアップした。しかし、学校が参加を認めたのは福田主将を含む四人のみ。全国各地の強い選手と練習して新しい技を身につけたいという部員たちの希望を重く受け止めた福田は、学校には内緒で指名外の四人を東京の合宿に連れて行った。冬休み中であり、参加費は自己負担。学校に迷惑はかけないはずだった。

トップレベルの指導が受けられる合宿は予想以上の成果があり、レスリング部員八名は意気揚々と故郷に帰ったが、まもなく滑川高校に日本アマチュアレスリング協会から一通の封書が届いた。

中には八人分の領収書が入っていた。

学校に無断で部員を合宿に参加させたレスリング部は一カ月の練習停止と学校謹慎、さらに六カ月間の対外試合禁止という重い処分を受け、主将の福田と同期の野徳進一は部長の宮野勇成から散々に殴られた。中央大学相撲部出身の宮野のパンチは重く、野徳の歯が欠けた。

帰路、福田と野徳のふたりはたまたまレスリング部の先輩に出会い、腫れた顔の理由を問われて宮野部長に殴られた旨を話した。部長の横暴に怒った先輩は、一部始終を知り合いの新聞記者に伝え、記者は即座に記事にした。

翌朝、福田が登校すると、学校は上を下への大騒ぎになっていた。共同通信や三大紙が福田主将にインタビューを試みたが、学校はすべて断り、宮野部長は「殴ってはいない。ちょっと頭を抑えた程度」と弁明した。

結局、福田は部長と学校をかばい、記者たちに「殴られた」と話すことはなかったが、「教師とは何とつまらん連中だ」と心から軽蔑した。

卒業が近づくと、日大が「入学金免除、授業料免除」という条件でスカウトにきた。

福田は飛びつくように誘いに乗った。

優秀な頭脳と身体能力と根性の持ち主は、授業とレスリングとアルバイトのすべてをこなしつつ、大学二年で全日本学生チャンピオンになった。東京オリンピック前年のことだ。

一九六四(昭和三十九)年の東京オリンピック予選では上武洋次郎に惜敗して涙を呑んだものの、翌一九六五年のマンチェスター世界選手権では優勝。もはや思い残すことはないと現役を引退した。

大学に残れという誘いもあったが、教員嫌いの福田は即座に断った。

就職したのは笹原正三が経営する日本スタミノン株式会社。特殊栄養食品スタミノンとは、要するにビタミンEのことだ。スポーツドリンクやプロテインの先駆けである。まもなくスポーツ用品を販売するオリンピックプロダクト株式会社も立ち上げた。土日祝日には財団法人体力づくり協会の仕事があり、無理矢理に時間を作ってレスリングのコーチもやった。休みなど一日もない。

その上さらに、福田はメキシコオリンピックの支援コーチ、一年半に及ぶ中米パナマでのレスリング指導、ニューヨーク・アスレチック・クラブでのレスリング指導まで引き受けている。

一九七三年、福田は笹原の下を離れて一国一城の主となった。輸出入業務と不動産を扱う東京ブルーランド株式会社を設立したのである。

だが事業は大失敗。当時の金で二億円という大借金を背負った。オイルショックと世間の荒波にもまれながら、福田は五年をかけてようやく借金を返済。会社を整理することができた。

福田のバイタリティと明るさ、人間的な魅力はすでに多くのファンを作っていたから、広告宣伝と印刷物を扱う日商エンタープライズ社長の加藤久が取締役としてこないかと誘ってくれた。

モントリオールオリンピックの二年後にあたる一九七八年、福田はユナイテッド・スティール株式会社社長のシグ片山に出会う。ユナイテッド・スティールはコーヒーやジュース等の自動販売機を扱う会社であり、後にユニマットへ、さらに現在ではジャパンビバレッジへと名称変更している。

福田は営業責任者として日本中を飛び回り、会社の業績を十倍に伸ばした。

恐ろしく多忙な中、一九八〇年のモスクワオリンピック監督を引き受けた福田は、政府からの圧力に屈して簡単にオリンピックをボイコットしたＪＯＣ日本オリンピック委員会の弱腰に激怒した。

《ＪＯＣ(日本オリンピック委員会)は全員辞任すべきです。組織も解体して、政府のヒモも断ち切らなければダメだ。大体ＪＯＣが体協傘下にあるというのもおかしな話だ。体協からお金をもらっているうちは、独自の路線は歩けないね。政府から金をもらっているから、今回のようなことになる。オリンピックマーク、記念メダル、キャンペーンのCMなどで、いくらでも金を作れるんだ。年間に体協に入る金は二十六億くらい。そのうち政府が出しているのは五、六億。後は競輪と競艇から。政府が出した五億は体協に入ると半分は事務局員の人件費に消える。残りを三十七団体で分けるとン百万円。一回の合宿分にもならない。それで甘えてるだの金メダルを取れただの言われたんじゃいい迷惑だ。本当に金メダルを取らせたいのなら、政府は百億円出さなければ。マスコミの人にも言いたい。オリンピックに参加すべきだとキャンペーンを張った社はどこもなかった。日本のマスコミも情けなかったよ(笑)》(福田富昭『東京スポーツ』)

賢明なる読者諸兄諸姉はすでにお気づきであろう。一九八〇年の段階で、福田はすでに経営者の目でスポーツを見ている。一九八四年ロサンジェルスオリンピックの大会組織委員長に就任したピーター・ユベロスが、赤字続きだったオリンピックを放映権料やスポンサー収入、公式マスコットの販売などで大幅な黒字に転換させた話は有名だが、福田はユベロス以前から同様の構想を持っていたのだ。

恐るべき体力と気力とレスリングへの献身。豊富なアイディアと実行力。福田富昭こそ、正に第二の八田一朗であった。

福田には八田のような細やかな配慮と温かさがあり、八田にはない経営感覚まで兼ね備えていた。

幻に終わった一九八〇年モスクワオリンピックに続いて、一九八四年ロサンジェルスオリンピックのフリースタイル監督をつとめた福田は、試合の数日前、選手全員に直筆の手紙を渡した。富山英明は自伝『夢を喰う』の中で、福田からの手紙を公開している。

《レスリングを始めて数年間、今、ひとつのピリオドを迎えようとしている。これを機会にレスリング生活から引退し、永遠にマット上から別れを告げる選手。また逆に、これを機に世界へ羽ばたこうとする若い新星達、いろいろだ。

オリンピックは四年に一度しか開かれない。我々スポーツ人はなぜか、このオリンピックを一つのレスリング人生、スポーツ人生の節目としている。いや、人生そのものの節目かもしれない。

この日のために、我々はやってきた。毎日のつらい練習、合宿、トレーニング。それは一体なんだったのか。すべてこの日のために身体を鍛え、技を磨き、強い闘いの精神を養ってきたのだ。今こそ、その力を発揮する時が来た。

苦しい国内予選を勝ち抜き、これから自分が檜舞台へ上がる。陽のあたる場所へ上がるのだ。しかし、これからが本当の勝負だ。ここで暗闇に撃沈するか、光り輝く栄光を勝ち取るかが勝負なのだ。それはすべて我々の力、そして諸君の力にかかっている。もう、あとはない。暴れまくってくれ。自分の前に現れる野郎は片っ端からめちゃくちゃにやっつけてくれ。

金メダルは、そうやすやすととれるものではない。その苦闘は諸君もよく知っている通りだ。この大会だけをとってみてもそうだ。金メダル候補と騒がれたウェイト(リフティング)の真鍋(和人)が銅、水泳の長崎(宏子)が四位、マラソンの瀬古(利彦)だってわからない。グレコの長内(清一)、奴も自分のすべてを出し、自分のレスリングをとり切っていたら金だった。私達が諸君にいつも言っている事だが、すべて、自分が「自分の力」を出し切っていないのだ。

私は、私の率いる日本代表レスリングフリースタイルレスリングチームは、今大会世界一だと思っている。みんないいものを持っている。四八キロ級から一〇〇キロ以上級まで、全員が自分の力を出し切り、いつもの練習のように、動き、走り、投げ、暴れてくれたら、全員がメダルをとる力を完全に備えていると思っている。我々は今まで、人一倍やったんだ。強いんだ。誰にも負けないんだ。

みんな自分に自信を持って良い。自分のレスリングを信じてくれ。そして自分の強さを信じてくれ。それは私が保証する。

晴れの舞台の上で、堂々と自分のレスリングをとり切ってくれ!

すべてを出した、諸君のレスリングを見せてくれ!

とはいうものの、私は心配だ。親が子供を思う気持ちのように……。恋人が一人で旅立ちする時の気持ちのように……。(中略)まるで、親が子供に注意するように、私の心の中はみんなを思う気持ちでいっぱいだ。子供が立派に成長しているのも知らないで……。

しかし、もう親が心配しなくても良いところまで諸君は成長しているのだ。子を思う親(監督、コーチ)、親を思う子(選手達)。お互いに我々はそういう間柄になっているのかもしれない。試合には、マットサイドに我々がついている。子を思う親として……。

最後まで見捨てず、諸君の試合を見届けたい。そして諸君の技術アドバイザーとして、諸君の心のよりどころとして……みんな、頼むぞ！

我々はやることはすべてやったのだ。あとは諸君の力だ。もう諸君に教えることは何もない。あとは根性だ。ガッツだ。闘うのは諸君自身なのだ。自分を信じ、自分のレスリングを信じ、自分の力をすべて出し切って闘ってくれ！　誰も助けてはくれない。闘いは苦しいのが当たり前だ。どんなに苦しくても、絶対に最後までガッツを捨てるな。諦めるな！

宮原(厚次)が金をとった。宮原に負けるな！　宮原に続け。我々だって充分やれる！

心の底に秘めたる諸君のド根性を見せてくれ！　頼むぞ！

試合での成功を祈る――》

「あのラブレターにはやっぱり感動するんですよ。福田さんには感謝しかない。よく、『八田イズムの継承者』と言われるけど、決して根性至上主義者ではない。選手はひとりひとり違うという意識を感じるんです。ナショナルチームのコーチはこういう人じゃないと困る」（太田章）

ソ連および東欧諸国が不参加となった一九八四年のロサンジェルスオリンピックで、日本選手団は十個の金メダルを獲得した。しかし、一九八八（昭和六十三）年のソウルオリンピックではわずか四個に激減した。

水泳百メートル背泳の鈴木大地、柔道九五キロ超級の斎藤仁、そしてレスリングフリースタイル四八キロ級の小林孝至と五二キロ級の佐藤満である。

金メダル四個という数字はあまりにも少ない。この時期に日本スポーツ界全体が低迷した理由を、福田富昭は次のように説明する。

「モスクワとロサンジェルスの両大会が、世界最強を決める大会ではなくなってしまったことが大きい。日本のスポーツ界は世界最強との遭遇を逃したことで、世界の水準から大きく遅れてしまったんです」（福田富昭）

特に日本レスリングにとっては、二つのオリンピックで世界最強のレスリング大国ソ連との遭遇を逃したことは、実に大きな損失となった。格闘技は身体で相手の強さを感じ取るものだが、その物差しが失われてしまったからだ。

もちろんレスリングでは毎年世界選手権が開かれている。しかし、世界選手権のために日本が万全の準備をすることなどできない。貧乏なレスリング協会には潤沢な強化費用などなく、遠征費用は選手の自己負担だった。

最強メンバーをベストコンディションに磨き上げ、世界の強豪に全力でぶつけることのできる機会は、国家予算が計上されるオリンピック以外にはなかった。

モスクワとロサンジェルスの両オリンピックが片肺となったことは、選手の新陳代謝にも影響を与えた。

ふたりのスーパースター高田裕司と富山英明は、モスクワオリンピックを選手生活の集大成と考えていた。もしふたりがモスクワオリンピックに出場していれば、優勝していた可能性は高かった。レスリング最強国ソ連で開催されるオリンピックで優勝できれば、もう思い残すことは何もない。ふたりは間違いなく引退していただろう。そうなれば、四年後のロサンジェルスオリンピックには当然新しい選手が出場することになる。五二キロ級の代表は高田裕司ではなく佐藤満であり、五七キロ級の代表は富山英明ではなく江藤正基あるいは朝倉利夫になっていたはずだ。

しかし、実際にはオリンピックへの思いを断ち切れない高田と富山は、四年後のロサンジェルスオリンピックに出場した。

「日本ではオリンピックが終わると世代交代が起こる。当時は海外遠征も自己負担だったし、どんなに実力があっても、生活のことを考えてレスリングをやめる。大半の選手がそうだった。高田さんや俺が現役を続けたことで、次の世代が全部死んじゃうんです」（富山英明）

「モスクワオリンピックがボイコットされたことで、年齢の高い選手が現役を続行した。ベテランは我々若い選手のことをよく知っていて、『こうすれば勝てる』というコツがわかっている。高田さんが日体大に残っていればまた違っていたかもしれないけど、結局、群馬県の高校に行ってしまったから、僕の練習相手もいなくなってしまった。日体大は確かにいい練習をしていたけれど、世界トップレベルに触れる機会が失われた。早めに世代交代が進んでいれば、我々ももっと早く世界を知って、上を目指すことができた。そうなっていれば、僕もロサンジェルスで優勝できたと思います」（佐藤満）

実際にモスクワ以後、日本レスリングの実力が低下し続けたことは、毎年行われる世界選手権の結果を見ても明らかだ。

ところが、あらゆる逆境の中を日本レスリングは踏みとどまった。モントリオール以来十二年ぶりに米ソが顔を揃え、真の最強を決定する大会となった一九八八年ソウルオリンピックにおいて、日本レスリングは金二個（小林、佐藤）、銀二個（フリー九〇キロ級太田章、グレコローマン五二キロ級宮原厚次）を獲得したのである。

ソウルオリンピックにおける好成績は、もちろん日本レスリング全体の勝利である。だが、最大の功労者をひとり挙げるとすれば、フリースタイル監督をつとめた日本体育大学の藤本英男以外にはない。

現役引退後、母校に残った藤本は、卓越した指導力によって日体大を最強チームへと育て上げた。

日体大の強さは正に圧倒的であり、大学レスリング界で最も重要な大会、すなわち東日本大学リーグ戦において、一九七九年から一九九六年までなんと十八連覇を飾っている。

「日体大の躍進の理由は藤本さんがいたから。高校の指導者からすると、選手が大学に行って腐ったり、不良になるのが一番困る。だから、指導者がしっかりしているところに送りたい。藤本先生はとにかく熱心で、選手ひとりひとりをよく見ている。だから高校の指導者は日体大に選手を送るんです」(元・足利工業大学附属高校監督の大島大和)

「藤本先生は情熱があって純粋で、お金にきれい。人間的に尊敬できる方。そんな人に叱られたら認めざるを得ない。カリスマ的存在です」(アトランタオリンピックフリー七四キロ級三位の太田拓弥)

「モントリオールの頃の藤本先生はもの凄くスパルタだったと聞きました。八二年にハンガリーにコーチ留学に行った時に考え方を百八十度変えて、『科学的』『合理的』と言うようになったそうです。もともと高いレベルにあった人ですけど、ハンガリーで変わったんでしょう」(八七年クレルモンフェラン世界選手権グレコローマン六二キロ級三位の西口茂樹)

圧倒的な実績を残し、選手からも尊敬される藤本英男は、しかし、日本レスリング協会にとっては〝反逆者〟であった。日本レスリングの象徴である八田一朗に面と向かって異を唱えた人間など、これまでにひとりもいなかったからだ。

日本アマチュアレスリング協会の理事たち全員が八田イズムの信奉者であり、当然のように反逆者である藤本英男を白眼視して遠ざけた。

その結果、レスリングという極めて狭い世界の中で、最強軍団日体大を率いる藤本は完全に孤立してしまった。八田一朗の死後も、ずっと変わらなかった。

「普通の人はケンカしないです。こんなバカなケンカは。一〇〇パーセント通用しないケンカですから。だけど自分の生き方を変えた時、指導者としての僕は終わってしまう。八田さんは、メキシコ以後はいないのと一緒。だけど僕はずっと長く結果を出し続けた。僕は自分の信念を通したんです。だから僕はある意味ですごく充実している」(藤本英男)

一九八八年のソウルオリンピックの時点で、日体大はリーグ戦十連覇を続けていた。リーグ戦ばかりではない。日体大は大学レスリングにおけるほぼすべてのタイトルを独

1992年バルセロナオリンピックに臨む日体大チーム．左から二人目が計量失格した原喜彦，その右がグレコローマンのエース西口茂樹，右から三人目が藤本英男，四人目がソウルオリンピックの金メダリスト佐藤満

占していた。藤本ほどの指導者は他に存在しないことは、誰の目にも明らかだった。

しかし、ソウルオリンピック翌年にあたる一九八九年、ナショナルチームの強化の最高責任者である強化委員長に就任したのは、日体大の藤本英男ではなく、自衛隊体育学校の平山紘一郎であった。

「藤本先生には実績がある。グレコローマンの世界チャンピオンでオリンピックの銀メダリスト。高田裕司も育てた。ただ『日体大』という意識が強すぎる。僕らはそう感じていた。ソウルオリンピックの時にも、笹原さんや福田さんにはバランスのいい公平な全日本チームを作りたいという考えがあり、

そこで僕に白羽の矢が立った」（バルセロナオリンピック強化委員長の平山紘一郎）

「藤本先生の方が年長でもあるし、指導の実績もある。にもかかわらず、協会の誰かが藤本強化委員長を妨害し、日本のためにやろうと張り切っていた藤本先生の気持ちをへし折った」（ソウルオリンピックフリー五二キロ級金メダリストの佐藤満）

「何か裏の力が働いた、ということだと思います。当時の会長は笹原（正三）さん、その下に専務理事の塩手（満夫）さんと福田（富昭）さんがいて、彼らが僕を外した」（藤本英男）

「藤本には協調性がない。自分の意見がすべてであって、他のものを受け入れない。自分の意見に賛成できないのなら俺はやらないという思想は、団体の中では生きていけない。藤本は組織になじめない技術者、職人です」（福田富昭）

かくして日本レスリングは自衛隊の平山紘一郎強化委員長の下、一九九二年バルセロナオリンピックに向けてスタートした。

だが、強化は最初からうまくいかなかった。選手の多くが日体大であるにもかかわらず、ナショナルチームの指導者は自衛隊や国士舘、日大の出身者ばかり。日程の調整が最後までつかず、日体大の選手が不在のまま合宿が行われたことさえあった。

「僕を強化委員長にしなくてもいい。コーチングスタッフにしておけばよかった。強化委員長よりも年をとっているとか、そんなことは関係ない。僕をコーチにしておけば合宿の時期や場所、試合スケジュールに関して意見を言うことができる。通る通らないは別として、強化委員会が機能する。それを排除しちゃうからうまくいかない。こちらの意見も聞かず、一方的に『決まったから出ろ』と言われても困る」（藤本英男）

「僕は何度も日体大に行って藤本さんと話した。藤本さんには、ナショナルチームの合宿に行くよりも、自分が教えた方が選手は強くなるという考えがあり、日体大の強化スケジュールに協会が合わせるべきだと考えていた」（平山紘一郎）

一九九一年にブルガリアのバルナで行われた世界選手権以後、笹原正三会長はマンツーマンコーチ制度を導入した。有望選手はそれぞれの所属のコーチが責任を持って指導するというものだ。

コーチが選手をマンツーマンで見ることはヨーロッパでは常識だが、ある意味では強化委員会の否定であったから、藤本および日体大は大手を振って独自路線を進んだ。

強化委員会のコーチたちは、非協力的な藤本を非難した。

「平山さんが強化委員長になったことが藤本先生には面白くなくて、ひっかき回された。やることなすこと全部反対される。協会批判も凄かった」（バルセロナオリンピックでグレコローマンのコーチをつとめた宮原厚次）

一方の藤本は、原因を作ったのはレスリング協会だ、多くのオリンピック代表を生み出した自分をコーチングスタッフから排除しておいて、国のために協力しろとは何事かと大いに不満を持った。

藤本と協会の板挟みとなって苦しんだのは、もちろん日体大の選手たちだった。ソウルオリンピックの金メダリストである佐藤満は、二度目のオリンピックを目指して九一年初めに復帰した。同年十月にブルガリアのバルナで行われる世界選手権は、バルセロナオリンピックの前哨戦でもあり、ぜひとも出場しておきたかった。世界選手権への出場資格を得るための選考試合は、三月のアジア選手権、四月の全日本選手権、六月の世界選手権選考会の三大会である。

佐藤は金メダリストの実力を遺憾なく発揮して、アジア選手権と全日本選手権の二大会をすべてフォール勝ちで優勝した。全日本選手権の時に首を負傷したことから、最後の選考会は大事をとって辞退した。もちろん医師の診断書も提出している。

「僕にはオリンピックチャンピオンの肩書があり、三つの選考会のうち二つの大会を全部フォール勝ちで優勝している。にもかかわらず、協会は僕を世界選手権の代表にしないという。結局、世界選手権の二週間前にもう一度試合をさせられた。しかも二キロオーバーで。三十秒でフォール勝ちしましたけど、僕らは『どうして？』と不信感の塊ですよね。当時はそういったイザコザが凄かったんです」(佐藤満)

「僕も佐藤さんと同じ立場。腰を傷めていて最後の試合を欠場したんです。二キロオーバーで試合をさせられた相手は、これまでの大会では二位にも入っていない選手。だから『どちらかを選ぶ』という話ではまったくなかった。要するに、最後の試合に出なかったこと自体を反逆とみなされたんです。平山先生は軍人ですから、作戦が決行されれば上官の指揮下に入るのは当然と考えている。日体大の連中は上官の命令を無視した、と受け取ったんでしょう。

その後はどんどんくだらない言い合いになっていった。挨拶をしなかったとか、スパーリングの時に『ブッ殺せ！』と言ったとか。最後には藤本先生をオリンピックのオフィシャルから排除する(IDカードを渡さない)という話にまでなり、藤本先生も『合宿なんか行く必要はない』と言うようになった。あの時、どこかで間違えたんでしょうね。ボタンひとつのかけ違いが、最後はグチャグチャになってしまった」(バルセロナオリンピックのグレコローマンのエース西口茂樹)

「バルセロナオリンピックの時には、日体大から選手八人が出ている。当時の日体大のレスリング研究室には笹渕五夫、花原勉、藤本英男、あともうひとり山本郁栄(ミュンヘンオリンピックグレコローマン五七キロ級出場)というのがいた。山本は日本にテーピングを持ち込んだ男だけど、レスリング部の練習はまったく見ていない。にもかかわらず、花原さんと福田さんは山本をコーチに呼んだ。そのことに佐藤と西口は納得がいかず、『なぜふだん選手を見ている藤本先生ではないのか』とレスリング協会に抗議文書を提出したんです」(藤本英男)

「佐藤と西口が提出した抗議文書を見て、福田さんは激怒した。『コーチを選ぶのは協会だ。選手がコーチを選ぶとは何事だ。佐藤も西口も代表から外してしまえ！』と言ったんです。でも佐藤と西口を外してしまえば、金メダルの伝統は間違いなく途切れる。間に立った平山さんは困ったと思います」（当時『月刊レスリング』編集長の樋口郁夫）

バルセロナオリンピックの結果は、当然のように無惨なものだった。

辛うじてフリースタイル六八キロ級の赤石光生（ユニマット。日大OB）が銅メダルを獲得したものの、期待された佐藤満は六位に沈み、グレコローマンのエース西口茂樹は三回戦で失格してしまった。

フリー七四キロ級の原喜彦（日体大）に至っては、三勝一敗と六位以内の入賞が確定し、他力ではあるものの金メダルの可能性さえ残されていたにもかかわらず、なんと計量時刻を間違えて失格になってしまった。日本レスリング協会は、もはや戦う集団ではなくなっていたのだ。

「原の計量失格は痛恨の極み。一生残る心の傷です。金メダルを取れなかったことよりも大きい。日本の金メダルの可能性がなくなり、頼みの綱は六八キロ級の赤石光生がメダルをとってくれることだった。赤石のことで頭がいっぱいになってしまったんです。これまでも国際試合で試合スケジュールが変わることはしょっちゅうあったけれど、本人も僕らも試合は夜だと思いこんでいた。僕が試合会場のロッカールームのベッドで寝ていると、高田裕司コーチが『平山さん、原の計量が早まりましたよ』と知らせに来た。原はとっくに選手村に帰ってしまっているから、どう考えても時間的に間に合わない。バルセロナには原の両親も婚約者も来ていた。強化副委員長の伊達治一郎が『先輩、まず原の家族に謝りにいきましょう』と言ってくれて、二人で謝りに言った。選手村から戻ってきた原は『自分が一番気をつけないといけなかったんです』と言ってくれたけど、完全に俺のミスです。十一人もコーチがいたんだから、誰かひとりを情報収集にあてておけばよかった。コーチの中には英語ができる人間もいたんですから」（平山紘一郎）

三度目のオリンピックに挑んだものの、三回戦で失格したフリー九〇キロ級の太田章が息を弾ませながら控室に戻ってくると、一触即発の空気が漂っていた。

「バルセロナオリンピックで最後に試合をしたのは僕。控室は険悪なムードだった。コーチだった富山（英明）がまず『最初に言いたいことがある。（佐藤）満、俺はお前をブン殴ってやる』と言った。同級生の僕が『やめとけ』と止めたら、伊達治一郎さんが突然キレちゃって『藤本、こんなチームにしたのはお前だ！　ブッ殺してやる』って。言われていた藤本さんはニヤニヤ笑ってましたね」（太田章）

「原に『帰っていい』と言ったのはマンツーマンでついていた藤本さん。支援コーチの自分がしたことなのに、人のせいにして責任をとらない。平山さんも浮かばれないですよ。とんでもない話です」（バルセロナでコーチをつとめた宮原厚次）

「僕は支援コーチに過ぎない。選手村の外に自分でアパートを借りる。試合会場に入るパスはくれたけど、ミュンヘンオリンピックでテロ事件が起こって以来、練習場に行くのも大変になった。入れるエリアが限定されていて、刑務所の面会みたいな感じです。コーチは選手と同じ行動をするのが基本。コーチに選手がつくのではなく、選手にコーチがつくのが当たり前なんです。何のためにスタッフが大勢入っているのか。形式的には選手とコーチが一対一。でも現実は違う。最初のうちは十人の選手がいても、勝ち残る選手はひとりかふたり。コーチは余るわけです。極端にいうと、自分の所属の選手じゃないからそういう無様なことが起こる。原が計量失格した時、親とか、原の応援団が怒り出した。当然ですよね。平山や伊達は『藤本先生、あの人達を鎮めてくださいよ』って僕に言った。ふざけるんじゃない。お前らはいつも選手村で一緒に生活している正規のコーチだろう、と。支援コーチの俺がそんなことはできない、とそこはビシッと言った。だから伊達が『ぶん殴ってやる』なんて息巻いたんです」(藤本英男)

「ロッカールームではいろいろな不満が爆発した。負けるわ、計量失格はするわで、散々でしたから。ヘタしたら収拾がつかなくなるくらい。だから僕は言った。『みんな一生懸命やったんやないか。金メダルは取れなかったけど、日本代表として、応援してもらってここまできた。だから羽田で解散するまでは、日本チームとして行動してほしい』と。それでなんとか収まった。あのまま言いたいこと言って殴り合い、つかみ合い

の大ゲンカになってしまったら、あまりにも情けない。恥の上塗りですよ」(強化委員長の平山紘一郎)

帰国後、平山は強化委員長を更迭された。

すべての責任は自分にあると考えた平山は、自衛隊体育学校を辞めて故郷の鹿児島に戻る決意を固めた。

上司の三宅義信(東京とメキシコの両オリンピック重量挙げの金メダリスト)は、朝霞に残って体育学校の広報の仕事をしろと引き留めてくれたが、平山の決意は固く、妻と子供を連れて鹿児島県の陸上自衛隊国分駐屯地に一般の隊員として赴任した。

以後、平山がレスリングに関わることは二度となかった。

平山紘一郎の後、一九九六年のアトランタオリンピックを目指す日本レスリング協会の強化委員長に就任したのは、意外にも藤本英男であった。

レスリング協会の理事たちの目に映る藤本は、偉大なる八田一朗に反逆したばかりでなく、バルセロナで前代未聞の大トラブルを引き起こした張本人である。当然、藤本の強化委員長就任には多くの反対の声が上がったが、最終的には「実績を取りたい」という笹原正三会長の意見が通った。もう二度とバルセロナオリンピックの時のような失敗は繰り返してはならない。金メダルという至上目的のためには、少々の軋轢など問題ではない。

新強化委員長が選んだコーチは高田裕司、富山英明、江藤正基、朝倉利夫、そして佐藤満。考えうるベストの布陣といっていい。

ところが、藤本は就任後わずか半年で強化委員長を辞任してしまう。

「僕を強化委員長にしたにもかかわらず、理事にしなかった。レスリング協会の最高議決機関である理事会に、強化委員長である僕が出席できないのは絶対におかしい」(藤本英男)

きっかけとなったのは世界エスポワール選手権の団長選任問題であったが、根本的な問題は「反逆者である藤本を理事会に入れたくない」という空気が理事たちの中に存在したことにあった。

藤本が辞表を出すと聞いて、佐藤満は必死に止めた。

「僕は藤本先生を説得しました。『先生、ここで辞めたら一生戻れませんよ。みんな先生を慕って、強化委員会で一緒にがんばろうとしているんじゃないですか』って。僕はまだ現役を続けたかった。バルセロナであんな形で負けて悔しかったからです。でも、藤本先生が強化委員長になるのならバックアップしたい。そう思ったからこそ、引退して強化委員会に加わった。それなのに藤本先生はさっさと辞めてしまった」(佐藤満)

藤本英男は「一身上の都合により」ではなく、「現在の体制では強化が十分にできない」と協会批判を書いた辞表を笹原に手渡して、自らの城である日本体育大学レスリング部に戻っていった。絶縁宣言である。

笹原は困り果てた。藤本英男以上の実績を残した指導者などひとりもいなかったからだ。福田富昭は高田裕司に強化委員長就任を強く求めたが、恩師藤本の気持ちを考えれば、高田が首を縦に振るなどできるはずもない。

困ったあげく、笹原は強化委員会のコーチたちに聞いた。

「君たちは誰が適任だと思う?」

意外にもコーチたちの意見は一致していた。この大変な時期に強化委員長の大役を任せられる男は、たったひとりしかいない、と言うのだ。

笹原は早速その男、下田正二郎に電話を入れた。

下田正二郎は山梨学院大学をスポーツで有名にした男である。一般には箱根駅伝での活躍で知られるが、柔道、水泳、スケート等のスポーツにおける山梨学院大学の躍進ぶりにはめざましいものがある。現在カレッジスポーツセンター長をつとめる下田は、半世紀近くの長きにわたって山梨学院大学のスポーツすべてを統括してきた。

大東文化大学レスリング部で活躍した下田は、一九六九年には全日本選手権で一〇〇キロ級のチャンピオンになっているが、世界選手権での実績はまったくない。

卒業後、アメリカに渡った下田は、ミュンヘンオリンピックのアメリカ代表監督をつとめたビル・ファーローの下でレスリングを学び、山梨学院大学に職を得ると、一九七七年にレスリング部を立ち上げ、一九八六年のかいじ国体に備えて山梨県レスリング協会を創設した。

下田の献身的な努力の末に、山梨学院大学はバルセロナオリンピックに大橋正教(四八キロ級)、野々村孝(一〇〇キロ級)のグレコローマンの選手二名を初めて送り込んだ。

語学の達者な下田は平山紘一郎強化委員長に大いに頼りにされ、海外遠征にも常に同行してきた。

レスリング不毛の地・山梨にレスリングを立ち上げ、オリンピック選手を育て上げた情熱。豊富な国際経験。山梨学院大学にコーチとして迎え入れたスーパースター高田裕司に「下田先生を胴上げするためなら何でもする」と言わしめた温かな人間性。さらに日体大、日大、国士舘、自衛隊のいずれの派閥にも属さない自由な立場。

強化委員会のコーチたちは、窮地に陥ったナショナルチームのリーダーにふさわしい人物は、下田正二郎しかいないと判断したのである。

だが下田にとって、笹原からの電話は正に晴天の霹靂であった。世界での実績を持たない自分が強化委員長になることなど、夢にも考えられなかったからだ。

「私にナショナルチームのトップを引き受けるだけの力があるかどうか。この世界に

1996年アトランタオリンピック日本代表チーム．後列右端が日本レスリングの危機を支えた強化委員長の下田正二郎．最前列ふたりはセルゲイ・ベログラゾフとフリー74キロ級で見事銅メダルを獲得の太田拓弥

は厳然とした〝力〟が必要です。その力が私にはないことは確かです」(下田正二郎『月刊レスリング』)

それでも悩み抜いた末に、結局下田は強化委員長を引き受けた。「これ以上、日本レスリング界の分裂が続くことがあってはならない」という若いコーチたちの強い気持ちが伝わってきたからだ。

「藤本先生にはトップに立つ苦しさを持ちこたえてほしかった。『辞めたら負けなんだ。ここで戦えない人間は、よそに行っても戦えない』と高田にも話しました。理事になる必要があるのならば、『理事にしてほしい』と交渉しなければいけない。だから私は『会長と専務理事と私は三角形だ。すべて

私に話して下さい。それが強化委員長を引き受ける条件です』と言って、すぐに理事にしてもらった」(下田正二郎)

日本に最も足りないものは情報であり国際経験である、と下田は考えていた。世界の技術革新は急速に進み、ルールは刻々と変わる。世界から遠ざかっていても勝てた時代は、とっくの昔に過ぎ去っている。選手たちには世界との距離を常に確認させ、自信を持たせることが必要なのだ。

「とにかく選手を国際大会に連れていき、雰囲気に慣れさせる必要があった。トップ選手が行かない大会にも海外の指導者たちは行くから、情報を得るためにひとりで足を運んだ。それがチャンピオンではない自分に課したノルマ。命を縮めてでも、という強い思いがあった。ひどい時には、成田に着いた当日に別の遠征に出発したことさえありました」(下田正二郎)

笹原正三がセルゲイ・ベログラゾフと久しぶりに会ったのは、一九九三年夏にカナダのトロントで行われた世界選手権の時だった。

かつて富山英明と死闘を繰り広げ、モスクワオリンピックを含んで世界を八度も制した偉大なる王者は、ソウルオリンピックでの優勝を最後に家族とともにロシアを離れ、アメリカ・ペンシルベニア州のリーハイ大学でレスリングの指導をしていた。

セルゲイ・ベログラゾフに会った瞬間、笹原の頭の中にひとつのアイディアが浮かんだ。ロシア最強のレスラーをコーチとして日本に招くのはどうか？
日本でコーチをするつもりはあるかという笹原の問いに、セルゲイは「イエス」と即答した。アメリカの中堅大学で指導するよりもナショナルチームを教える方が遙かにやり甲斐があるからだ。
帰国した笹原は、セルゲイ・ベログラゾフ招聘計画を強化委員長の下田に打ち明けた。下田は、一も二もなく笹原のアイディアに飛びついた。
「日本のレスリングに新しい血を入れることが必要だと考えたからです。私が会長にこう言いました。『責任を持ちます。セルゲイを大事にします。単なる助っ人ではなく、彼をオリンピックの正式なコーチにします。すべて一緒にやります』と」（下田正二郎）
セルゲイ・ベログラゾフが来日したのは九四年七月。契約は二年後のアトランタオリンピックまでと決められた。
「セルゲイはプロ意識に徹した素晴らしいコーチでした。『心があって技がある。日本人の心が大切だ』とセルゲイは言った。私はセルゲイを、まるで強化委員長のように扱った。すべての合宿に同行させて、一番最初に挨拶させた。彼の言葉は私自身が訳して選手に伝えた。セルゲイが言うことは全部取り入れました」（下田正二郎）
セルゲイ・ベログラゾフの影響を最も強く受けたのは和田貴広だ。鹿児島商工（現・樟南高校）出身の和田は、凋落していた国士舘大学に久々に現れた希望の星だった。

「卒業後は国士舘大学に助手として残りました。大学と年間契約を結んで、レスリング部のコーチと大学の雑用をするんです。もちろんアトランタオリンピックを目指していましたが、当時の自分には、『このままの状態でオリンピックに行って戦えるのか？』という不安がありました。練習はいきあたりばったりだし、最初から最後まで実戦ばかり。自分の長所と短所の指摘も、修正も、技術を習得するためのドリル練習も、試合展開のシミュレーションもまったくなかった。コーチは何も教えてくれないから、自分で気づくしかない。日本全体がそういう練習でした。これまで勝ってきた日本の選手は、練習方法も調整方法も技術も、すべて自分で編み出してきたんです。

日本は小さな島国だから外国の情報が入ってこない。外国ではどんな練習をしているのか。ルールの変化にどのように対応しているのか。そもそも代表選手はどんなレスリングをするのか。そういった情報が一切存在しなかった。

海外の試合に出ても調整法がわからず、自分のペースをつかめないままコーチに言われる通りに練習して、クタクタの状態で試合に出た時もありました。

強い選手はそういった厳しい状況下でも、自分の課題にしっかりと取り組んでいたはず。でも僕はあらかじめしっかりと計画を立て、ひとつずつ課題をこなしていくタイプ。そんな時にセルゲイがきて、僕の疑問がひとつひとつクリアになっていったんです。

『今のルールはこうだから、この練習をする』とセルゲイははっきり言い、やることが

すべて明快だった」(和田貴広)
日体大卒業後、茨城県の霞ヶ浦高校でコーチをしていた太田拓弥もまた、ベログラゾフの教え方に衝撃を受けたひとりだ。
「藤本先生は構えやフットワーク等、基本的なことしか言わない。前に出る。押してきたら引く、引いてきたら押す。あとは自分で考えなさいと。ところがセルゲイは、まるでプラモデルを組み立てるようにレスリングを教えてくれる。細かなパーツを緻密に組み合わせていくんです。たとえばローリング(ガッツレンチ、横崩し)がうまくかからない時、藤本先生は『かけ方が悪い』としか言わない。でも、セルゲイは『ヒジのひっかりが悪いのは、ここが抜けているからだ』『足の位置はここに置きなさい』と、細かく具体的に教えてくれる。股裂きの時のクラッチの位置、タックルの処理の仕方、グラウンドのディフェンス等々、修正すべき点を的確に指摘して、しかも自分の身体を使って教えてくれる。セルゲイが来たことによって、世界のトップの技術が初めて日本に入ってきた」(太田拓弥)
日本のレスリングの最大の武器は、遠い間合いから飛び込むタックルである。そのことを知る外国の選手たちは、組み手争いの際にわざとタックルに入る隙を作る。日本の選手が飛び込むと、待ってましたとばかりにカウンターを仕掛ける。
「カウンターアタックなんて全然知らなかった。セルゲイには『タックルに失敗した

直後に攻撃されるから、カウンターを予測した上で攻撃しろ』と言われました」(太田拓弥)

時代が進むにつれて、レスリングの試合時間はどんどん短くなった。東京オリンピックの頃の五分二ラウンドが、いまや五分一ラウンド。半分になってしまった。

徹底的な走り込みでスタミナを養い、動き回って相手に腕をつかませず、相手がバテた後半に勝負をかけるというのが日本の必勝パターンだが、そこに持ち込む前に試合が終わってしまうのだ。

日大に招聘され、約九カ月にわたって日本を指導した経験を持つ元チェコ監督のミクラス・ティムコは、この頃の日本レスリングを次のように評している。

「ソウルオリンピック後、日本のレベルはかなり落ちた。日本選手がスタミナで優っているのは事実。試合時間が一時間なら、日本は世界のナンバーワンになるだろう。しかし、試合は五分間だ。強豪国はすべて五分間で最大限の力を出すトレーニングを積んでいる。日本がその練習をやっているとは思えない」(『月刊レスリング』)

セルゲイ・ベログラゾフは、スタミナ重視の日本の練習を、短時間集中、技術指導主体のロシア式に変えた。

「楽しかったですね。『今日は何を教えてくれるんだろう?』『今日はどんな練習なんだろう?』って、みんなワクワクしていました。練習時間は短いんですけど、みんなハイになれるんですよ。全部オープンで、本気で戦っている。『まわりが頑張っているから、オレも頑張ろう』という気になる。あの空間は良かった。チームがひとつになっていることが実感できるんです」(和田貴広)

「ライバル意識はあったけれど、フリー、グレコ関係なく、みんなとすごくいい関係が築けた。日本レスリング史上、あれほどチームがまとまったことはかつてなかったんじゃないでしょうか」(太田拓弥)

しかし、高田裕司や富山英明、佐藤満らは、そんなセルゲイの練習に批判的だった。日本レスリングは栄光の歴史を持っている。その栄光を支えてきたのは、スタミナを養う長時間のハードトレーニングではないか。

「練習で追い込めば、その中から体力もタフな精神力も養成される。だからハードワークだけはさせないとダメだ、と富山先生や佐藤先生は言う。当然、セルゲイのプランとは衝突しました」(和田貴広)

間に入った下田は折衷案を選択した。朝の体力づくりはしっかりとやる。そのかわり、午後はすべてセルゲイに任せることにしたのだ。

「それでよかったと思います。技術的には向こうが絶対に上。日本人がロシア人のような技術を完全に身につけることは難しい。でも試合をしてみると、やっぱり外国の選手はバテるのが早い。疲れの出る後半になっても、体力の残っている日本人は正確な技

が出せるんです」（和田貴広）

一九九〇年代半ばの日本レスリングは、時代に適応した新たなるスタイルを模索していたのだ。

そして迎えた一九九六年アトランタオリンピック。日本のエースであるフリースタイル六二キロ級の和田貴広は四位。表彰台に上ることができなかった。

「勝ちたかったですね。勝ってセルゲイの正しさを証明したかった。遅れている日本のコーチたちに『今、世界はこうなんだ』と知らせたかった。それができなかったことはとても残念です。ただ、オリンピックの四位だし、強い選手はたくさんいますから」（和田貴広）

結局、アトランタオリンピックで日本レスリングが獲得したメダルは、七四キロ級の太田拓弥の銅メダル一個に終わった。

日本レスリングの長い伝統を変えようとする下田正二郎とセルゲイ・ベログラゾフの挑戦が実を結ぶためには、二年間という時間は短すぎたのだろう。

そのことを理解していたセルゲイ・ベログラゾフは日本協会との契約を一年延長し、長期計画で強化を進めるつもりだった。

しかし下田正二郎はもう限界だった。三年半に及ぶ海外遠征の連続で、心身ともに疲労の極限に達していたし、家族にも大きな負担をかけた。何よりも、敗北の責任は誰かがとらなくてはならない。

「太田の三位は和田が支えた。マスコミの矢面に立ったのは全部和田で、太田がメダルに届くとは思われていなかった。和田の陰で自由にできたからこその銅メダルです。アトランタの結果は個人的には納得したけれど、協会は満足しなかった。金メダルがとれなかったからです」(下田正二郎)

二〇〇〇年シドニーオリンピックをめざす日本レスリングの強化委員長に就任したのは、高田裕司だった。

高田裕司は日本レスリングが生み出した最高傑作であり、セルゲイ・ベログラゾフもまた、世界のレスリングの頂点に位置する偉大なる王者だ。

両者のレスリング観は相容れず、結局セルゲイ・ベログラゾフは、アトランタオリンピックの翌年にあたる一九九七年クラスノヤルスク世界選手権(ロシア)を最後に、日本を離れることが決まった。

「セルゲイが辞めると聞いてショックでした。アトランタ世代が集まって、多摩センターの居酒屋で送別会をやったんです。十人くらい集まりましたが、みんな号泣していました。いま思い出しても涙が出てきます。それくらいみんなが絶対的に信頼していた」(太田拓弥)

「みんなでお金を出しあって、金メダルを作ってセルゲイにあげました。セルゲイも泣き出しちゃって、『俺はタカダと喧嘩したくない。いい友達でいたい。これ以上一緒にやったら、世界で会っても口もきかない仲になってしまう。家族もアメリカに残してきたし、帰る』と言いました」(和田貴広)

「セルゲイが最後まで理解できなかったことがありました。ロシアのナショナルチームはいろいろな共和国から選りすぐられた人間の集まりです。だから、コーチが何も言わなくても自分でやるべきことをやるし、体力も技術もすでに持っている。そんな意識の高い人間にナショナルチームの合宿で息の上がる練習をやらせても意味がない。より高いレベルの技術を教えればいい。ところが日本では事情が違う。はっきりいって日本のナショナルチームにくる連中は、所属の大学ではお山の大将。上級生になれば練習もロクにやらず、全日本王者になってホッとしている選手が残念ながら半分以上なんです。そういう連中にはガンガン体力トレーニングをやらせないといけない。日本にセルゲイの技術が入ったのは良かったけれど、体力づくりが疎かになった部分は確かにありました」(日本レスリング協会広報担当の樋口郁夫)

セルゲイ・ベログラゾフを更迭した高田裕司は自身で指導したものの、セルゲイのような信頼関係を選手との間に築き上げることはついにできなかった。

天才高田裕司の高度な反射神経に基づく感覚的なレスリングは、常人に真似のできるものではなかったのである。

「高田さんは、相手の上半身と下半身を分けて見ることができると聞いた。相手の動きの予想がつくからその前にスッと入る。相手がくればその瞬間にパッと止める。高田さんの強さはグレコでもまったく変わらない。僕がグレコでスパーリングをお願いしても遊ばれてしまう。その時の僕は世界チャンピオンだったんですけどね(笑)」(ロサンジェルスオリンピックのグレコローマン五二キロ級で優勝した宮原厚次)

「足を取りに行こうとするとそこには足がない。手を取ろうとすると次の瞬間には逆に手を取られている。タックルに入られた次の瞬間にはもう後ろにいる。体温でわかるのかな？　と思うくらい。練習のメニューに、構えたままずっと足を動かしていて、パッと灯りが点いた瞬間にジャンプするというものがあるんですが、そういった物理的な反応速度からして、人とは全然違うんです。持って生まれたものとしかいいようがない」(一九八一年スコピエ世界選手権フリースタイル五二キロ級で優勝した朝倉利夫)

「練習内容は、見事に昔に逆戻りしましたね。『ああ、これじゃあ勝てない！』と強く思いました」(和田貴広)

結局、二〇〇〇年のシドニーオリンピックではフリースタイルのメダルはゼロ。戦後最悪の結果に終わった。グレコローマン六九キロ級の永田克彦が銀メダルを獲得したことで、辛うじてメダル獲得の伝統だけはつなぐことができた。

「シドニーはアトランタ世代がほぼそのまま上がった形。でも、フリースタイルチームではコーチと選手との関係が最悪だった。高田強化本部長の下にいたフリースタイルコーチは赤石光生さんと土方(旧姓・上村)政和さん(ロサンジェルスオリンピック六八キロ級四位)の日大コンビ。論理的に指導するタイプではありません。大人になった選手たちは、自分たちは実力をつけているのだから話を聞いてほしい、と思っている。ところがコーチは『勝てないお前たちが悪い』と一刀両断。歩み寄る姿勢がまったくなかった。

一方、グレコローマンチームを率いたのは自衛隊の伊藤広道さん。伊藤さんは極めてロジカルな人で、海外のコーチに直接コネを作って遠征したり、強豪国と積極的に交流してきた。フリーに比べて、グレコではコーチと選手が寄り添っている感じがしました。一九九九年から二〇〇〇年にかけて恒例の年越し合宿が行われた時、グレコローマンだけはシドニーオリンピックで対戦する相手のビデオが階級別にバッチリ作ってあった。当時は遠征する機会も少なかったから、ビデオで学習できたことは大きかったはず。永田(克彦)くんは準決勝でロシアのグルチコフに勝ちましたが、そもそもグルチコフは永田くんより全然格上の相手。勝因はビデオだけではないでしょうけど、伊藤さんが作ったビデオがなければ、永田くんはグルチコフには勝てなかったと思います」(レスリングジャーナリストの横森綾)

「伊藤コーチは誰よりも広いネットワークを持っています。永田選手とグルチコフが戦う準決勝の前、ウクライナのコーチが伊藤コーチに『おい、試合時間が早まるぞ』と教えてくれた。永田選手が充分にウォーミングアップを行ったのに対して、相手のグルチコフはロクに身体も動かせないまま、慌ててマットに上がった。伊藤コーチのネットワークがあって、初めて永田選手の努力が報われたんです」(JOC情報戦略部門長の久木留毅)

二〇〇〇年代に入ってからも、日本レスリングの迷走は続いていた。

セルゲイ・ベログラゾフが世界最先端の技術を導入しても結果を出せず、高田裕司が日本伝統のハードトレーニングに戻しても、世界のレベルにはまったく届かなかった。

日本レスリングの再生のためには、選手に良い環境を与えられる強いリーダーと、本物の技術を論理的に教えられるコーチの両方が必要だったのである。

第12章　女子レスリング

1985年2月に日本の女子選手が初参加した「ロジェ・クーロン杯国際女子レスリング大会」52キロ級の表彰式．日本から初参加した大島和子は特別表彰を受けた(3位の右)．参加国はわずか3カ国だった

《故・八田一朗レスリング協会長と、同じく故人となられた市川房枝議員の十五年前（引用者注・一九六六年）の懐かしいやりとりをご紹介したいと思う。

当時八田会長は東京オリンピック大勝の余勢を駆って参議院議員となり、スポーツ議員の第一号として大活躍しておりました。そうしたある日、八田会長は当時まだ何かと話題になっていた売春防止法に関して大失言してしまったのです。

「男に相手にされなくなったババアがつまらぬ法律を作るから、はけ口のなくなった青少年の性犯罪が増えるんだ」

この発言が一部で問題になり、市川女史が八田会長の部屋へ、カンカンになって抗議に来たのです。

「八田さん！　私は貴男を常々大変立派な男性と思っていました。男ぶりもいい、行動も堂々としている。しかし、先日のあの発言はいったい何ですか！　女性を馬鹿にするのもいい加減にしなさい。あの法律を私たちがどんな気持ちで、どれだけ苦労したか貴男はわかっているのですか！」ともの凄い剣幕でした。

さすがの八田会長も「いや先生、申し訳ありません。先生方のご苦労も知らず、つまらぬことを申しまして、早々に訂正させていただきます」と平謝りでした。

八田会長のあまりにも男らしい謝り方に、市川先生も謝罪を快く受け入れて下さり、部屋を出ようとした時、八田会長が「市川先生！　先生の迫力には恐れ入りました。今後ともよろしくお願いいたします。ところで先生、私はいつの日か、必ず女性がレスリングを行う日がくると思っています。その時はぜひとも市川先生に女子のレスリングの会長をお願いしたいと思っています」と言ったのです。

市川先生はその時、なんとも言えぬ変な顔をして「八田さん、本気ですか」と一言。八田会長が「もちろんです」と真顔で答えたところ、市川先生は「八田さん、貴男はどうも、やんちゃ坊主のようで憎めませんな」と言って部屋を出て行かれました》（福田富昭と今泉雄策の連名による協会広報誌の記事より）

日本最初の女子レスラー（アマチュア）を特定することは難しい。少年レスリングのクラブは早くも一九五〇年代後半から全国に広がり始めている。戦後民主主義と男女同権思想に覆われたこの時代、ちびっこレスラーの中には、ごく初期から女子が含まれていたに違いない。

一九七四（昭和四十九）年十一月に埼玉県朝霞市の自衛隊体育学校で行われた関東ミニレスリング大会は、史上初めて女子選手が実際に試合を行った公式の大会となった。

出場したのは小川美紀（東京カローラ）、田村美智子（木口道場）、榊原順子、細谷久美子（ともに杉並クラブ）の四名の小学生である。

「実際に」と書いたのは、初めて日本レスリング協会に正式に登録された女子選手は日刊スポーツ記者・宮澤正幸氏の長女であったからだ。

拓殖大学レスリング部出身であり、家族と母校とレスリングを深く愛する宮澤記者は、生まれたばかりの愛娘を日本初の女子レスリング選手とすることを思いつき、東京都レスリング協会に登録費を支払い、さらに念の入ったことに、社会人レスリング選手権への出場を申し込んだ。一九六〇（昭和三十五）年のことだ。当時のＦＩＬＡ国際レスリング連盟の規約には、性別については一切書かれておらず、社会人レスリング選手権の出場資格に年齢制限はなかった。

「まだ日本にはフリースタイルしかない時代。僕はフライ級、つまり五二キロ以下のクラスに申し込んだ。その頃は当日計量だったけど、計量時間になっても娘は現れない。当然だよね。一歳の赤ちゃんは、自宅ですやすやと眠っていたんだから（笑）」（宮澤正幸）

こうして日本初の女子選手による公式試合結果は、計量失格と記録された。

それから二十年以上が過ぎた一九八四年秋、宮澤記者はフランスで女子レスリングの大会が開催されることを知った。

新聞記者の激務をこなしつつ、レスリング協会の広報誌を作っていた宮澤が、早速、海外通の笹原正三に確認の電話を入れると、確かに女子の大会がフランスのクレルモンフェランで行われるという。クレルモンフェランは、タイヤメーカーのミシュラン本社があることで知られるフランス中央部の古い街だ。

1974年11月24日，朝霞の自衛隊体育学校で日本で初めて女子が参加した公式試合が行われた．左が田村美智子(木口道場)右が小川美紀(東京カローラ)

「でも選手もいないし、日本が参加することは難しい」という笹原に、宮澤は「将来を考えれば、無理矢理にでも選手を作って、大会に出した方がいい」と主張した。

「じつは、宮澤さんと同じことを考えている人間がもうひとりいるんです」

笹原の声が明るくなった。

一九八四(昭和五十九)年はロサンジェルスオリンピックの年である。

日本代表チームの監督として金二個、銀五個、銅二個のメダルを獲得した福田富昭は、会期中に開かれたＦＩＬＡの理事会に出席した笹原正三から、女子レスリングについて初めて聞かされた。フランス、ベルギー、ノルウェー、イタリア等の欧州十二カ国で少しずつ広まっているという。

福田は強い興味を抱いた。

同年秋にパリで開かれたＦＩＬＡの会議に出席した際には、女子レスリングの練習を見学するために北フランスのトゥルコワンまで足を伸ばした。

フランスの女子レスリングは一九七二年にスタートした。創始者はモルテレッテ・ピカベー。ウーマン・リブの運動家であったピカベー女史は「男にできることで、女にできないことは何もない」という信念の下に、最も男性的なスポーツとみなされていたレスリングを始めた。福田が見学に訪れた頃のフランスでは、すでに約五十のレスリングクラブで女子レスリングが行われ、約千二百名の選手が登録されていた。

八二年には、女子レスリングに関する初めての国際会議がフランスで開かれている。出席したのはフランス、ベルギー、ノルウェーのわずか三カ国だったが、まもなくＦＩＬＡは女子レスリングを正式に認め、女子委員会が設立された。初代委員長に就任したのは、フランスレスリング協会長のミシェル・ドゥソンであった。

二年後には初の国際大会がノルウェーのコルボトンで行われ、ノルウェー、フランス、スウェーデンから約四十名の女子レスラーが参加した。ルールはグレコローマンだった。

「フランスの女子レスリングには十年の歴史があると聞いて驚いた。自分は何も知らなかった。日本が遅れていることを実感した」(福田富昭)

帰国した福田は「日本でも女子レスリングを始めるべきだ」と主張したが、協会内に賛同者はほとんど得られなかった。

「当時の福田さんは、みんなからボロカスに言われていました。『なに、女？　お前、何をとち狂ってるんだ』と」（高田裕司）

「あの頃の協会は爺さまばかりだから、『福田はバカじゃないか』ってみんな言ってましたよ。だけど福田さんは信念を曲げなかった」（富山英明）

「協力者は非常に少なかったけど、僕は大真面目だった。陸上、水泳、バレーボール、バスケットボール、みんな女子がやっている。しかも女子柔道が先にオリンピックに入った。女子レスリングだって続けてさえいれば、いつかきっとオリンピック種目になる、という淡い期待があったんです」（福田富昭）

そんな最中、福田はフランスで女子の国際大会が行われること、そして新聞記者であり、レスリング協会の広報委員長でもある宮澤正幸が、自分と同じ考えを持っていることを知った。

福田と宮澤はもちろん旧知の仲だった。一九六八年に拓殖大学レスリング部の監督に就任した宮澤は、福田にコーチを依頼したことがあったからだ。

クレルモンフェランで行われる女子レスリング国際大会の件で福田と話し合った時点で、すでに宮澤は出場選手の目星をつけていた。城西高校で体育教師をつとめる大島和子である。

柔道三段の大島は当時三十六歳。黎明期の女子柔道を支えた功労者であり、一九八〇年にニューヨークで開かれた世界柔道選手権にはコーチとして参加、山口香の銀メダル獲得に貢献している。

柔道家の大島は、友人がいたことからレスリング協会にもしばしば顔を出しており、大会の表彰式では花束贈呈等の手伝いをしていた。

宮澤は密かに作っておいたシングレット(吊りパン)を大島に示し、「すべての準備は整っている。フランスの大会に出てほしい」と大島を口説いた。

「だまされて出場したみたいなものなんですよ。協会から『あした来てください』という連絡があって行ってみたら、宮澤さんと塩手(満夫・当時総務委員長)さんと村田(恒太郎・当時理事長)さんがいて、ツリパンを渡されました。『はあ?』とか思って、訳の分らないうちに帰ったら、翌日の日刊スポーツにデカデカと出ているんです。ペテンですよ」(大島和子の発言。協会広報誌の座談会より)

次に宮澤はテレビ朝日の岡部友昭ディレクターを説得した。

「テレビ朝日は、この歴史的な意義のある大会に取材スタッフを送るべきだ」

専修大学レスリング部出身の岡部ディレクターは宮澤の説得を聞き入れ、九十分の番組を作ることを決定した。

番組のヒロインたる大島和子は、勤め先の学校が冬休みに入るや否や、男ばかりの高校生合宿に放り込まれた。福田富昭やロサンジェルスオリンピック銀メダリストの江藤正基に特訓を受け、さらに福田の母校である日大レスリング道場でも男子レスラーとの練習に励んだ。

八五年二月九日、十日の二日間にわたって北フランスのクレルモンフェランで開かれたロジェ・クーロン杯国際女子レスリング大会は、フリースタイルルールで行われた。参加国はフランス、ベルギー、そして日本のわずか三カ国。まことに小規模な〝国際大会〟であった。

それでも欧州女子レスリング十年の歴史は重かった。五二キロ級に出場した大島和子は、フランスとベルギーの選手に、瞬く間にフォール負けを喫したのである。

帰国後、この遠征の団長兼監督をつとめた福田富昭が書いた大会報告書は、一読の価値がある。

《わざわざフランスの片田舎クレルモンフェラン市へ来て、わが女性レスリング第一号は、二試合で一分もかからぬ内に敗退してしまった。柔道の悪いくせがどうしても、いざ試合になると出てしまう。練習ではかなり注意しているが仕方のない事だろう。相手を引き込む、かかえる、特にしりもちをつかされてからそうなる。腹這いになろうとしない。柔道では相手を引き込んで対抗しようとするため、レスリングではすぐに抑えられてしまう。彼女は三十六歳。しかも柔道三段。平常のレスリングの練習でそんなに厳しく、うるさく練習できない甘えがあったのかもしれない。しかし大島女史の敗戦には敗戦の意義があった。やはりレスリングはレスリングなのだ。最初からレスリングとして鍛え、レスリングの動きができる人を育てなくてはならない。柔道とレスリングは違う。(中略)その昔、我が日本柔道の強者が米国遠征し、ことごとくレスリングにやられた光景によく似ている。我がレスリング協会の歴史を思い知らされたようだ。八田会長のレスリングとの出会い、苦労がわかるような気がした。大島さんも口惜しかっただろうが、私も彼女以上に口惜しかった。柔道じゃない。レスリングをやらねば。レスリングを。フランス女子レスリングの歴史は重い。この歴史の重みを破るためには、我々はこれから相当の苦労をしなくてはならない。これが日本の女性レスリング第一号が外国に負けた日だ。さあ、これから日本女子レスリングの世界制覇までの長い長い日々、歴史の第一歩が始まったのだ》(福田富昭『国際女子レスリング大会報告書』)

福田富昭がいかなる人物であるかは、右の一文を読んだだけで容易に理解できるだろう。

日本にはまだ、女子レスリングの選手がひとりも存在しない。小学生の少年レスリングにわずかな数の女子が出場することはあっても、中学生以上の競技人口はゼロなのだ。選手がひとりもいない状態から「世界制覇を目指す、俺がやる」と広言する福田は、やはり只者ではない。

当然のように女子レスリングは、選手集めのための宣伝からスタートした。クレルモンフェランの国際大会から三カ月後、福田はフランスとベルギーから女子選手を招き、男子の世界チャンピオンたちの招待試合であるスーパーチャンピオンカップの前座で再び大島和子と戦わせた。

会場には女子練習生を募集するブースが設置されて、早速三人の申し込みがあった。福田の動きは常にすばやい。日女短大や大森工業高校で女子レスリングのエキジビションを行い、六月二十三日にテレビ朝日がクレルモンフェランにおける大島和子の戦いを報じた三日後には、代々木のオリンピック記念青少年センターにマスコミを集め、日本初の女子レスリングの発会式と公開練習を行った。参加者十九名、見学者二名。参加者の中には小学六年生の福田の長女も含まれていた。

福田は選手たちのためにピンク、黄、青のレオタードを用意して、その上からレスリングウェアを重ね着させた。「女の子から見て、見映えのする服装を」という考えからだった。やがて広尾の東京純心女子高校の校長から「生徒にレスリングをやらせたい」という連絡が入り、他にも「自分もやってみたい」と練習に参加する少女が少しずつ増えてきた。

女子レスリングを広めようと、マスコミの取材は積極的に受けた。しかし、時には水着で取っ組み合う少女たちの胸だの足だのがカメラで狙われた。

選手たちも取材に協力する者と、取材意図に気づいて頑として拒否する者に分かれた。

アイディアマンの福田が次に目をつけたのは、女子プロレスであった。

一九八〇年代半ばの全日本女子プロレスは正に絶頂期。長与千種とライオネス飛鳥のクラッシュ・ギャルズは女子中高生の憧れの的であり、オーディションには二千名の応募があった。

福田は早速全日本女子プロレスの松永高司会長に会いに行き、女子のアマチュアレスリングをやりたいから協力してほしいと頼んだ。

自分をオーディションの審査員に加えてほしい。オーディションに落ちた子をアマチュアにもらいたい。その代わりに若手のトレーニングは引き受ける。基礎体力をつけてレスリングの技を覚えれば、プロレスにもきっと役立つはずだ。

「松永会長は『いくらでも持って行け』と言ってくれた。初めてオーディションに行ってみて驚いた。選考基準がプロとアマでは全然違う。僕が見ているのは体力や根性。でも松永さんたちが見ているのはテレビ映り。最初から善玉とヒール(悪役)を分けちゃう。体力や技ではなく、キャラクターだけを見ているんです。身長一六〇センチ以上、体重五八キロ以上が一応の基準だったけど、一五〇センチあるかないかの小さな女の子が『どうして私を採らないんだ』と松永会長に食ってかかっていた。それが吉村祥子。後の世界チャンピオンです。僕はそういう子をアマチュアに引っ張ってきた」(福田富昭)

吉村祥子は、中学から成城学園、父親は一流商社マンという生粋のお嬢様。小さい頃からスポーツ万能で、水泳の長崎宏子に憧れていた。

高校二年の春、友達に誘われて女子プロレスを観に行った。凶器攻撃は好きになれなかったが、クラッシュ・ギャルズには憧れた。

あの程度で眩いスポットライトに照らされる華やかな舞台に立てるのか。ウチのケンカの方がよっぽど派手だ、と思った。兄と弟とは、小さい頃からしょっちゅう取っ組み合いのケンカをしていたからだ。あれなら自分にもできる。

全日本女子プロレス、通称全女には練習生制度がある。一回五百円のチケット十一枚を五千円で買って目黒の道場に通う。道場にはトレッドミル等のマシンと小さなリングがある。

習うのは主に基礎体力作り。レフェリーのボブ矢沢から前受け身、後ろ受け身、腕立て伏せや腹筋の指導を受ける。何回か通うと柔道衣を上だけ貸してくれ、投げの練習をさせてもらえる。

吉村祥子の練習生仲間には、後にプロレスラーとなるバイソン木村や前田薫(Ｋａｏｒｕ)がいた。

ある日、東京北区王子の順天高校に通っていたカッチンこと前田薫が「ウチの学校にアマチュアのレスリングをやっている人がいるから、一緒に練習を見に行かない？」と誘ってくれた。

みんなで代々木のオリンピックセンターに見学に行くと、レスリング教室の練習はごく地味なもので、見ていて面白いものではまったくなかった。

帰り際にコーチが「住所と名前を書いていけ。次の練習予定を葉書で送るから」という。送られてきた葉書にはカレンダーが印刷されており、練習がある日には丸がつけられていた。当時の練習は不定期で、オリンピックセンターの予約が取れた時にだけ練習していたのだ。

早速みんなで会議を開いた。

「どうする!?」

プロもアマもレスリングには違いない。レスリングで強くなれば、全女に入門する可能性も高くなるだろう。

「じゃあ、とりあえず行ってみようか」

こうして吉村祥子たち全女の練習生は、日本初の女子レスリング教室、後の代々木クラブに通い始めた。

監督はもちろん福田富昭。福田は日本大学レスリング部の後輩である木名瀬重夫を、自分が取締役をしていたユニマット（後のジャパンビバレッジ）に就職させ、女子選手のコーチに据えた。ユニマットはコーヒーやジュース等の自動販売機の会社である。

日本初の女子専任コーチとなった木名瀬によれば、黎明期の女子レスラーたちには最初から強い情熱があったという。

「福田会長がクラブを始めたばかりの頃は、いろいろなタイプの生徒たちがいました。一番多かったのはプロレスラー志望の子たち。そんな子を『プロへの道はアマチュアから』というキャッチフレーズを作って受け入れた。彼女たちは高校の授業が終わると目黒のプロレスの道場に練習生として通い、二時間くらい練習してから、さらに代々木のオリンピックセンターの練習にやってきた。下田美馬とか井上貴子とか、とにかくやる気が凄くて真面目なんです。藤沢や茨城から通ってくる子も、わざわざ静岡から新幹線で通ってくる子までいましたね。遊びたい盛りなのに凄い覚悟ですよね。そういう子たちが、だんだんアマチュアレスリングの魅力に取り憑かれていく。吉村のように、『プロになんか行きたくない。アマチュアでやりたい』と考えるようになっていった。身体に軽い障害のある子もいたし、ダイエット目的の子もいた。こちらからすれば、とにかくレスリングをやってくれればそれでいいんです」（木名瀬重夫）

たちまち五十人以上に膨らんだ女子選手を、木名瀬はほとんどひとりでコーチしなくてはならなかった。

「素人ばかりが五、六十人いて、最初はどうしようかと思いました。練習方法も知らないから、私が巡回してもボーッと突っ立っている。タックルとは何か、ということすらわからない。だから手取り足取り教えました。受け身だけはプロレスの道場で教わっていたから知っていましたけど。

性格も家庭環境も様々だから、トラブルも多かった。福岡の番長、（千葉県）市川の番長、（北区）十条の番長と、悪いのが三人いた。後から聞いた話ですが、ロッカールームで着替える時にケンカをして、『よし、あとはスパーリングで決着つけようじゃねえか』という話になったこともあったそうです。一応序列がはっきりした頃に福田会長にお願いして、一緒にメシを食わせて仲直りさせました。

やきもちもありましたね。コーチは誰々ちゃんのことしか見ない、私のことは見てくれないとか。それが原因で辞めちゃった子もいましたし、とにかくこちらの想像通りには全然いかない。『選手が全然強くなっていないのは自分が悪い』と自己嫌悪になった時期もありました」（木名瀬重夫）

一方の福田は、文字通り全身全霊を女子レスリングに傾けていた。

「女子選手の多くは職業をもっていない。だからユニマットに就職させて、オフィスコーヒーの営業マンにする。仕事が終わると代々木のオリンピックセンターに練習に行く。そのうちに調布にある自宅の真ん前のアパートを借りて、女子の合宿所にした。木名瀬のためには裏にアパートを借りて、選手たちを朝から叩き起こしてトレーニングをさせた後、高校や会社に通わせる。仕事も練習も全部見て、代々木のオリンピックセンターの借り賃は協会に出してもらい、給料はユニマットから出させて、合宿所の費用を僕が出す。そういう工面をしながら強化に励んだ。だから女房にはいつも叱られました。恐ろしい金がかかっていたから」(福田富昭)

一九八七(昭和六十二)年十月五日、記念すべき第一回全日本女子レスリング選手権の決勝戦が後楽園ホールで行われた。女子プロレスの前座として開催し、若手プロレスラーも出場させたのは、もちろん福田のマスコミ対策である。

この第一回全日本女子選手権の優勝者には、興味深いメンバーが含まれている。四四キロ級が山本美憂(トキワ松学園中)、五三キロ級が坂本涼子(吹田市民教室)、六五キロ級が豊田真奈美(全日本女子プロレス)。

吉村祥子を破って優勝した山本美憂は当時十三歳。総合格闘技で有名な山本KID徳郁の姉である。妹の聖子を含む三兄弟は、ミュンヘンオリンピックグレコローマン五七キロ級代表の父・山本郁栄からレスリングの英才教育を受けた。後に美憂は三度の世界チャンピオンになっている。

「私は教えてもらったことしかできないけれど、美憂の場合は本能。努力と本能の闘いでした。この全日本選手権の一カ月前に私は胸鎖関節と胸骨を折ってしまった。どうしても試合に出たくて決勝まで行ったけど、負けました」(吉村祥子)

当時十七歳の坂本涼子は、亡くなった押立吉男が心血を注いで作り上げた名門・吹田市民レスリング教室出身という生粋の少年レスリング育ち。後に中京女子大に進み、一九九二年ビエルバンヌ(フランス)世界選手権の五七キロ級で優勝。吉田沙保里や伊調姉妹を育てた栄和人コーチと結婚した(一児をもうけるも離婚)。

当時十六歳の豊田真奈美はこの八月にプロデビュー戦を戦ったばかりのれっきとしたプロレスラー。この当時、レスリングにおけるプロとアマの境界は微妙なもので、国内では自由に交流できるが、日本代表選手として海外で試合を行うことはできないという規定があった。

女子プロレス史上屈指の身体能力を持つ豊田は、アマチュアレスリングの訓練をほとんど受けていないにもかかわらず、決勝戦では星川君枝を全女流の抑え込みでフォールしてしまった。

「あの時はビックリしました。当時のルールでは十五点差をつけるとテクニカルフォール。星川は十四―〇まで持っていったにもかかわらず、逆転フォール負けしてしまった。豊田には地力がありました。山田敏代や井上京子も大柄だったし、彼女たちがプロレスではなく、アマチュアレスリングを続けていれば、かなりいいところまで行ったで

1987年10月，ノルウェーのオスロで行われた第1回の女子レスリング世界選手権に参加した日本選手たち．左端が日本女子レスリングの父・福田富昭．眼帯をしているのが女子レスリングの礎を築いた木名瀬重夫

しょうね」（木名瀬重夫）

第一回日本選手権の優勝者たちは、一九八七年十月にノルウェーのオスロで行われた第一回女子レスリング世界選手権に参加したが、残念ながら山本美憂は年齢制限のために、豊田真奈美はプロであることで不参加となった。

この第一回オスロ世界選手権には日本から全階級に計十名が出場し、銀メダル四名、銅メダル三名。団体で三位に入っている。

八九年にスイス・マルティニーで行われた第二回世界選手権では、四四キロ級の吉村祥子と七五キロ級の清水美弥子が日本人で初めての優勝。そのほか銀メダル二個、銅メダル三個を獲得した日本は、早くも団体総合優勝を果たした。

ひとりの選手もいなかった日本が、ゼロから女子レスリングを始めてわずか五年で世界一となったのである。

この事実は、女子レスリングの二つの側面を物語る。

ひとつは日本の女子選手および福田、木名瀬をはじめとする関係者のたゆまぬ努力。

もうひとつは世界の層の薄さ、レベルの低さである。

福田のとりあえずの目標は、女子レスリングをオリンピックの正式種目にすることにあった。いくら世界選手権で勝っても、オリンピック種目にならなければ女子レスリングの発展はない。女子レスリングがオリンピックの正式種目となるためには、最低でも二十五カ国の参加国が必要となるが、第一回のオスロ世界選手権の参加国はわずか八カ国、第二回のマルティニー世界選手権も十三カ国にすぎない。参加国を増やし、競技レベルを上げなくては、オリンピックでの正式採用など到底不可能だ。

そして最終的には、日本は競技レベルの上がった世界各国のさらに上を行き、金メダルを獲得しなくてはならない。

目標は遥かな高みにあり、以後、福田の活躍は世界へと広がっていく。

その一方で、世界一となった女子レスリングには、協会内部から相変わらず冷たい視線が注がれていた。

《「全国の高校レスリングの指導者の話を客観的にまとめてみると『女子なんかやって

いるから、男子が弱くなるんだ』という声が多いですね」「男子を教えながら、同じ道場で女子を教えようという気にはならないですね」「世界女子選手権に向けて、テレビで練習風景などをルポする番組があったわけですが、選手とコーチの接触の仕方は異常に感じましたね。ベタベタして」「ああいうものを見ると、女子レスリングなんてやってられないという気持ちになりますよ」》（高校指導者座談会。協会広報誌より）

「現在も高体連（全国高等学校体育連盟）には女子がありません。体質が古いというか、『女子がレスリングなんて』という常識がまだあるんでしょうね」（伊調姉妹を育てた八戸クラブの沢内和興）

多忙な福田には、外野の声に耳を貸している暇などない。

一九八九（平成元）年には、中京女子大学（現・至学館大学）にレスリング部が誕生した。

「笹原さんから勧められて、中京女子大学は女子レスリングを始めたけれど、最初の頃、学長の谷岡郁子さんは全然積極的じゃなかった。選手たちが世界選手権に出るようになって初めて『ちょっと面白いかな』と思うようになり、オリンピックで金メダルをとると『女子レスリングをやったのは私です』と言い出して、参議院に立候補して当選した。

中京女子レスリング部の初代監督は杉山三郎というグレコローマンの選手。日体大を卒業した後、就職先を探していた。僕が『杉山、お前名古屋に行って先生になれよ』と言ったら、職のない杉山はすぐに『行きます！』と返事をした。それが中京女子大学レスリング部の始まり。杉山は三年くらいやって、後輩の栄和人に交代した」(福田富昭)

初の地元開催となった一九九一年第四回女子レスリング東京世界選手権が近づくと、福田はなんと合宿所まで作ってしまった。新潟県十日町の小学校が廃校になったと聞いて私財を投げ打って買い取り、女子レスリングの合宿所兼道場としたのである。名づけて桜花レスリング道場。

「職員室を食堂にして、台所、風呂場、サウナを作る。体育館もレスリングができるようにキチッとして、それから教室に畳を敷いて、ザコ寝ができるように作りかえた。山の中だから天然のトレーニング場。まわりには誰もいないから、いくらしごいて泣き叫んでも大丈夫。そこで毎月合宿をする」(福田富昭)

《すごい山の中で、周囲は田んぼと畑、森林だけ。夜はカエルの大合唱が聞こえてくる。いまでも携帯電話の電波が届かず、逃げ出したとしても町まで歩くには三時間以上かかるだろう。いちばん近いコンビニに行くのに車で二十分以上。山の中なので体力づくりをする坂道はいくらでもある。選手を練習漬けにするには、こんなにいい環境はない》(栄和人の発言より。『中京女子大学レスリング王国その強さの秘密』)

一九九一年東京世界選手権の前に行われた合宿の厳しさは、今なお語り草になっている。

木名瀬重夫はもちろん、栄和人らソウルオリンピックに出場した若いコーチたちが、女子選手に男子とまったく同じメニューを与えたからだ。

「バットや竹刀で殴られるのは当たり前。蹴られて肉離れということもありました。木名瀬コーチに得点板で叩かれて、ついに得点板が折れた時には『やった！　これで叩かれないで済む』とホッとした。ところが木名瀬コーチは『新しいのを持ってこい』だって。『この人、気が狂ってる。どうやって逃げようか』と思いました。でも、私たちもヘンでしたね。『文句があるんだったら殴ってこいよ』とコーチに言われて、思い切り殴っていましたから。それでもコーチと選手はすごく仲が良かった。素晴らしい信頼関係があったんです」（吉村祥子）

レスリング世界選手権には十九歳以上という年齢制限がある。しかし福田はＦＩＬＡと粘り強く交渉し、本来出場資格のない十七歳

私財を投げ打って作った桜花レスリング道場でタックルを指導する福田富昭

の山本美憂を、特例で東京世界選手権に出場させた。

山本美憂は福田の期待に見事に応えて優勝、生来の美貌はテレビ中継を通じて女子レスリングの魅力を大いにアピールした。

一般常識を超えた猛練習とメディアを利用したスター作り。福田富昭は正に八田一朗の直系なのである。

「僕は八田さんの教育を受けた最後の方の人間。大胆に発想して、いいことは何でも積極的に取り入れる。一九八〇年代、ブランデージとキラニンの後にIOCの会長になったサマランチは、『人々は世界最高の大会を観たがっている。オリンピックを世界最高の大会にしなくてはいけない。そのためにはアマとプロを戦わせて世界一を決める。そうすればオリンピックの価値が高まる』と言った。長くアマチュアリズムが支配していたIOCの中に、新しい考えが生まれてきた。僕は笹原さんに『プロとアマチュアの境目をなくそうと日本から提案しましょう』と言った。FILAの理事会から帰ってきた笹原さんは開口一番『おい福田、プロとアマの交流はOKだぞ』と言った」(福田富昭)

すでにサッカーやテニスはプロとアマのオープン化に踏み切っていたから、FILA国際レスリング連盟は事前にFILAの承認がある場合に限りプロ選手のアマチュア競技への出場を認めた。完全にオープン化されたのは一九九二年のことだ。

「元々アマチュアレスリングはプロレスから始まっている。もうひとつ、八田さんはアマチュアの会長だったけど、力道山やジャイアント馬場とも関係が深かった。国際プロレスの吉原功社長は早稲田大学レスリング部で八田さんの後輩。だからアマチュアから大勢の選手がプロレスに行った。サンダー杉山、マサ斎藤、ジャンボ鶴田、長州力、馳浩、本田多聞たちです」(福田富昭)

福田は早速、日大の後輩でプロレスラーの谷津嘉章に、アマチュアの全日本選手権への出場を命じた。プロレスラーがアマチュアの試合に出れば、マスコミが騒ぐに決まっている。お前なら勝てるだろう。名声が上がるぞ、と。

谷津は全日本選手権で五度の優勝を飾り、幻のモスクワオリンピック代表にもなった名選手だが、リスクは大きかった。もしプロレスラーがアマチュアに負ければ商売にならなくなるからだ。しかし、若さと自信を持っていた谷津は先輩の誘いに乗った。

一九八六年六月レスリング全日本選手権。会場の駒沢体育館には、普段とは比べものにならない数の報道陣が集まった。フリースタイル一三〇キロ級に、プロレスラー谷津嘉章が出場するからだ。福田の期待通り、谷津は決勝で日体大の浅井功を破り、六度目の全日本選手権優勝を果たした。

一九九二年のバルセロナオリンピックにマイケル・ジョーダンらプロバスケットボールNBAのスーパースター軍団〝ドリームチーム〟が出場して話題を集めると、福田は再び笹原に働きかけて日本アマチュアレスリング協会の〝アマチュア〟を取り、日本レスリング協会と改称してしまった。一九九三(平成五)年一月のことだ。

プロレスラーのアニマル浜口の娘・浜口京子が十四歳でレスリングを始めると、福田は積極的に支援した。最初のうちは父親が教えていたが、ボディビルダー出身のプロレスラーにレスリングの技術があるはずもない。「専門家につけないとダメだ」と福田は京子を新潟県十日町の桜花レスリング道場に呼び、レスリングのイロハを教えた。

さらに福田は浜口京子をジャパンビバレッジ(ユニマットから改称)に就職させて、レスリング部に入れた。

まもなく福田はアニマル浜口に「娘のコーチにつけ」と命じた。レスリングを知らないプロレスラーを日本レスリング協会の正式なコーチに任命するというのだ。アニマル浜口は仰天した。

「親父は信じられないという顔で僕に言いましたよ。『私にそんなことができるんですか?』と。僕は『いいからやれ』と親父に言った。『俺ができると言ったらできるんだ。娘について吠えるんだ。娘だけじゃないよ。十日町の合宿に行った時も、選手全員に向かって、マスコミの前でガーガー吠えろ』と。親父は半信半疑だったけど、うれしそうだったね。『気合いだ!』って何度も吠えているうちに、だんだん本物になっていった。もちろん批判はありましたよ。素人をコーチに据えるとは何事だ。気合いで勝てるなら練習はいらないとね。でも、批判を意に介さず突っ込むのが僕の主義。話し合いなんて

やっていたら、いつまでたってもできない」(福田富昭)

一九九七年七月、浜口京子はクレルモンフェラン女子世界選手権の七二キロ級で見事に初優勝を遂げた。新聞記者たちにうながされたアニマル浜口は、娘が主役の舞台におずおずと上がり、「肩車をして下さい」というリクエストに応じて娘を担ぎ上げた。まもなく五十歳になる父に肩車された十九歳の娘は父の頭上で両腕を広げ、素晴らしい笑顔を見せた。

有名プロレスラーの父親に肩車された浜口京子の写真は、すべてのスポーツ紙の一面を飾った。

福田富昭の見事なマスコミ操縦術。これぞ八田イズムである。

女子レスリングは、徐々に世界中に普及していった。

黎明期にはフランスとノルウェーが金メダルを独占していたが、そこに日本が割って入り、一九九一年東京世界選手権では中国がいきなり金三個と衝撃的なデビューを飾った。さらにロシア、アメリカ、カナダも加わってきた。

すべてが順調だったわけではない。ＦＩＬＡ内部は女子レスリング推進派と反対派に分かれた。反対派の旗頭がミラン・エルセガン会長(ユーゴスラビア)なのだから、福田の敵は手強い。

「エルセガンはとにかく女子レスリングに賛意を示さないし、女子の大会には一度も顔を出さない」(福田富昭)

もし女子レスリングがオリンピックの正式種目に入れば、その分、男子レスリングが割を食うことは明らかだった。

一九九一年五月にはサマランチIOC会長が「二〇〇〇年オリンピックから、五つの競技を正式種目から外すかもしれない」と示唆しており、その中にレスリングのグレコローマンが含まれているという噂が流れた。翌年二月のアルベールビル冬期オリンピックの会期中には、IOCプログラム委員会のシャトリエ委員長が、ボクシング、近代五種とともに、グレコローマンをオリンピック種目から外す可能性を明言した。

オリンピックの規模縮小が叫ばれる中、「観て楽しめることが第一条件」というテレビ主導の流れは、上半身の攻防に限定され、時に華麗な投げ技も出るが、押し合いに終始することの多いグレコローマンの存続を危うくしていたのだ。

女子を入れれば、伝統あるグレコローマンがオリンピックから外される可能性が高まるのではないか。そう考えた東欧諸国はこぞって女子レスリングに反対した。

レスリングは、純然たるスポーツである陸上競技や水泳やバレーボールなどとはまったく異なるものだ。起源は戦闘技術にあり、レスリングは戦士が身体を鍛える手段であったことは第五章で述べた。

レスリングは数千年の歴史を持つが、競技者はすべて男性だった。戦争の際に徴兵されるのが男性であるように、レスリングは男がやるもの。これが世界の常識である。当然、男子レスリングと女子レスリングでは、選手層の厚さも競技レベルもまったく比較にならない。

なぜ伝統あるグレコローマンを危地に陥れてまで、少数派の女子をオリンピックに入れなくてはならないのか。反対派の言い分も充分な整合性を持っていた。

だが、福田富昭やＦＩＬＡ副会長のラファエル・マルティニティ（スイス）ら女子推進派に追い風が吹いた。九四年八月、イギリスのブライトンで第一回世界女性スポーツ会議が開かれ、「スポーツにおけるあらゆる地位、職務、役割への女性の参加を増大させる」というブライトン宣言が採択されたからだ。

まもなくＩＯＣは「すべてのオリンピック種目で男女を実施するように」と各競技団体に要請した。オリンピックで優先されるのは競技の歴史的経緯ではなく、男女平等という新時代の理念なのだ。

ＩＯＣの意向を受けてＦＩＬＡ副会長のラファエル・マルティニティは、女子レスリングのオリンピック開催をめざすと明言、各大陸連盟に女子の大陸選手権を行うよう求めた。エルセガン会長は当時入院中であり、マルティニティは会長代行の立場だった。

一九九六年春、福田富昭が笹原正三に代わってＦＩＬＡの理事に立候補、見事に当選すると、女子レスリングの勢いはさらに加速した。

同年七月に行われたアトランタオリンピックの会期中に理事会を開いたFILAは、男子の階級をフリー、グレコとも、これまでの十階級から八階級に減らすことを決定した。両スタイル合わせて四つの階級を減らす代わりに、次の二〇〇〇年シドニーオリンピックに女子レスリングを入れようとしたのだ。

しかし、反対派も最後の抵抗を見せた。エルセガン会長がシドニーオリンピックに女子レスリングを入れることに最後まで反対した結果、福田たち推進派の希望はギリギリのところで打ち砕かれてしまう。

こうなったら会長を替えるしかない、と福田富昭は決意を固める。

「シドニーが終わって新会長の選挙があった。現会長のエルセガンと副会長のマルティニティの一騎討ち。僕は当然マルティニティの強力なサポーターになった。僕が味方についたことでマルティニティが新会長に当選した。マルティニティやフランス協会長のミシェル・ドゥソンは、女子レスリングがオリンピック種目に入るようIOCに働きかけた」(福田富昭)

二〇〇一年九月十九日に開かれたIOC理事会は、新たにFILA副会長となった福田富昭にとって、そしてすべての女子レスリング関係者にとって特別なものとなった。

女子レスリングが、二〇〇四年アテネオリンピックの正式種目に採用されることが決まったからだ。

八五年二月に柔道家の大島和子がクレルモンフェランでフランスとベルギーの選手に惨敗してから、すでに十六年の歳月が流れていた。

1991年東京世界選手権70キロ級で優勝の浦野弥生. 世界選手権で6個の金メダルを獲得した浦野は, 日本人女子として初めてFILAの殿堂入りを果たした

その間、幾多の名選手が女子レスリングの歴史に名を刻んだ。

九〇年から九七年まで、七つの世界選手権の重量級三階級(七五、七〇、六五キロ級)で六個の金メダル、一個の銀メダルを獲得した浦野弥生は、二〇〇七年にＦＩＬＡの殿堂入りを果たした。

八九年から九五年までに五回の世界選手権優勝を果たした吉村祥子もまた、二〇〇九年の九月に殿堂入りの表彰を受けた。

九一年東京世界選手権に優勝した山本美憂は九四年、九五年の世界選手権に連続優勝を果たし、計三度の世界王者となっている。

美憂の妹である山本聖子も、姉を上回る四

度の世界王座を獲得した。

「五一キロ級の篠村敦子は正統派のレスリングで強い選手でしたね。タックルが強くて。選手生活は短かったけれど、世界チャンピオンにも一度なっています(九八年ポズナニ世界選手権)」(木名瀬重夫)

その他にも日本の女子レスリングは数多くの世界王者を生み出してきた。清水美弥子、飯島晶子、岩間利香、坂本涼子、上林美穂、川崎明美、船越光子。

代々木のオリンピックセンターで、新潟県十日町の桜花レスリング道場で、あるいは名も知れぬ道場で、多くの選手たちが流した汗と涙が、日本女子レスリングの歴史を築き上げてきた。

しかし、圧倒的多数の日本人は彼女たちの名前を知らない。

オリンピックは日本の女子レスリングを根底から変えてしまった。

第13章　少年レスリング

安全な少年レスリングはたとえ未就学児であっても，男子と女子の垣根なく試合を行うことができる。女性がレフェリーをつとめることも多い

日本レスリングが世界に誇るべきものはいくつもある。

オリンピックにおける男子レスリングは、戦前のパリオリンピックで内藤克俊が日本選手団唯一のメダル(銅)を獲得したことから始まる。一九五二(昭和二十七)年のヘルシンキオリンピック以後は、合計で金メダル二一個、銀メダル十七個、銅メダル十四個を獲得。不参加だった一九八〇年モスクワオリンピックを除いて、メダル獲得を逃したことは一度もない。

女子の活躍はいうまでもない。アテネ、北京、ロンドン、リオ・デ・ジャネイロの四大会合計で金十一個、銀三個、銅二個のメダルを獲得し、現在、日本は世界最強国の名をほしいままにしている。

しかし、オリンピックの好成績と並んで、あるいはそれ以上に光り輝く大切な宝物を日本レスリングは持っているのだ。

少年レスリングである。

毎年七月末に行われる全国大会に予選はなく、希望者は全員出場できる。

広い体育館には八面ものマットが敷かれている。学生や社会人の試合では、観客は遠い観客席に押し込められるが、少年レスリングはフロアのマットサイドで、すなわち至近距離で応援することを許される。

我が子を応援するために、両親や親戚、おじいちゃんやおばあちゃんがマットサイドに鈴なりとなり、ワーワーギャーギャーと声援を送る。審判は時に女性がつとめるが、「今のはポイントだろう。ちゃんと見てくれよ！」などと怒声が飛ぶ。遠慮など一切ない。審判も慣れたもので、平然と試合を進める。

選手は小学生あるいは幼児である。三年生以下に男女の区別はない。幼児は子犬がじゃれるように転がり、上級生はスピード感溢れるタックルやパワフルなローリングを披露し、時に呆れるほど高度な技も出る。弱い男の子が強い女の子に負けるのは、ごく当たり前の光景である。勝てばうれしくて飛び上がり、負ければ悔しくて号泣する。子供の両肩に手を置いて叱咤激励する父親、負けた子供を抱きしめて優しく慰める母親。あるいはその逆。

マットは柔らかく、ブリッジをすればレフェリーがすぐに試合を止めるから、首を傷めることはまずない。柔道にはケガが多いが、レスリングにはほとんどなく、スポーツ保険料は卓球よりも安い。道具は一切使わず、全身が左右均等にバランスよく鍛えられる。子供がやるスポーツとして、レスリングほどいいものはない。

二〇〇九年七月二十五日に行われた「第二十五回全国少年少女レスリング選手権大

会」は、代々木第一体育館を三日間借り切って行われ、全国から一七七チーム、一五六三名の選手が参加して行われた。

ひと口に参加者数一五六三名と書いたが、少しでもスポーツに関わったことのある方ならば、この数の異常さがおわかりいただけるはずだ。

高校野球を例にとろう。夏の甲子園には通常四十九校が参加し、ベンチ入りは十八名である。つまり開会式では八八二名の選手たちが入場行進していることになる。

少年レスリングではその約二倍の数の子供たちがマットに次々と上がり、三日間のトーナメントを戦うのである。

少子化が進み、子供のスポーツ離れが叫ばれる中、なぜ少年レスリングだけが拡大を続けているのだろうか？

「俺は会場に行くと、いつも子供より母親を見ている。あんなにいっぱい人がいる中で、誰が誰の母親かすぐにわかる。勝った時のうれしさ。あれほどの興奮、喜びは、今の世の中ではなかなか得られない。母親にとっては、自分の分身が目の前で戦い、しかも自分がコーチになれる。一方で、負けた時の悲しさ、悔しさ。怒ってぶっちゃう親もいるし、かわいそうだと抱きしめる親もいる。みんなから少し離れたところでね。愛情を少しはき違えている部分もあるかもしれないけれど、今風の愛情がモロに出るんですよ。それが短い試合の中に凝縮される。自分が母親であり、子供であることを、あそこで確かめるんでしょうね。
負けた子供は母親にしがみついてワンワン泣く。一対一の残酷さだよね。そんな中で勝負しようというんだから、子供がマットに上がるだけで凄いことなんです」（全国少年少女レスリング連盟会長の今泉雄策）

日本レスリングは八田一朗の時代から現在に至るまで、オリンピックの金メダルを最大の目標にしてきた。日本代表に選手を送り出すのは大学であり、大学に選手を送り出すのが高校である。中学レスリング部の数は極めて少ない。指導者と予算の両方が不足しているからだ。

しかし少年レスリングは、大学を頂点とする学校レスリングのピラミッドとはまったく異なる地平に存在する。小学校にレスリング部などない。子供たちは個人が私的に作ったクラブに所属するのだ。

日本で最初にレスリングクラブを作ったのが、山口県柳井市の斎藤憲であったことは第十章でも触れた。柔道選手だった斎藤は、一九五六（昭和三十一）年のメルボルンオリンピック予選に惜敗した後、レスリング指導者を志し、私財を投じて立派な道場を作り、翌五七年四月には東京の青山レスリング会館で第一回学童レスリング大会を開催した。しかし、当時の日本に少年レスリングの基盤はなく、以後、少年の大会は長く行われなかった。

一九六三年の山口国体に参加した群馬県高崎市の柔道家・桜井弘は、斎藤の道場を見学して感銘を受け、翌年一月から子供たちにレスリングを教え始めた。

現在まで続くレスリングクラブの原型を作ったのは木口宣昭であろう。

一九六九年のグレコローマン全米選手権優勝者である木口は、実家が洋服店を営むことから、縫製の技術を学ぶためにロンドンに渡った。滞在中に身体を動かしたくなり、スパルタ・アマチュア・レスリング・クラブに入った。

「イギリスでは教育機関にレスリングはなく、労働者階級のクラブで行われている。老若の壁はなく、七十歳近い年寄りが若者と真剣なスパーリングをする。これだ！と思いました。レスリングは学校ではなく、民間のクラブでやらないといけない。誰に相談してもピンとこないようだったから、自分で道場を作るほかなかった」(木口宣昭)

多くのオリンピック選手を育てたばかりでなく、五味隆典や山本ＫＩＤ徳郁など無数の総合格闘家の師匠でもある木口の発想は、最初から学校の枠やプロとアマの枠、プロレスと総合格闘技の境界を超えていたのだ。

一九七〇年に民間のレスリングクラブとして開設された木口道場は、大学を卒業した多くのレスラーに練習場所を提供した。

当時は、大学卒業後にレスリングを続ける環境などどこにも存在しなかった。木口道場に通う社会人レスラーは厳しい練習と規律を離れ、レスリングそのものを楽しんだ。

当然のように社会人大会は勝利至上主義ではなく、昔の仲間と再会して腕を競い合うレクリエーションに近いものとなった。レスラーたちの多くは結婚して子供を作り、子供たちを社会人大会に連れてきた。

退屈する子供たちの前には、広くやわらかなマットがあった。

「子供にも試合をさせよう」というアイディアが、大人たちの頭の中に生まれてきたのは必然だろう。

かくして一九七二年六月、全日本社会人選手権の中に少年の部が初めて設置され、同年十一月には埼玉県朝霞市の自衛隊体育学校で関東ミニレスリング大会が行われた。

前章で記したように、このミニレスリング大会は、日本レスリング史上初めて女子選手が出場した画期的な大会でもあった。

「当時自衛官だった私が主催したんですけど、子供ですからね。男も女もない。お兄ちゃんがやったから妹もやった。それだけのことですよ」（全国少年少女レスリング連盟理事長の菅芳松）

試合があるのなら、ウチの子にもちょっと教えてやろうか、と元選手の父親が考えたのは当然だろう。レスリングというスポーツが子供の発育にどれほど良いものかを、父親はよく知っている。

「ダッシュだけやればいいというスポーツはいくらでもあるけれど、レスリングはパ

ワーも瞬発力も柔軟性もすべて必要なんです」(早稲田大学スポーツ科学部准教授の太田章)

「北欧なんか幼児の運動は全部レスリング。犬や猿の子供がコロコロ遊ぶのと同じ。ギリシャの均整のとれた石像があるでしょう? あれはウェイトトレーニングではなく、レスリングで鍛えた肉体美なんです。レスラーは走るのも速いし、力もあるし、身体は柔らかいし、耐久力もある。レスリングは総合的なスポーツなんです」(今泉雄策)

青森県八戸市で伊調姉妹を育てた沢内和興は、社会人のためのクラブだった八戸クラブに初めて少年部を作った人物である。

「最初は『何、子供? そんなの日本でやってるのかよ』と言われましたね。私は自分も兄もオリンピックに出られなかったので、八戸クラブからオリンピック選手を出すことを目標にしました。七、八人の子供を預かって始めましたけど、発足当初から女子はいましたね。続けていれば、そのうち女子もオリンピック種目に入るだろうと最初から思っていました。人数が少ないから男の子も女の子もゴッチャにせざるをえない。社会人大会で木口さんのところ(クラブ)と会った時、『今度子供の大会をやるよ』と教えてもらいました。全国から親が子供を連れて集まってくる。八戸は行けば勝つんですよ。強い子しか行かないから。親が柔道をやっていたり、レスリングをやっていた子ばかりです。みんなやんちゃだから、電車の中はもう大変。試合よりも電車の中の方が気をつかいましたね」(沢内和興)

二〇〇三年十月に発行された『日本少年レスリングの歴史と未来』の編著者である今泉朝雄（今泉雄策の長男）によれば、学校組織と離れた少年レスリングの指導者は、資金面では苦労するものの、部活動では決して得られない満足が味わえるという。

「少年（レスリング）の指導者の中には学校教師もいる。その先生は『一度クラブの味を知ってしまうと、学校でなんてやっていられない』と言う。自分のやりたいように運営できて、教師と生徒の一線を超えて子供たちと深く関わることができる。ある意味でクラブの子供は『自分のもの』なんです。コーチと子供の精神的な結びつきが強くなると、親も子供も熱心になり、一緒にクラブを盛り上げてくれる。ここまでくれば楽しくなってもうやめられない」（今泉朝雄）

学校から完全に切り離されたクラブ組織、男子も女子も一緒という少年レスリングのあり方はこうして確立され、燎原の火の如く全国に広がっていった。

一九八四年一月には社会人連盟から独立して正式に全国少年レスリング連盟が発足し、八月には記念すべき第一回の全国大会が茨城県高萩市で行われた。参加クラブは三二、参加者は三八二名を数えた。

「新設された少年連盟の事務局長をやったけど、すごく面白くてやりがいがある。どんどん発展していったから。少年レスリングの普及で一番大きかったのはテレビ。フジテレビが十年間、第一回から十回大会まで、毎回一時間番組で放映してくれたんです。

テレビを見た人たちが『ああ、いいスポーツだな』とレスリングに大勢入ってきてくれた。

お父さん、お母さん、おじいちゃん、おばあちゃんにもわかりやすいルールを作った。タックルして後ろに回ったら一点、返したら二点、投げても二点。五秒以上抑えたらボーナスで一点。危険と思えばすぐに止めて、スタンドから始める。実に簡単。

当時のオリンピックルール(フリースタイル)を多少変えて、危険性を排除した。ダブルネルソン(グラウンド状態で下になった相手の両脇から手を差し入れ、相手の首の後ろでクラッチする技。フルネルソンともいう)や股裂き、特に関節を攻撃する技は危険だからすぐに止めた。ルールの原案を作った勝村靖夫さん(一九六六年トレド世界選手権フライ級二位)が指導者のみんなに頼んで、試合中にはブリッジをさせないようにした。試合中はブリッジ禁止。だけど本来レスリングはブリッジが基本だから、練習ではブリッジをどんどんやらせてください、とお願いした。

全国大会も初めのうちは、高体連の先生に審判を頼んだけど、三回目くらいからは『お母さん、お父さんにも参加してもらおう』ということになった。お父さんには指導、お母さんには審判、おじいちゃんおばあちゃんには応援してもらおう、という方針を決めた。

レスリング経験のないお母さんでも、講習と実技を二時間ずつ受けてくれれば公式審判員にして、あとは数をこなしてもらう。ルールをシンプルにしたことで、素人でもお母さんでも審判ができるようになったんです。

クラブには必ず審判員を置いて下さいとお願いしていることもあって、審判員の登録は、今では一千人を超えました」(菅芳松)

クラブチームを主体とする少年レスリングは、学校の部活動とは本質的に異なる。

一九八〇年半ば頃までのレスリング界には厳然たる序列が存在した。新潟の風間栄一(早大OB)、秋田の小玉正巳(早大OB)、茨城の沼尻直(拓大OB)ら各県のボスの下には大学OBを中心とするピラミッドがしっかりと形づくられていた。

「高校レスリング部のOB会でも、大卒のOBが仕切る。高校を出て地元の工場に就職したり、農業を継いだり、ガソリンスタンドで働いたりしながら、レスリングが好きで子供たちに教えてるようなヤツは、いつまでたっても劣等感を抱えている。大学なんて学力的には何でもないところ。だけど運動部は歴然たる学歴社会。どんな三流大学でも大学は大学。大学を出ていない指導者はほとんどいなかった。結局、高卒のヤツには日の当たる場所がなく、ただの人足としてしか扱われない。名前のあるところ(役職)は全部大卒のエラい人たち。俺はそういう構造をぶっ壊してやろうと思った」(今泉雄策)

一九八〇年代後半になると、日本レスリング協会は、レスリングの公式試合に出場する選手全員から年五百円の登録費を徴収することを決めた。全国大会に出場する少年レスラーからも例外なく取る。しかも登録のルートは県を通じて行うという。少年レスリングが県ごとの小さいピラミッドの最底辺に組み込まれるということだ。

「普及の段階にある少年からも一律五百円を徴収するなんてとんでもないと思ったけど、決まったことは仕方がない。だからその五百円を少年連盟で負担することにした。全国大会に千人が出場すれば五十万円。その金を少年連盟で作って負担した。子供たちは一円も払わない。登録も県を通さず、直接レスリング協会にしてもらって構わないということにした。

そうすることで県の囲いの意味が薄れ、県連の存在意義が減少していったんです。そんな動きが少年から始まり、女子連盟や社会人連盟へと広がっていった」(今泉雄策)

拡大を続ける少年レスリングの最大の支援者となったのは、福田富昭(日本レスリング協会会長)であった。

「福田が毎年二百万円作ってくれたの。『今泉さん、お金を取りにきて』って言われて、当時のユナイテッド・スティール(のちにユニマット、現・ジャパンビバレッジ)という会社に取りにいったら、二百万円ポンとくれたよ。『領収書はいらないから』って。確か五年続けてもらったかな。それがユニマット杯。『日本で一番立派なカップにしよう』と、ひとつ三十万円もするのを作った。

二百万円は会社から出ている。年商二百億だった会社を一千億円にしちゃったのは福田だから、とにかく発言力がある。社長はアメリカ人だから、儲かってさえいれば金を出すんだ。

俺は福田からもらった金を自由に使った。地方で一生懸命やってくれるヤツを飲ませたり食わせたり。だから女子同様、少年レスリングを育てたのも福田富昭。もちろん俺自身も金を使ったけどね」（今泉雄策）

当時の少年と女子は、オリンピックの金メダルから遠く離れている点で共通しており、今泉と福田はいわば戦友であった。女子の福田が少年を援助し、少年の今泉が女子に選手を供給し、技術指導に加わる。

二十一世紀の現在に至るまで、日本の中学にも高校にも大学にも、女子レスリングの基盤はほとんどない。ごく限られた高校と大学だけが女子のレスラーを育成している。頭脳明晰な福田の頭の中には、最初から「少年のクラブをベースとして日本の女子レスリングを作り上げる」というグランドデザインがはっきりと描かれていたに違いない。

浜口京子という唯一の例外を除いて、現在の女子レスラーのほとんどは少年レスリングの出身である。山本美憂は小学二年生から、妹の聖子は幼稚園から、吉田沙保里、伊調千春、伊調馨は揃って小学一年生から全国大会に出場している。

「（伊調）千春は兄の影響で五歳からレスリングを始めましたが、その頃からピシッと

1995年7月に行われた少年少女レスリング全国大会．試合中，八戸クラブの沢内和興コーチに激励されるのは，小5の伊調馨(中央)．左手の眼鏡の少女は姉の千春．マットの周囲には常に大勢の人たちがいる

したところがありました。妹の馨は当時二歳、マットの上でゴロゴロと遊んでいましたね。馨は最初から人とは違っていて、小さい頃からじっと人のことを見ているんです。すごい観察力ですよ。レスリングではふたりとも男の子と五分以上に戦っていました。最初から本当に強かった。闘争心があってガンガン行く。八戸クラブの男の子も決して弱くはなかったけど、彼女たちの相手をするのはイヤだったでしょうね。

八戸の田舎で少年レスリングをやるからには、基礎体力や身体能力を高めて高校や大学に送り出すのが仕事かな、と思っています。身体を作っておけばケガも少ない。技術ばかりやっていると、力でねじふせられたり、無理な技をかけてケガも多くなる。技術を教えすぎず、基本だけを教えて体力強化を重視すれば、たとえ少年の頃に

勝てなくても高校・大学で伸びますね」(沢内和興)

初期の少年レスリング出身者の中で最も注目を集めたのは阿部三子郎(さんしろう)であった。

東京・大久保のスポーツ会館で水泳教室に通っていた阿部は、七歳の時、同会館で行われていた少年レスリングの大会を見ていて「どうせなら試合に出てみないか?」と誘われて出場し、見様見真似で戦ううちに、なんと優勝してしまった。

77年12月の第1回ジュニアレスリング選手権にて.
中央の少年は後の全米王者で五輪代表の阿部三子郎

以後、レスリングの魅力に取り憑かれた阿部は、週二回行われる練習に欠かさず参加。小学五年生の時に初出場した第九回全国大会の三二キロ級で優勝すると、翌年も連覇を果たした。

一九八五年七月にフランス・クレルモンフェランで行われた世界カデット選手権(中学生世代)に出場すると、フリー四二キロ級で見事に優勝を飾った。

アメリカ・ペンシルベニア州立大学に進

学した阿部は、見事に全米学生チャンピオンに輝いている。

期待されて出場したアトランタオリンピックでは残念ながら九位に終わったものの、阿部三子郎の成長の各段階における活躍は、選手強化における少年レスリングの重要性を改めて示した。

少年レスリング育ちの阿部は、封建的な体質を持つ高校の部活動になじめず、アメリカで改めてレスリングの魅力に気づいたという。

兵式体操(後のラジオ体操)や行進や整列。直立不動の「気をつけ!」や「前にならえ!」等々、学校教育に軍隊文化が導入されたのは明治十年代から二十年代にかけてのことだった。もちろん強兵を作るための国策である。軍隊では上官への命令は絶対だが、学校は軍隊ではなく、本来、下級生が上級生に服従する理由はまったくない。しかし、高校の運動部や大学の体育会には終戦後もなお、軍隊的なメンタリティが長く残された。

「(元衆議院議員で日体大OBの)松浪健四郎が日体大でブリッジをしていたら、上級生から口の中に雑巾を突っ込まれた。『あいつだけは絶対に許さない』と言っていたのを聞いたことがある」(今泉雄策)

「世田谷の某学校では、上級生が『上野駅のコーラが飲みたい』と言うと、走って買いに行かされると聞きました。違う大学では『目をつぶれ』と言われてつぶった瞬間に殴られるから、殴られた直後に目を開けて、殴ったヤツの顔を覚えておいてスパーリン

グの時にやり返すそうです。早稲田では(そんなことは)全然ありませんでしたけどね」(早大OBの太田章)

「日体大は七号館の七四一号室というところで蹴られる。練習が終わって『集合』と言われるのが合図。ひとつ上の学年にやられる。今は全然ないですけどね。今やったら、みんな首が飛びますよ。連帯責任なんてやったら、大学がつぶれちゃいます」(バルセロナオリンピック出場、拓殖大学レスリング部部長の西口茂樹)

学校教育と関係のない少年レスリングは、軍隊的な思想からまったく無縁であり、むしろ学校の外部で、さらに日本という思想の外部で子供たちを育てた。

「木口(宣昭)先生のアメリカ遠征はいい企画でしたね。一カ月間全米各地を転戦して、三、四日ホームステイさせてもらってはまた次の土地に行く。参加したのはチャンピオンばかりですけど、子供たちはあっという間に順応しちゃう。英語がしゃべれなくても全然平気。しゃべれないまんま、向こうの子供たちと大はしゃぎしてましたから。小学校の時にアメリカ遠征を経験して全日本のチャンピオンになった選手は二十人くらいいるはず。菅太一(菅芳松の長男)なんかアメリカに三回も行って、結局英文科に行きました。妹の綾子ちゃんも二回か三回行って、やはり英文科に進んだんじゃないかな。レスリング選手で英文科ってあんまりいない(笑)」(アメリカ遠征に同行した今泉朝雄)

小学生の頃からアメリカ遠征を行い、国内外で無数の試合をこなした少年レスリングの強い選手たちが、やがて高校レスリング部に大量に入部してくる。小さい頃から全身を鍛え、レスリングに必要な試合勘を磨いてきた少年レスラーたちは、高校レスリングでも圧倒的な強さを見せた。

少年レスリングで五連覇を果たした大橋理秀(吹田市民教室。後に桃山学院大学)は高校一年で王者となり、以後インターハイ三連覇を果たした。高校王者をいじめる上級生はいない。さらに少年レスラーは高校入学の時点で十年近いキャリアを持っており、すでに実力の格付けは終わっている。誰が強く、誰が弱いかは、高校入学の時点ですでに明らかなのだ。

いじめられなかった彼らが上級生になれば、もはやいじめはどこにもなくなった。明治期から続く運動部や体育会の古く淀んだ空気は吹き飛ばされ、軍隊文化に起因する陰湿ないじめや不必要な上下関係は消滅した。

少年レスリングは、明治以来の悪しき伝統を根底から変えてしまったのである。

「大学に上下関係がなくなってきた。俺の母校の中央大学なんか、一年生が四年生と対等に話をしている。にもかかわらず、中央は二〇〇九年の全日本大学グレコローマン選手権で準優勝。チャンピオンも二人出した。自由な雰囲気がいい方向に行っているのかな、と思う。アメリカなんか、コーチの言うことを寝そべって聞きながらチャンピオンが出てくる。本来格闘技は自発的なものだからね」(今泉雄策)

長年にわたって、少年レスリングは普及の役には立っても、選手強化には役立たないと考えられてきた。阿部三子郎や、プロレスラーになった本田多聞以後、少年レスリング出身のオリンピック代表選手は少なかったからだ。

しかし、少年連盟創設二十五年周年となった二〇〇八年に行われた北京オリンピックにおいて、ついに少年レスリング出身者がオリンピック代表の過半を占めた。

しかし、レスリング協会の強化委員長という重責を担う佐藤満(ソウルオリンピックフリー五二キロ級優勝)は、少年レスリングに少々不満を抱いているようだ。

「少年レスリングの子たちはメチャクチャな練習をしていますよね。親が毎日体力トレーニングをさせていれば、そりゃあ勝ちますよ。彼らは当然強い高校に行きますから、そのまま高校でも勝ってしまう。でも、そういう強い高校生と僕がスパーリングをしてみると、インパクトがないことが多い。少年レスリングが悪いのではなく、もっと底辺を拡大することを考えないといけない。

少年の指導者は頑張っていると思いますけど、講習会を開いて指導者のレベルを上げれば、またひとつ日本のレスリングのレベルは上がるはず。

素材のいい子が高校からレスリングに入ってきても、少年出身の選手には絶対に勝てない。夢が持てないから、諦めて大学でもレスリングをやらない。悪循環的な部分がある。

　少年のコーチにはライセンスを持たせないといけない。一番大切なのはちびっこの時期なのに、みんなヘタなレスリングをしている。我々の時代は初めてレスリングを学んだ高校で、全日本王者やアジア王者からいい指導を受けた。でもちびっこの指導者はそうじゃない。悪い癖がついてしまっていて『このレスリングじゃ勝てない』とすぐにわかる」

　強化委員長は、日本の男子レスリングをオリンピックで勝たせる総責任者である。その佐藤の目から見て「少年レスリングの指導者は、正しい技術を教えていない」という。由々しき問題である。

「指導者講習会では、過度の体力錬成はダメですよ、という指導をしている。ウェイトトレーニングをさせたり、過度な練習をやって筋肉がつきすぎて骨がつまったり、ということがあるから。大体のクラブは週に二回か三回の練習だけど、全国大会のトップクラスの選手を出しているところは一年三六五日毎日やっている。そういうクラブの子が中学高校で伸びるかといえば、そうでもない。燃え尽き症候群になったり、練習をやりすぎて身体に変調をきたす子も中にはいるんです」(菅芳松)

「佐藤満の言う通り、ライセンスを出すことは考えている。『少年クラブは代表者ひとりが必ず指導者講習会を受けなさい。修了書を出すから、それを看板につけなさい』と。

まあ、優良店みたいなものか(笑)。ただしライセンスを持たない指導者を大会から排除するわけにはいかない。小さい頃から正しい技術を教えることが大切であることは間違いない。でも具体的にどの年代にどんな技術を教えればいいのか。女の子には初潮もあるし、六年間の間に積み重ねていくものがある。大学の先生が考えてもできない。現場にいるコーチの方がよっぽど知っている。

指導者を集めて指導するのはいいけど、教える側が子供のことをわからないでしょう。大人と子供の身体は違う。僕らはまず『ケガをさせない』というところから入っている。これでひとりでも頸椎を傷めて障害者になるような子がいたら、少年レスリングはおしまいだよ。

学校教育がダメだからこそ、少年レスリングは今の形になったのに、また上からの強制に戻すことはできない。充分に時間をかけて少年にとって正しい技術とは何かを考え、ノウハウを積み上げていくしかない」(今泉雄策)

かつて少年レスリングは、オリンピック選手の強化から最も遠いところに位置すると考えられていた。しかし今、少年レスリングには選手強化のための最もホットな議論が存在している。

学生選手のメンタリティからオリンピック選手の強化に至るまで、二十一世紀の日本のレスリング発展の鍵を握っているのは、間違いなく少年レスリングなのだ。

第14章　ロンドンへ

2011年イスタンブール世界選手権で銀メダルを獲得した米満達弘(自衛隊)は，ロンドンオリンピックで日本男子レスリングに24年ぶりの金メダルをもたらした

一九九一年にソビエト連邦が崩壊したことは、世界のレスリングに大きな影響を与えた。ウクライナ、ジョージア(グルジア)、ウズベキスタン、アゼルバイジャン、エストニア、ベラルーシ等、旧ソ連の共和国の代表がオリンピックの舞台に集まってくるようになったからである。

かつて世界最強国ソ連の代表は各階級にひとりずつしかいなかったが、いまや敵は十倍以上に増えてしまった。

それればかりではない。旧ソ連の選手とコーチが世界中に流出していったのだ。

「僕が知っているだけでも、韓国がロシアのコーチを一時呼んだことがありますし、イギリスにウクライナのコーチ、インドにもベラルーシのコーチが最近までいました。選手自体も移住、あるいは帰化という形で世界各国に散った。コーカサス地方の選手がカザフスタンやウズベキスタン、さらにオーストラリアやドイツにまで流れていくんです。対戦表を見ると、名前の後ろにVがついていたり、何々シビリとか何々テンコがついている。『ああ、きたか』と思いますね。国籍がイギリスならば、イギリス人が出てくるかといえばそうじゃない。一回戦も二回戦も三回戦も旧ソビエト出身の選手という

状況です」(元ナショナルチーム専任コーチの和田貴広)

活躍の場所を求めて簡単に国籍を変えるとは卑怯だ、などと短絡的に考えるべき問題ではない。

オリンピックに三度も優勝し、世界選手権を含めて九回も世界チャンピオンになった伝説的なレスラー、ブバイサ・サイティエフはチェチェンの出身。ロシアがチェチェンに大規模な空爆を行い、チェチェンがテロで対抗したことはあまりにも有名だ。

オリンピックや世界選手権で優勝するたびに、チェチェンの人々は英雄サイティエフを熱狂的に迎えたが、そのサイティエフは、憎むべき敵であるロシアの国旗を身につけて戦わなくてはならなかった。

《チェチェンの出身であるサイティエフはことあるごとにロシア中央政府に反抗し、要注意人物としてマークされていた。北京オリンピックのロシア国内予選では、サイティエフの敗戦を期待する中央協会幹部と、チェチェンを含むグルジア系のロシア人の間で一触即発の事態となり、大変な警備だったそうである。(中略)静かな男サイティエフは優勝すると観覧席から投げられたロシア国旗を肩に掛けマットを一周し、ロシア国旗をマット中央に置き去りにして静かに去っていった。しばらくはロシア国旗に誰も手を触れずそのままになっていた。置き去りの国旗は何の意味なのか、サイティエフの心境は何なのか。さよならレスリング、さよならロシア、という意味なのか。オリンピック開催中にロシアは同胞グルジアを爆撃した』(今泉雄策のブログ『考えるレスリング』)
さらに韓国、北朝鮮、モンゴルのほか、中国やインドもレスリングに力を注ぐようになって、アジアのレベルは急速に上がった。
一九九二年のバルセロナオリンピック以降、オリンピックに出場するためには、あらかじめ世界選手権やアジア選手権で上位に入り、国別の出場枠を獲得しなければならなくなった。
弱体化した日本がオリンピックの出場権を確保し、さらにオリンピック本大会を勝ち進んでメダルを獲得することは、至難の業となってしまったのである。

しかし、一九九九年に福田富昭が専務理事(理事長から改称)となり、日本レスリング協会で采配を振るうようになったことから、日本レスリング界に新しい風が吹き始める。

惨敗に終わったシドニーオリンピック後、福田専務理事は富山英明を強化委員長に据えた。きたるべき二〇〇四年アテネオリンピックの強化を、最も信頼できる後輩に託したのだ。

富山は和田貴広を男子ナショナルチームの専任コーチに任命した。

和田はセルゲイ・ベログラゾフの愛弟子である。一九九六年アトランタオリンピックでは日本のエースとして金メダルを期待されたものの、結局四位に終わった。

アトランタの翌年にあたる九七年クラスノヤルスク(ロシア)世界選手権で日本が惨敗したことから、当時の高田裕司強化委員長は専任コーチのベログラゾフを解任。ベログラゾフは失意のうちに日本を離れた。

にもかかわらず、富山は結果を出せなかった和田貴広に、男子ナショナルチームの強化を託した。なぜだろうか?

「セルゲイの技術は一流だった。僕らも非常に勉強になりました。ただ、セルゲイには技術は教えられても日本人の魂がなかった。日本を強くすることに命を張るという部分です。オリンピックは四年に一度の大舞台。そこで勝ち抜くためには、技術と体力以上に精神力が必要なんです。何試合も戦っていけば身体のどこかが壊れる。捻挫だの脱臼だのが必ずある。そりゃあそうですよ。レスラーたちは死にものぐるいで戦うんですから、無傷で行くはずがない。どの国もそうです。和田が現役の時、セルゲイは膝を傷めていた和田に『休め』と言った。疲れたらやっぱり『休め』。我々の伝統的な考えは『疲れたら、そこをいかに乗り越えて勝つか』。乗り越えた者だけがチャンピオンになってきた。和田もオリンピックで負けてみて、初めてその部分を理解してくれたと思う。和田はもともと高い技術を持ち、人間性も素晴らしい。だからコーチを誰にするか、という話が出た時にはすぐに決まった」(強化委員長の富山英明)

コーチ就任を自分に打診してきたのはセルゲイを解任した高田裕司だった、と和田貴広は振り返る。

「セルゲイはシドニーに向けた強化を計画的に進めていた。だから解任されて帰国すると聞いた時には、本当にみんながガッカリしました。自分も現役は続けていましたけど、セルゲイが帰った後は、どこかで気持ちが折れていた。だから、高田先生からナショナルチームのコーチの話がきた時には飛びつきました。『自分のスタイルでやりたい』『俺が日本のレスリングを変えたい』という思いがあったからです。セルゲイと高田先生はケンカ別れのような形で離れた。でも(セルゲイの愛弟子である)自分を信頼することは、やっぱりセルゲイを認めているわけですよね。だから僕もナショナルチームで教える時には、セルゲイのように選手の中に入っていって、うまくできたら褒め称えてやり、落ち込んだ時にはちゃんと話を聞いてやる。そんなコーチになろうと思いました。

技術はロシアの方が絶対に上。ただ追随するだけでは勝てません。ですから『日本人が勝てるレスリングとは何か?』については真剣に考えました。

ひとことで言えば体力です。所属チームでの二時間を超える練習で、日本の選手たちにはどれほどハードな練習でもついていくという精神的な強さが身についている。そのレベルではノルマを必死にこなす練習も大切だし、『強くなる方法は自分で考えろ』と突き放す場面も必要でしょう。

でもナショナルチームのレベルでは違う。選手たちには基礎があり、自分のレスリングのスタイルも決まっていて、何よりもモティベーションが高い。ですから、ナショナルチームで教えるのはラクでした。

練習時間を短くすると、選手たちは『今日の練習はこれで終わるのか』と思って、一〇〇%に近い力を毎日練習で発揮する。その積み重ねが実力になっていくんです。意識の高い選手は所属に戻っても、ナショナルチームで教えた技術をドリル練習やスパーリングの中で磨いてくる。次の合宿では形になっているのですぐにわかります。

僕がナショナルチームで指導を始めた最初の一、二年は結果が出なかったので、強化委員長の富山さんも不安だったはず。僕も初めての経験だったので、警視庁の土方（政和）さんや自衛隊の和久井（始）さんに酒の席で『これでいいんですかねえ』と不安を口にして、フォローしていただいたこともありました。

でも、少しずつ上り調子になってきた。最初は全員が一回戦負けだったのが、翌年は二回戦に進んで、その次の年はベスト8まで進んだ。『やっぱりこれでよかったんだ！』と思いました」（和田貴広）

日本が世界で勝つためには、技術で互角に戦い、体力で上回らなくてはならないという意識は、同時期に佐藤満（一九八八年ソウルオリンピック金メダリスト）と久木留毅（くきどめたけし）（現・国立スポーツ科学センター長）がスタートさせたジュニアチームでも共有された。

ジュニアとは十八歳から二十歳までの世代。日本では高校三年生から大学二年生までにあたる。

かつて高田裕司や富山英明は二十歳で世界王者となった。しかし、八〇年代の半ば以降、学生と社会人のレベルの差が開き、学生が全日本王者となることは少なくなった。

全日本学生連盟の強化委員長に就任した佐藤は、ジュニア世代の強化こそがオリンピックで勝つための必須条件であると考えた。

「それまでは世界ジュニアのタイトルが全然とれなかった。我々の時代は、高校からレスリングを始めた人間がとっていたのに。僕は大学二年でユニバーシアードに優勝したし、世界ジュニアの表彰台に上った選手もいっぱいいました。今の選手はちびっこレスリングから始めている。なのに、どうしてジュニアのタイトルがとれないんだ？　という話です。レスリング協会としても、もう一度ジュニア強化に取り組んだ方がいい。高校王者と全日本ジュニアに勝った大学一、二年のメンバーを集めて、世界を狙うんだという意識づけをさせよう。世界と戦うためにはこういう技術と体力強化のトレーニングが必要だ。もう一度基本に戻ろうじゃないか、ということです。最初のうちは協会や高体連からは歓迎されなかったけれど、選手たちはすごく喜んでいましたね。意識が高く、目も輝いていた」（佐藤満）

「日本の男子レスリングはみじめな状態だった。シニアだけではなく、ジュニア（二十歳以下）もカデット（十六歳、十七歳）も全然勝てなかった。ところが二〇〇七年にフィリピンで行われたアジアジュニアではフリーもグレコも活躍して、日本が団体で三位に入った。ずいぶん長くレスリングを見てきたけれど、あんなにいい思いをしたことは初めてだった」（栃木県レスリング協会理事長の大島大和）

「学生連盟とジュニアの強化をしたのは佐藤さん。日本を六ブロックに分けて、コーチングスタッフが各ブロックに指導に行き、年に一回、高校生と大学生のエリートを集めて、指導研修会を開いた。そういった強化が実を結んで、学生とナショナルチームの差がかなり詰まってきたんです」（和田貴広）

チャンピオンがチャンピオンを育てる。それが日本レスリングの伝統である。しかし、ロサンジェルスオリンピックを含めて三度の世界王者となった富山英明強化委員長は、スタイルも考え方もまったく異なり、実績でも大きく劣る和田貴広に強化のすべてを任せ、自らは後方支援に回った。

「もう現場で動ける年齢じゃない。かといって協会全体を動かす立場でもない。だったら和田を最大限に生かそう。俺はコーディネーターに徹しようと思った。

あとは周囲の環境を全部レスリングの味方につけようと思った。ちょうどJＩＳＳ（国立スポーツ科学センター）もできた（二〇〇一年十月開所）から、メディカルスタッフや情報分析の人たち、さらに他競技の人たちにもしっかりと挨拶して握手して、可愛がってもらえと。みんな同世代で世界と戦っている仲間なんだ。味方になってもらえば、お前たちにとっても、絶対に将来の財産になるからと。

俺たちのチームの参謀格に久木留毅という優秀なのがいるんだけど、そいつをＪＩＳＳの栄養士の子に戦略的に会わせたら、本当に結婚しちゃったんだよ(笑)」(富山英明強化委員長)

久木留毅は、日本のスポーツを強くするための情報と戦略を誰よりも持っている人間である。現在は国立スポーツ科学センター長、およびナショナルトレーニングセンター副センター長として、世界のトップスポーツに関する正確な情報の収集・分析にあたっている。

専修大学レスリング部出身の久木留毅は、卒業後、筑波大学大学院で体育学とスポーツ医学を、法政大学で政策科学を学んだ。現在は専修大学文学部教授。スポーツ医科学、スポーツ政策、スポーツ情報戦略、コンディショニングの専門家である久木留の活動範囲は極めて広い。

専大レスリング部、佐藤満率いるジュニアチーム、富山英明強化委員長と和田専任コーチを中心とするシニアチームのすべてに関わることで、久木留はいま選手たちに必要なものは何かを考え、ＪＩＳＳを自在に使いこなしてトップアスリートのための栄養管理や定期的な体力測定、映像分析や情報収集を行った。

佐藤満とともにジュニアからシニアまでの一貫した育成・強化システムNTS(ナショナル・トレーニング・システム)を構築し、二〇一一年六月に可決されたスポーツ基本法の制定にも、ごく初期から関わった。

「(久木留は)諸葛孔明みたいなもの。我々強化委員会の管制塔です。馳浩(衆議院議員)や松浪健四郎(元衆議院議員)さんの秘書も経験しているし、青年海外協力隊でシリアに二、三年いたから、アラビア語もしゃべれる。

警視庁の土方政和は僕の日大の後輩だし、自衛隊の和久井始もすごくいいキャラクターで、和田とも人間的によく合った。和気藹々でいいチームでした」(富山英明)

選手ひとりの力では勝てない。コーチの力を借りても勝てない。強化委員会だけでも勝てない。日本レスリング協会だけでも勝てない。サポートするスタッフや応援してくれる人たちも含めたすべての力を結集しなくては、オリンピックでは勝てないのだ。

二〇〇四年アテネオリンピックの正式種目に採用された瞬間に、日本の女子レスリングのすべては一変した。世界における女子レスリングはまだマイナー競技にすぎないが、日本は二十年も前から真剣な強化を続けてきたのだ。アテネオリンピックの前年にあたる二〇〇三年ニューヨーク世界選手権で、日本は七階級中五階級で優勝を飾っている。

アテネオリンピックの女子レスリングは四階級で行われるが、これほど金メダルが確実な種目は他にない。マスコミは大挙して女子レスリングの取材に押し掛けた。

二〇〇三年十二月三十日、男女のオリンピック代表および代表候補は茨城県大洗町に集められ、年越し合宿を行った。オリンピックイヤーの元旦には朝六時に宿舎近くの磯前神社に初詣、初日の出を拝んだ後、選手全員が近くの海岸で寒中水泳を行った。

女子七二キロ級の浜口京子は「本当に泳ぐんですか？」と顔をこわばらせ、六三キロ級の伊調馨は「正月合宿自体が考えられない」とコメントした。

しかし、前年三月に日本レスリング協会会長に就任した六十二歳の福田富昭が、率先して水温五度の真冬の海に飛び込むのだから、自分が海に入らないわけにはいかない。結局三十六人の選手全員が海に入った。

正月に合宿を行い、真冬の海で寒中水泳を行うのは、八田一朗以来の伝統である。チャンピオンを目指す選手が正月に自宅に帰ってもロクなことはない。トレーニングもせずにうまいものを腹いっぱい食べ、せっかく鍛え上げた身体と心を緩めてしまう。元旦に海に入ったところでレスリングの実力がつくわけではもちろんないが、人が休んでいる時に自分は鍛えている、冷たい冬の海に入る覚悟を持ってオリンピックを目指しているという心理的な効果があるのだ。

柏崎市のトルコ文化村でオイル・レスリングを見学させる。お台場の「大江戸温泉物

2004年5月，アテネオリンピックの前哨戦として東京で行われたアジア選手権で4個の金メダルを獲得したオリンピック代表選手たち．右から浜口京子，伊調馨，吉田沙保里，伊調千春．晴れやかな笑顔が眩しい

語」の足湯に浴衣姿でつからせる。氷のように冷たい滝に打たせる。

八田一朗からマスコミ操縦術を学んだ福田が女子レスリングの話題を次々に提供した結果、オリンピックが近づくにつれて、取材攻勢は凄まじいものになった。

「あの時は参りました。普通に練習をやっているところに、テレビ、ラジオ、新聞、雑誌が一気にくる。こっちの身体はひとつしかないのに、向こうは何人もくる。ひとつのテレビ局の中に、番組が五十も百もあるんですから。取材の対応に追われて休憩もとれない。向こうだって仕事だから必死です。『A社には取材を許可したのに、どうしてウチはダメなんですか』と詰め寄られる。レスリングの人気を上げるためにはどんどん取材してほしいけれど、取材を受けすぎれば選手が死んでしまう。マスコミも練習の邪魔をしたい訳じゃない。多くの人たちに本当に選手を応援してもらいたい。そのためにはいい記事を書きたいし、映像素材もほしい。だから選手に協力してもらいたい、という論理。お互いに矛盾しているんです。

結局、テレビ局一社にひとりずつの担当を決めてもらった。局として、どうしてもやってほしいというものだけをこちらに取材申請して下さい、とお願いしました」(女子の取材窓口となった木名瀬重夫)

二〇〇四年八月、アテネオリンピックで開会式の旗手をつとめたのは浜口京子であり、浜口のすぐ後ろで選手団の先頭に立って入場行進をしたのは、日本選手団総監督の福田富昭であった。

ちょうど二十年前、一九八四年のロサンジェルスオリンピックの開会式の時に、富山英明がカメラを持ち込んで体協関係者にとがめられたことがあった。

カメラを持っていた選手は他に何人もいたが、フリースタイルチームの監督だった福田と富山は黙ってフィルムを提出して謝罪した。しかし、選手団副団長の安斎実と選手団総務理事の福山信義が「富山を日本に強制送還する！」とマスコミに息巻いて語ったことに激怒した福田は、金メダル二個、銀メダル五個、銅メダル二個の赫々たる戦果をあげて帰国すると、まもなく『週刊現代』に彼ら体協幹部の横暴と堕落を名指しで批判する記事を連載した。

福田と富山はともに日大出身。ロサンジェルスオリンピック団長の柴田勝治体協会長もまた日大であったから「福田の連載をやめさせろ!」と、日大教員の富山に強い圧力がかかった。

「福田さんは『悪いけど、俺は引かないから。お前にも矢が当たるかもしれないけど我慢しろ』と信念を曲げない。僕はその頃から思っていましたよ。多分あの人はオリンピックの団長になって、選手団の先頭を歩くんだろうな、と」(富山英明)

富山の予感は二十年後に実現したことになる。

女子レスリングが初めて正式種目に採用されたアテネオリンピックで、日本女子チームは金メダル二個(五五キロ級吉田沙保里、六三キロ級伊調馨)、銀一個(四八キロ級伊調千春)、銅一個(七二キロ級浜口京子)と全四階級でメダルを獲得した。

日本レスリングに十六年ぶりの金メダルをもたらした吉田沙保里(中京女子大)は、セコンドについた栄和人を軽々と肩車し、栄は吉田の頭上で日の丸を大きく広げた。

伊調馨(中京女子大)は姉千春が決勝で敗れたショックにも負けず、見事にオリンピックチャンピオンに輝いて喜びの涙を流した。

金メダルだけを目標にしてきた日本のエース、七二キロ級の浜口京子(ジャパンビバレッジ)は、準決勝で中国の王旭(おうきょく)に敗れたものの、三位決定戦で勝利して銅メダルを確保した。相手のバッティングで右目を腫らしながらも、さわやかな笑顔を見せた浜口は「人生の中で金メダル以上のものを得ることができたと思います」と語り、努力の結晶であるオリンピックの銅メダルを、応援してくれた人たち全員に触らせる優しさを見せた。彼女は真のアスリートなのだ。

男子もフリースタイルで銅二個(五五キロ級田南部力、六〇キロ級井上謙二)を獲得した。日本男子が複数のメダルを獲得したのは、八八年ソウルオリンピック以来、十六年ぶりのこと。長い低迷に、ようやく光が差し込んできた。

コーチの和田貴広は九六年のアトランタオリンピックでイタリアのスキラッチに敗れ、その後、敗者復活戦三試合を勝ち抜いたものの、三位決定戦に勝利することができなかった経験を持つ。田南部力(警視庁)の三位決定戦の直前、和田はその時の悔しさを田南部に教えた。

「和田さんは憧れの選手であり、技術的にも目標とする選手。僕は和田さんの背中を見て強くなってきたんです」(田南部力)

六〇キロ級の井上謙二もまた、三位決定戦でウクライナのフェドリシンを延長の末に下したが、下馬評は決して高くなかった選手だ。

三年前に膝に重傷を負った時、日大時代の恩師である富山英明が年賀状をくれたことがあった。

「オリンピック目指して頑張ろう」

富山の言葉が支えとなって、井上はついにオリンピックのメダルにまで辿り着いたのである。

グレコローマンのエースである六〇キロ級の笹本睦は、決勝トーナメントの一回戦でブルガリアのナザリアンに信じられない誤審で敗れた。ビデオには、ナザリアンの左手が笹本の右膝裏と尻をしっかりと触っているシーンがはっきりと映し出されていた。にもかかわらず、判定が覆ることはついになかった。笹本は「こんな判定あるか、審判に負けにされた！」と吐き捨てた。

福田富昭が総監督をつとめたアテネオリンピック日本選手団は、金十六個を含む三十七個という史上最多のメダルを獲得した。この大いなる成果を、賢明なる福田富昭が利用しないはずがない。

選手団を率いて総理大臣官邸を訪れた福田総監督は、各競技のトップアスリートのための専用施設・ナショナルトレーニングセンターの設立を首相に直訴した。

「アテネの選手団と一緒に小泉（純一郎）総理のところに報告に行った時に『ナショナルトレーニングセンターを作って下さい』とお願いしたら、総理は『わかった。北京までに間に合わせよう』と言ってくれた。近くには河村(建夫)文部科学大臣、副大臣も全員いたから『今の総理の言葉を聞きましたね』と僕はしっかり確認を取った」(福田富昭)

東京都北区西が丘にナショナルトレーニングセンター(NTC)が竣工したのは、北京オリンピックの半年前にあたる二〇〇八年二月のことだった。古いサッカーファンにはお馴染みの国立西が丘サッカー場の目の前にあり、JISS(国立スポーツ科学センター)にも隣接する好立地。

屋内トレーニングセンターには地下一階にボクシング、ウェイトリフティング、レスリング、一階には柔道と卓球、二階にはハンドボールとバスケットボール、三階には体操、バレーボール、バドミントンの施設が整い、屋根付きの陸上トレーニング場、屋内テニスコートもある。

総工費三百七十億円の巨費を投じた、日本スポーツ界の一大拠点である。

「日本のスポーツの強化のメッカとなるナショナルトレセンは、関係者の長年の夢でした。アジア全体を見てもこんな施設はない。冷暖房はもちろん、医療面もしっかりしている。都心からも近く、五百名を収容する宿泊施設も完備している。これまでレスリングの合宿は大学でやったり、地方の体育館にマットを敷いてやっていました。情報に関する専門スタッフもいるから、ウチでたくさん撮ったVTRをまとめて解析してもらえる。技術解説を入れて、選手ごとに一枚のDVDにまとめるんです。昔はコーチが手作りで映像資料をまとめていたけれど、今は情報スタッフがいるから、コーチたちは時間をもっと有効に使える。福田さんはナショナルトレセンに文部科学省を介入させず、JOCの下部組織にした。地方ではなく、東京に作らせたのも福田さんがやったことです」（ナショナルトレセン専任コーチングディレクターをつとめた江藤正基）

「ナショナルトレセンの初代センター長には僕が立候補した。他には誰もできないから」（福田富昭）

強化委員長の富山、専任コーチの和田以下ナショナルチームの強力な布陣は、四年後の北京オリンピックにも引き継がれた。

二〇〇八年三月に韓国・済州島で行われたアジア選手権の国別対抗得点で、日本男子チームはフリースタイルで初優勝、グレコローマンは三位に終わったが、日本の躍進ぶりは誰の目にも明らかであり、FILA役員や韓国レスリング関係者は「日本はかつての強さを取り戻しつつある」と賞賛した。

シニアばかりではない。ジュニア（二十歳以下）の強化も着実に進んでいた。

同年七月の世界学生選手権フリースタイルで、日本男子は七階級中三階級に優勝、団体でもロシアとトルコを抑えて優勝を果たした。その中にはのちにロンドンオリンピックで活躍することになる六六キロ級の米満達弘(拓大、後に自衛隊)も含まれていた。

中国が国家の威信を賭けて開催した北京オリンピックにおいて、福田富昭団長率いる日本選手団は、前回のアテネほどの好成績を収めることができなかった(金九個、銀六個、銅十一個)。だが、柔道やマラソン、サッカーが惨敗する中、レスリングはただひとり前回の成績を上回った。

女子は金メダル二個(吉田沙保里、伊調馨)、銀一個(伊調千春)、銅一個(浜口京子)と、前回アテネとまったく同じ成績を収めた。オリンピックの正式種目となって以来、世界各国は女子レスリングに大きな力を注ぎ、参加国も急増した。だが、日本女子はそれ以上の努力を続けていたのだ。

男子は前回のアテネを上回る銀一個(フリースタイル五五キロ級の松永共広)、銅一個(同六〇キロ級の湯本健一)を獲得した。

松永共広は、各年代で大活躍したスーパーエリートである。焼津リトル時代には全国大会五連覇を果たし、中学時代には史上初の全国中学選手権三連覇。高校でも五冠王となり、日体大では学生二冠王と国体、さらに全日本選手権でも優勝した。国際大会でも松永はその強さを存分に発揮。二〇〇二年には世界学生選手権に優勝。二〇〇五年二月のヤシャドク国際大会、三月のダン・コロフ国際大会に連続優勝。八月のジオルコウスキ国際大会ではオリンピック連続優勝のアブデュラエフ(アゼルバイジャン)と欧州王者のチュルビアを破って優勝している。二〇〇八年三月のアジア選手権で優勝したことで、松永はオリンピックへの出場権を手に入れた。

和田専任コーチは、エリートである松永に指導するのは難しかったと語る。

「少年レスリングからレスリングを始めている松永は、僕よりも長いキャリアを持っている。本人も、自分のスタイルがもう完成していたんです。感覚的、瞬間的に判断して自分の技を出せる。本人も、自分のスタイルを崩されたくないというところがありました。ある時、ハッと僕は気づいたんです。マツにはマツのレスリングをさせるべきだ。僕の指導を押しつけるのはやめようと。彼はオリンピックに対して本気でしたから、練習で手を抜くことは決してなかった。逆に追い込み過ぎて疲れたところを見逃さずに、休憩を与えてやろうと気をつかいました」(和田貴広)

松永によれば、和田の技術指導を自分が理解できたのは、基本を重視する日体大・藤本英男監督の指導があったからだという。

「和田さんの指導は凄く緻密。技術指導も細部までしっかりと教えていただきました。相手の技を深く研究することの大切さも、和田さんから学んだことです。ただ、和田さんの技術を理解できたのは、日体大で基本をやり込んだから。最初から技術ばかりやっていても難しかったでしょうね」(松永共広)

藤本英男率いる日体大レスリング部が送り出したオリンピック選手は、二〇〇八年の北京オリンピックまでに計五十七名。世界選手権には延べ百九十八人が出場し、合計で三十一個のメダルを獲得している。驚異的な数字である。

オリンピックのメダリストに限れば、話はもっとわかりやすくなる。藤本が指導者としてスタートした一九七六年モントリオールオリンピック以降、二〇〇八年北京オリンピックまでのメダリストを出身校別に並べてみよう。

▼一九七六年モントリオールオリンピック

金　高田裕司(日体大)、伊達治一郎(国士舘大)

銅　工藤章(専大)、荒井政雄(国士舘大)、菅原弥三郎(国士舘大)、平山紘一郎(自衛隊)

▼一九八〇年モスクワオリンピック(ボイコットのため不参加)

▼一九八四年ロサンジェルスオリンピック

金　富山英明(日大)、宮原厚次(自衛隊)

銀　入江隆(自衛隊)、赤石光生(日大)、長島偉之(日体大)、太田章(早大)、江藤正基(自衛隊)

銅　高田裕司(日体大)、斎藤育造(専大)

▼一九八八年ソウルオリンピック

金　小林孝至(日大)、佐藤満(日体大)

銀　宮原厚次(自衛隊)、太田章(早大)
▼一九九二年バルセロナオリンピック
銅　赤石光生(日大)
▼一九九六年アトランタオリンピック
銅　太田拓弥(日体大)
▼二〇〇〇年シドニーオリンピック
銀　永田克彦(日体大)
▼二〇〇四年アテネオリンピック
銅　田南部力(日体大)、井上謙二(日大)
▼二〇〇八年北京オリンピック
銀　松永共広(日体大)
銅　湯元健一(日体大)

一目瞭然とはこのことであろう。

一九九六年アトランタオリンピック以後、日本レスリングは六名のメダリストを輩出したが、そのうち、日体大以外の選手は、日大から自衛隊に進んだ井上謙二ただひとり。残る五名(太田拓弥、永田克彦、田南部力、松永共広、湯元健一)はすべて日体大の出身である。

さらに言えば、アテネオリンピックの出場者は九名中六名、北京オリンピックは六名中五名が日体大出身者だ。一九九〇年代から二〇〇〇年代までの日本レスリングを支えてきたのは、間違いなく日体大なのである。

日体大の強さの原因がスカウティングにあることは確かだ。高校レスリング部の監督のうち、七割から八割を日体大出身者が占める。インターハイの団体戦ベスト十六校のうち、十三か十四校の監督は日体大出身者。高校の指導者が、自分が育てた強い選手を母校に送り込む。高校王者が年に二十人も入部してくれれば、強くなるのは当然だろう。

しかし、それだけではオリンピックにおける圧倒的な好成績の説明がつかない。

「コンタクトスポーツ(身体が接触するスポーツ)であるレスリングでは、最後の最後でメンタルの強さが試される。日体大の選手からは、残り三秒になっても諦めない強さを感じます。最後の最後でポイントを取って代表を勝ちとり、メダルまで行くというケースが本当によくあったんです」(レスリングジャーナリストの横森綾)

「日本の選手は平和に慣れ親しんでいる。だからまず『前に出て戦う心』を作るところから始めないといけない。藤本先生は空間プロデューサー。練習をしなくてはいけない、という空間を作り上げるんです。朝の練習も夜の練習も全部見るから、選手の精神的な支柱になっている。細かい技術指導はせず、選手の土台の部分だけを作る。『上の

建物は自分で建てろ』というのが藤本先生の考え方です」（拓大レスリング部部長の西口茂樹）

「日体大では九時から四時まで勉強する。だから練習は朝と夜。僕は朝の五時半に弁当を持って家を出て、六時半過ぎにはここ（レスリング研究室）にきている。そういう生活を僕はずっと続けてきた」（藤本英男）

一九九三年に強化委員長を辞任して以来、ずっと協会と反目し続けた藤本英男は、自分の信じる道をたったひとりで歩き続けた。陽の当たる道ではなかったかもしれない。しかし、藤本ほどの実績を残したコーチは、他にひとりもいない。

二〇一二年のロンドンオリンピックをめざす強化委員長はふたりになった。男子強化委員長の佐藤満と女子強化委員長の栄和人である。

至学館大学（旧・中京女子大学）レスリング部監督でもある栄の仕事はまったく楽ではない。日本が独走していた感のあった女子レスリングも、他国が力を入れ始めたことで、年々レベルが上がっている。かつては西欧、北欧と中国が相手だったが、近年は男子同様に、北米からもブルガリアやアゼルバイジャンからも強い選手が出てくるようになった。

五五キロ級の吉田沙保里は、圧倒的なスピードのタックルを武器にフォールの山を築き上げてきた。ロンドンで金メダルをとればオリンピック三連覇、世界選手権と合わせて十二回の優勝となる。この記録は世界最強のレスラー、アレクサンダー・カレリン(ロシア)と並ぶ歴代一位。吉田沙保里の名は、レスリング界で永遠に語り継がれていくだろう。

しかし、マシーン(機械)と呼ばれるほどの強さを誇った吉田も二十九歳。二〇一一年九月のイスタンブール世界選手権決勝では一ピリオドを落として薄氷の優勝、十二月の全日本選手権決勝では十八歳の村田夏南子(JOCエリートアカデミー)に押しまくられて、ギリギリのところで勝利をつかんだ。全盛期の圧倒的な強さはすでにない。

姉千春がマットを去った後、伊調馨はさらに強さを増した。相手のタックルをつぶして上を取るカウンター・レスリングから、攻撃的なレスリングに転じたのだ。練習拠点を名古屋の至学館大学から東京に移し、自衛隊に出稽古に行き、男子の代表合宿にも参加したことでレスリングの面白さを再発見し、男子の最新の技術を貪欲に吸収した。日本女子レスリングが生み出した最高傑作を打ち破るレスラーは、当分の間出てきそうにない。

四八キロ級の代表は小原(旧姓・坂本)日登美。五一キロ級の世界選手権で六度も優勝した小原を、栄和人女子強化委員長は〝世界最高のテクニシャン〟と呼ぶ。

オリンピックに五一キロ級はなく、四八キロ級には妹の坂本真喜子がいる。仕方なく日登美はオリンピック予選では五五キロ級に出場したが、そこには絶対女王吉田沙保里が君臨していた。

しかし、二〇〇九年の全日本選手権を最後に妹の真喜子が引退を決意すると、坂本日登美は四八キロ級への転向を決意、二〇一〇年モスクワ世界選手権四八キロ級で見事に優勝を果たした。結婚直後のアジア大会では三位に終わったものの、二〇一一年九月のイスタンブール世界選手権で優勝、五一キロ級も含めて八度めの世界王者に輝いた。同年十二月の全日本選手権にも優勝した小原日登美は、三十歳にして初めてオリンピック出場の資格を得た。

七二キロ級の浜口京子は、二〇一一年世界選手権の二回戦でカナダのアクフォに敗れ、オリンピックへの出場枠を取れなかったものの、二〇一二年四月にカザフスタンで行われたオリンピック予選で二位に入って出場を決めた。女子レスリングを支えた三十二歳のスターは、果たしてロンドンで有終の美を飾ることができるだろうか。

アテネから八年を経て、世界中が女子レスリングの強化を進める中、ロンドンオリンピックの日本女子はまだアドバンテージを保っているといえる。栄和人強化委員長、木名瀬重夫女子専任コーチ以下、関係者の努力の賜物だろう。

男子強化委員長である佐藤満の仕事は、女子の栄和人よりもさらに困難だ。日本男子レスリングが現在上昇気流に乗っていることは間違いない。アテネオリンピックでは銅二個、北京オリンピックではメダルの色がひとつ上がって銀と銅になった。きたるべきロンドンオリンピックで期待されるのは、もちろん金メダルである。

超えるべきハードルは女子とは比較にならないほど高い。しかし、ロンドンオリンピックにおける男子レスリングチームには、これまでとは大きく異なる点が三つある。

一つめは環境である。

女子の活躍によって人々の注目と期待がレスリングに集まり、長く続く不況にもかかわらず、レスリングのスポンサーが増え、日本テレビもレスリングの大会を中継するようになった。

強化資金が潤沢になったことで海外遠征が自由に行えるようになり、ナショナルトレセンが完成したことで合宿も頻繁に組めるようになった。すべての原動力が福田富昭会長であることはいうまでもない。

二つめは指導法である。

ジュニア強化を担当してきた佐藤満強化委員長は、自らが強化してきた若い選手たちを率いて、本番のロンドンオリンピックに臨むことになる。佐藤と久木留が目指したジュニアとシニアの一貫強化システムは、確実に実を結びつつある。

強化副委員長であるグレコローマンの伊藤広道は熱意ある人格者であり、佐藤満と同じ専修大学の久木留毅は、ＪＩＳＳとナショナルトレセンという武器を最大限に使って、佐藤を支援してきた。ロンドンを目指す男子強化委員会が、かつてないほど科学的かつ計画的に強化を進めてきたことは間違いない。

「佐藤さんは理屈に合った練習をする。定期的に体力測定をやり、練習試合も計画的に組む。本当に新しいことをやっています」(早稲田大学レスリング部コーチの太田拓弥)

「シドニーオリンピックのあとに強化委員長になった富山先生は、佐藤満さんと僕に『ジュニアはお前たちにまかせる』と言ってくれた。そこがスタートライン。最初から、十年かけて強化を進めるつもりだった。ジュニアの世界選手権からメダルをとり始め、確実に毎回上位に入ってきている。この三年間で、日本男子レスリングは五つのメダルをとった。これは(日本が弱体化した)九二年のバルセロナオリンピック以後、初めてのことです。ロンドンオリンピックは集大成。結果はわからないけれど、この十年間は間違いなくレスリング協会の宝になるはず」(久木留毅)

三つめは選手の出身校である。

ロンドンオリンピックの前年にあたる二〇一一年十二月に行われた全日本選手権の優勝者の出身大学は以下の通り。ロンドンオリンピック代表選手の多くはこの中にいるはずだ。

▼フリースタイル

五五キロ級・湯本進一（拓殖大学）
六〇キロ級・前田翔吾（日本体育大学）
六六キロ級・米満達弘（拓殖大学）
七四キロ級・高谷惣亮（拓殖大学）
八四キロ級・松本篤史（日本体育大学）
九六キロ級・磯川孝生（拓殖大学）
一二〇キロ級・荒木田進謙（専修大学）

▼グレコローマン

五五キロ級・長谷川恒平（青山学院大学）
六〇キロ級・松本隆太郎（日本体育大学）
六六キロ級・藤村義（徳山大学）
七四キロ級・鶴巻宰（国士舘大学）
八四キロ級・天野雅之（中央大学）
九六キロ級・齋川哲克（日本体育大学）
一二〇キロ級・新庄寛和（国士舘大学）

日体大の圧倒的な優位が失われ、様々な大学が日本一の選手を生み出していることがわかるだろう。

藤本の教え子たちが各大学でレスリングを教えるようになったのは九〇年代のはじめから。高田裕司が山梨学院大学、西口茂樹が拓殖大学、佐藤満が専修大学、太田拓弥が早稲田大学のコーチにそれぞれ就任した。

選手育成には長い時間がかかる。初めのうちは有力選手をスカウトすることさえ難しかったが、二十一世紀に入ると、ようやく日体大の牙城を崩せるようになってきた。

関東の有力大学が最も力を入れる東日本学生リーグ戦の優勝校も、かつて日体大が連覇を続けていた頃とは大きく様変わりしている。

二〇〇七年　日本体育大学
二〇〇八年　山梨学院大学
二〇〇九年　拓殖大学
二〇一〇年　早稲田大学
二〇一一年　早稲田大学

早稲田大学を躍進させたのは、アトランタオリンピックの銅メダリスト太田拓弥コーチである。同じアトランタ組の和田貴広も、北京オリンピック後に母校国士舘大学のコーチとなった。さらに自衛隊の笹山秀雄、秋田商業高校の横山秀和、日本文理大学の勝龍三郎といったセルゲイ・ベログラゾフの教え子たちが、いまや指導者として着実な成果を上げている。

「昔は高校の監督が『お前はここの大学』と言えば、それで進学先が決まった。だから日体大、日大、国士舘の三強は黙っていてもいい選手が採れた。やがて日体大にいい選手が集まるようになったけど、団体戦に出場するのは、そのうちのひとりだけ。団体戦に出るのと出ないのとでは、経験値が大きく変わってくる。今は選手の希望が通る時代。強く、意欲のある大学が増えて、いい選手、やる気のある選手が分散するようになった。コーチの手腕を試される時代がやってきたんです」(和田貴広)

フリースタイル六六キロ級の米満達弘(拓殖大学から自衛隊)は「ロンドンオリンピックで最も金メダルに近い存在」と佐藤満強化委員長が断言する日本のエースだ。二〇〇九年ヘルニング世界選手権で銅メダル、二〇一〇年のアジア大会では和田貴広以来十六年ぶりの金メダル、二〇一一年イスタンブールの世界選手権でも銀メダルを獲得した。

はたして米満は、ロンドンオリンピックで金メダルを獲得できるだろうか？

それはわからない。

しかし、ひとつだけ言えることがある。もし米満が金メダルをとれば、それは米満ひとりのものではないということだ。

山梨県出身の米満達弘は拓殖大学卒業後、自衛隊体育学校で練習を続けてきた。レスリング不毛の地であった山梨にレスリング連盟を作ったのは、バルセロナとアトランタを知る下田正二郎だった。ナショナルチームの強化委員長は佐藤満。拓殖大学の部長は西口茂樹である。ふたりはソウルオリンピックからバルセロナオリンピックまでの時期に最も苦しんだ選手である。佐藤と西口を育てたのは藤本英男であり、藤本もまた、長い間苦しみ続けた。

大きな力を持つ藤本英男と日体大が日本レスリング協会と対立したことで、福田富昭や平山紘一郎をはじめとする多くの協会関係者もまた、大きな苦しみを味わってきた。

もし米満が金メダルをとれば、誰もが心の底から喜び合えるだろう。

いや、結局はどの選手がとっても同じことだ。

すべての人たちの力を結集して、佐藤満強化委員長率いる日本男子レスリングは、ロンドンオリンピックで二十四年ぶりの金メダルをとりに行こうとしている。

「レスリングには合理性も根性も両方大切。無駄な練習も大切かもしれない。カリスマ性、精神論、絶対大切です。日本のレスリングのいいものを全部凝縮していきた

い」(佐藤満)

一九一一(明治四十四)年に日本体育協会が設立されてから、すでに百年以上の歳月が流れている。

日本体育協会は柔道の父・嘉納治五郎が、日本が初めてオリンピックに出場する際に創設したものだ。

同年十月に初代会長の嘉納治五郎が書いた『日本体育協会の創立とストックホルムオリンピック大会予選会開催に関する趣意書』の冒頭には、以下のように記されている。

「国家の盛衰は国民精神の消長に因り、国民精神の消長は国民体力の強弱に関係し、国民体力の強弱は其国民たる個人及び団体が特に体育に留意すると否とに依りて岐るることは世の善く知る所に候」

強い国家を作るためには、国民の強い精神と肉体が必要であり、そのためには身体に関する教育すなわち体育が必要である、と嘉納は言う。教育の一環である以上、体育は学校の中で行われなくてはならず、統括する省庁は文部(科学)省となる。体育の時間に整列と行進と体操が不可欠なのは、そもそも学校体育が強い兵士を作り出すために存在するからだ。

体育は個人のためではなく、国家のために存在する。すべての国民を強い兵士にするために、国家は強制的に体育の授業を受けさせる。スポーツは本来、体育とはまったく異なるものだ。スポーツとは誰かに強制されてやるものではなく、自分の意志で行う真剣な遊びなのである。

第二次大戦後、近代オリンピックを舞台に、米ソを中心としたメダル獲得競争が激化した。メダルの数は国力を表すものとみなされ、ソ連を中心とする共産主義諸国においては、国家がアスリートの生活すべてを保証するステート・アマが誕生した。やがてアメリカを中心とする西側諸国でも、国と競技団体が一体となってトップアスリートを支援する体制が整えられた。だが、日本におけるスポーツは、いつまでも「学校」と「体育」の枠組の中に押し込められたままだった。

「スポーツの分野で日本は非常に遅れている。これほど国民を勇気づけるものはないのに行政は何もしない。レスリングでいえば、旧ソ連には国家公務員として五万人のコーチがいた。日本は国策としてスポーツに取り組むべきです。ナショナルトレーニングセンターは『体育』ではなく、『スポーツ』から出発しなくてはなりません」（福田富昭）

初代ナショナルトレーニングセンター長となった福田富昭は、多くの事業に着手した。世界レベルのコーチを養成するコーチアカデミーや、素質ある若い選手に最高の環境を提供しようとするエリートアカデミーはその代表的なものだ。

ラグビーのコーチがレスリングのタックルを学ぼうと見学にやってくる。すでにナシヨナルトレセンでは、異なる競技のコーチが意見交換を行い、情報を共有し、子供たちの未来について話し合うようになった。

全国から優秀な小中学生を集め、ナショナルトレセンに住まわせて、近くの学校に通わせつつオリンピックを目指すエリートアカデミーは、すでに驚くべきスピードで成果を出しつつある。

二〇一一年の全日本選手権女子五五キロ級の決勝で吉田沙保里を苦しめた十九歳の村田夏南子(二期生)は、翌年一月のヤリギン国際大会で優勝した。

同じ全日本選手権五一キロ級では、二〇一〇年のユースオリンピックで優勝した一期生の宮原優が十七歳で初優勝。早くも日本一のレスラーとなった。

エリートアカデミーで選手たちを教える吉村祥子は、若い選手たちの意識の高さに驚きを隠せない。

「彼女たちのやる気、世界チャンピオンという夢にかけるモティベーションは、すでにシニアのレベルと同じところまできている。私たちが与える課題を理解して一生懸命に取り組む姿勢には一切の甘えがない。親元を離れて未知の世界に飛び込む勇気、世界と戦う覚悟は相当なものです。彼女たちの心を支えることをメインに二年間やってきました。仕事は本当に大変ですけど、でもすごく面白いんです」(吉村祥子)

一九六一年に作られたスポーツ振興法が全面改定され、スポーツ基本法として成立したのは五十年後の二〇一一年六月である。前文には「スポーツ立国の実現を目指し、国家戦略として、スポーツに関する施策を総合的かつ計画的に推進する」とある。

世界の頂点をめざす選手の自発的な努力をコーチが支え、コーチを協会やナショナルトレセン、ＪＩＳＳ国立科学センターのスタッフたちが支え、協会やスタッフを国民が支える。国民はアスリートの卓越した技術に感嘆し、最終的には素晴らしいアスリートを支援する体制を持つこの国に誇りを持つ。

選手の勝利の喜びを、国民すべてが分かち合う。戦争ではなく、スポーツで競い合えば、お互いの国民性を知り、共通理解と友好を深めることができる。スポーツ基本法は国威発揚のためではなく、子供たちに楽しく身体を動かすための良い環境を整え、より良い国にするために作られたものだ。

日本のスポーツは百年をかけて学校体育という枠組から自由になろうとしている。すなわち、いまようやくスタート地点に辿り着いたところなのである。

北京オリンピックのあと、伊調千春は青森県立八戸西高校の教員となった。レスラーの名産地である八戸から、やがて多くの素晴らしい女子レスラーを育てていくはずだ。

北京オリンピックの銀メダリストである松永共広は、世界のレスリングを知ろうとドイツのブンデスリーガで活躍した。ブンデスリーガはレスリングの団体戦だ。西と東に分かれて十チームずつがあり、サッカーのように地元の会社がスポンサーとなって、ユニフォームに会社名を入れる。観客は小さな体育館に少なくて六百人、多ければ千人集まる。ドイツの選手はもちろん、ロシアやアゼルバイジャン、モルドバの選手もいる。十代の選手が金を稼ぎにやってくることもあれば、四十を過ぎてトップクラスを引退した選手がセカンドキャリアとしてドイツに集まる。「凄く面白かった。みんな外国に行くべきです」と松永は目を輝かせる。

早稲田大学レスリング部コーチの太田拓弥は、早稲田大学で月四回「ワクワクレスリング教室」を主宰している。ダウン症児や自閉症児にレスリングを教えるのだ。すでに熊本、富山、和歌山、仙台にも姉妹教室ができた。子供たちが生き生きとレスリングに取り組む姿に親は感動し、遠くから通ってくる。

大学卒業後に大学院に進むレスラーも増えた。スポーツ医科学および情報を深く学んだ彼らが大学の指導者になれば、日本レスリングのレベルはさらに上がるだろう。

スポーツを本当に学びたい学生が筑波大学でも早稲田大学でもなく、専修大学に集まる可能性もある。専修大学にはスポーツの最先端にいる久木留毅がいるからだ。久木留のゼミに入れば、世界トップレベルの佐藤満の技術に触れつつ、スポーツ基本法成立の原動力となった衆議院議員の馳浩からスポーツにおける政治の役割を学び、世界各国に比べて極めて遅れているスポーツ行政にたずさわることも可能だ。ＪＩＳＳやナショナルトレセンの運営に関わり、スポーツ医科学の最先端を研究して世界と戦うこともできるだろう。

十四歳から十八歳までの世代が参加できるユースオリンピックは、二〇一〇年から始まっている。

人々のユースオリンピックへの関心が高まれば、インターハイを頂点とする高校レスリングは根本的な変革を迫られるはずだ。コーチは自分の高校を勝たせることよりも、世界水準の選手を生み出すことで評価されるようになり、最終的には、少年レスリングクラブと行政が一体となることで、レスリングは学校を離れ、クラブで行われるようになるだろう。そう、サッカーのように。

多くの妨害と困難にくじけることなく、日本のレスリングを立ち上げ、世界の頂点にまで引き上げた八田一朗。ひとりの選手もいない中から日本の女子レスリングを立ち上げ、オリンピックという最高の舞台で結果を残したばかりか、日本スポーツ界全体のリーダーとしても采配を振るう福田富昭。

彼らのような人物を日本レスリングが生み出すことができた最大の理由は、レスリングの持つ国際性にある。

レスリングの選手たちは、欧米諸国はもちろん、イランやトルコ、さらにはアゼルバイジャンやカザフスタンの、名前を聞いたこともないような小さな町で試合をする。審判の不正や反則行為があり、時には八百長試合も持ちかけられる。ＦＩＬＡを支配するヨーロッパの海千山千の連中は、自分たちに都合のいいようにルールを動かし、世界の水準では裕福な部類に入る日本からカネを引き出そうとする。

そんな数々の困難と理不尽の中を、日本レスリングは逞しく泳いできた。世界の強さを肌で知り、自らの弱さを冷静に分析し、互角以上に戦うための戦術、戦略を考え、実践してきたのだ。

日本ではまだマイナースポーツにすぎないレスリング。しかし、女子レスリングが注目されたことによって、かつてないほど多くの人々がルールを知り、この素晴らしい競技の魅力に触れた。やがてその中から、あるいはその次の世代から、高田裕司のような天才が生まれてくることは間違いない。

第二の高田裕司には、もはやモスクワオリンピックのような悲劇は訪れない。スポーツへの理解が深まれば、私たちはアスリートの強さ、美しさに感嘆し、彼もしくは彼女が磨き上げた技術の一端を知って尊敬し、偉大なレスラーを生み育てた人々に喝采を送るだろう。そして、チャンピオンを生み出す環境を持つこの国を、誇りに思うようになるに違いない。

日本レスリングの物語は、さらに興味深いものになっていくはずだ。

終章　東京オリンピック再び

二度の世界王者となった文田健一郎(グレコ 60 キロ級).
もし東京オリンピックで優勝すれば，日本グレコローマンチームとしては 1984 年ロサンジェルスオリンピックの宮原厚次以来 37 年ぶりの快挙だ

オリンピックには多くの決まりごとがある。

たとえば水泳は開会式の翌日から始まって大会前半の日程に、陸上競技は後半に行われる。同様に柔道は前半に、レスリングは後半に置かれる。

二〇〇四年のアテネオリンピックに女子レスリングがオリンピックの正式種目として採用されて以来、レスリングはグレコローマン、女子、フリースタイルの順番で行われてきた。

二〇一二年ロンドンオリンピックで行われたグレコローマン七階級のうち、日本が出場権を獲得したのは四階級。残念ながら三階級は出場枠を逃した。

日本代表選手のトップバッターとして登場した五五キロ級の長谷川恒平(福一漁業)は、日本グレコローマンのエースとして金メダルを期待された逸材である。

世界選手権の表彰台こそないものの、二〇一〇年広州アジア大会では現役世界王者イランのハミド・スーリヤンを破って優勝。二〇一二年三月にカザフスタンで行われたオリンピック予選の決勝でも再びスーリヤンを破り、実力を証明した。

だが、ロンドンオリンピックでの長谷川は三回戦でデンマークのハカン・ナイブロムにストレートで敗れ、メダルには届かなかった。青山学院大学卒業後、日本体育大学大学院に進学、レベルの高い日体大でトレーニングを積み、ひたすらロンドンオリンピックでの金メダルを目指していただけに残念な結果だった。

一方、六〇キロ級の松本隆太郎(群馬ヤクルト販売)は三位決定戦で前年の世界選手権二位のアルマド・ケビスパイエフ(カザフスタン)からフォールを奪って快勝。見事に銅メダルを獲得した。

松本の銅メダルは、日本男子レスリングが一九五二年ヘルシンキオリンピック以来ずっと続けてきたメダル獲得の伝統を守る貴重なものであり、日本のグレコローマンチームにとっては二〇〇〇年シドニーオリンピックでの永田克彦の銀メダル以来、三大会ぶりのメダル獲得となった。

幼稚園の頃からレスリングを始めた松本は、中学で全国優勝、名門館林高校から日本体育大学にスカウトされたエリート。ナショナルチームでは伊藤広道グレコローマン監督(自衛隊体育学校)らコーチたちの指示で、がぶりの強化に励んだことがメダルに結びついた。

試合翌日に開かれた記者会見の席上で、松本は次のように語っている。

「レスリングというと女子ばかりが注目され、男子はなかなか表に出てきません。グレコローマンでは十二年ぶりのメダル獲得ということを機に、男子、そしてグレコローマンに注目していただけたら、レスリングの層が厚くなると思います」

これは、男子レスラーすべての声でもあったろう。「レスリングは男子のもの」というのは世界的な常識だ。女子レスリングの存在さえ知らない人々も多い。技術レベルも選手層の厚みも、男子と女子ではまるで比較にならない。サッカーに似ている。

だが、人々は金メダルを獲得できる競技を好むものだ。

多くの日本人の関心は男子ではなく、女子レスリングに集まった。

ロンドンオリンピックにおける女子レスリングは、これまでと同様に四階級(四八キロ級、五五キロ級、六三キロ級、七二キロ級)が実施された。女子レスリング最強国である日本は、もちろん全階級に選手を送り込んだ。

四八キロ級の小原日登美(旧姓・坂本。自衛隊体育学校)は、八戸キッズでレスリングを始め、女子レスリングの代名詞でもある中京女子大学(現・至学館大学)に進み、卒業後は自衛隊体育学校に入校した。

スピード溢れる坂本日登美は二〇〇〇年のブルガリア・ソフィア世界選手権以後、五一キロ級で世界選手権を幾度も制し、世界最優秀選手にも選ばれたことがある無敵の王者である。

妹が引退したことで四八キロ級で現役復帰、三十歳にして初めてオリンピック出場資格を得た。

そして迎えた二〇一二年八月九日、これが最後の試合と心に決めて臨んだロンドンオリンピック決勝戦で、小原日登美はマリヤ・スタドニク(アゼルバイジャン)と対戦した。〇―四と大きくリードされたものの、落ち着いて反撃し、見事な逆転勝利。ついに念願の金メダルを手に入れた。日本女子の四八キロ級がオリンピックで金メダルを獲得したのは、意外にもこれが初めてのことだった。

同日には六三キロ級が行われ、伊調馨(ALSOK)が優勝。ロンドンでの初練習で左足首を負傷して周囲を心配させたが、「日本選手団全員の中で、最も金メダルに近い選手」と評された女子レスリングの最高傑作には何の障害にもならなかった。

オリンピック三連覇は柔道の野村忠宏以来ふたりめの快挙。十度目の世界チャンピオンの誕生でもあった。

五五キロ級の吉田沙保里も、前年の全日本選手権決勝で村田夏南子に押しまくられたことがまるで嘘のように危なげない勝利ですべての試合に完勝。伊調馨に続いてオリンピック三連覇を果たした。優勝を決めた直後には、自分にレスリングを教えてくれた父の吉田栄勝をマット上で肩車して金メダル獲得を喜んだ。

吉田沙保里は開会式の旗手もつとめている。日本スポーツ界に長く存在した「オリンピックの旗手は金メダルが獲れない」というジンクスを打ち破ったのは、日本が誇る絶対女王だったのだ。

七二キロ級の浜口京子(ジャパンビバレッジ)は残念ながら初戦で敗退したが、三十四歳という年齢を考えれば無理からぬところだろう。

四階級中三階級を制した日本の女子レスリングは、世界最強国の地位を守った。

「私は女子の選手たちには敬意を払っています。地獄のような練習をやっていますから。新潟の十日町の合宿所の前の金メダル坂なんて、男子でもキツい。もし外国の女子選手にあんな練習をやらせたら、みんな辞めますよ。それほど苦しい練習にも、日本の女子選手たちは金メダルを獲るために耐える。この伝統が受け継がれていく限りは、日本の女子は強くあり続けると思います」(高田裕司専務理事)

男子グレコローマンがメダル獲得の伝統を守り、女子が史上最多となる三個の金メダルを獲得。ロンドンオリンピックの日本レスリングは好調そのものだった。

だが真のクライマックスは、男子フリースタイルにあったといえるだろう。一九八八年ソウルオリンピック以来、二十四年ぶりに金メダルを獲得したからだ。

日本男子がフリースタイルの出場枠を獲得したのは七階級中五階級。日本レスリング界の悲願を達成したのはフリースタイル六六キロ級の米満達弘(自衛隊体育学校)だった。誰もが認めるエースは、関係者すべての期待に見事に応えた。

「米満が素晴らしいのは、技術面よりもむしろ精神面」と評するのは、日本レスリング協会会長の福田富昭である。

「米満は正面から両足タックルに入るんだけど、両膝をつくのは本当はよくない。でも、米満は長い手を伸ばして、グンと引きつける力がとても強いんです。二〇一〇年の広州アジア大会で優勝した時の米満は、相手をまったく怖がらず、ふだん通りにグイグイと攻めていった。普通の選手は試合になるとビビってしまい、練習の時のような力を出せないものなんです。ロンドンオリンピックの決勝で戦ったインドの(スシル・)クマールは、広州アジア大会でも米満が勝っている相手。だから、勝ってくれると信じていました。ただ、オリンピックの金メダルはもの凄く重いから、実際に獲るまでは安心できなかった。伝統ある日本の男子軽量級が久しぶりに金メダルを獲ってくれたことは、心の底からうれしかったですね」

山梨県出身の米満達弘は、中学までは柔道をやり、韮崎工業高校入学後にレスリングを始めた。グレコローマンの選手だった文田敏郎監督の指導を受けて二〇〇四年全国高校グレコローマン選手権と国体に優勝したが、フリースタイルでは二位が最高だった。

「米満は、グレコローマンで優勝していますけど、本来はフリースタイルの選手。大学に進学するなら学費免除が絶対条件だったけど、(フリースタイルで行われる)インターハイで優勝していないから、日体大では特待生で呼んでもらえなかった。一方、拓殖大学はA特待を用意しました。米満の希望は〝練習のキツいところ〟だったんですが、『拓大は日体と同じくらいキツいよ』と僕が言ったから、米満は拓大にくることを決め

たんです」(元・拓殖大学レスリング部部長で現在は顧問の西口茂樹)

拓殖大学に進学してからの米満の成長はめざましかった。

二年生の時にJOC杯ジュニアオリンピックで優勝して世界ジュニア選手権(グァテマラ)に出場(十二位)、年末の天皇杯全日本選手権では早くも準優勝。三年生の時は伝統あるヤシャ・ドク国際大会(トルコ)で二位に入り、全日本学生選手権で優勝。四年生の時には世界学生選手権で優勝して、学生二冠(全日本学生選手権と全日本大学選手権)を達成し、さらに全日本選手権でも優勝を果たした。

拓殖大学卒業後、自衛隊体育学校に入校してからも、米満は順調に成長を続けた。二〇〇九年にはタイ・パタヤで行われたアジア選手権で銀、デンマーク・ヘルニングの世界選手権では銅メダル。二〇一〇年広州アジア大会では国際大会で初優勝を飾った。

二〇一一年九月のイスタンブール世界選手権で銀メダルを獲得してロンドンオリンピックの出場枠を獲得すると、十二月の全日本選手権に優勝して日本代表を決めた。

本番のロンドンオリンピックではレスリングの最終日にマットに上がり、キューバ、カナダ、アゼルバイジャンに勝利して、決勝ではインドのスシル・クマールに危なげなく勝利して優勝。価値ある金メダルを手にした。

一体なぜ、ロンドンオリンピックで、日本の男子レスリングは完全復活を遂げたのだろうか?

理由は大きく分けて三つ考えられる。

最も大きいのは強化費用だろう。

二〇〇四年のアテネオリンピックから正式種目となった女子レスリングで、日本女子が数多くの金メダルを獲得したことは、レスリングのすべてを好転させた。

国内で合宿を組むにも、海外遠征に出かけるにも、選手の強化にはどうしてもカネがかかる。八田一朗の時代から、柔道などに比べてスポンサーが圧倒的に少ないレスリングが長年にわたって貧乏暮らしを強いられ、海外遠征のたびに涙ぐましい努力を重ねてきたことはすでに触れた。

JOC日本オリンピック委員会には「重点強化種目」というものがある。メダルを期待できる種目には、強化費の配分が多くなるのだ。二〇二〇年東京オリンピックでは、空手、柔道、体操、バドミントン、レスリングが最重点のS区分に入っている。

アテネオリンピック以降、主に女子選手たちの活躍によって金メダルを量産した日本レスリング協会には、以前よりも遥かに高額の強化費が配分されるようになった。

ただし全額を負担してもらえるわけではない。JOCが負担するのは三分の二まで。残りの三分の一は協会で負担しなければならない。企業を回り、レスリングのスポンサーになってもらう必要があるのだ。

日本のスポーツは学校体育と密接な関係にあり、レスリングもまた例外ではない。

藤本英男、高田裕司、佐藤満、栄和人、西口茂樹ら、日本レスリングをリードし続けてきたのは日本体育大学出身者だ。体育教師がビジネスを知るはずもなく、当然、企業とのつきあいも苦手だ。警察官や自衛官も事情は変わらない。

長く民間企業でビジネスに関わってきた福田富昭は、レスリング界ではひとり異質な存在だ。福田は金集めの天才であり、福田が足を運べば企業はカネを出してくれるという話はあちこちで聞いた。レスリングに真の情熱があるからこそ、人の心を動かせるのだろう。

「レスリングに限らず、日本スポーツ協会(二〇一八年に日本体育協会から改称)の各競技団体には、学校の先生方や役所の人、警視庁とか自衛隊とか、そういう関係の方が非常に多い。僕みたいに根っからの民間企業育ちはごく少数。モノを売ったことのある人間、営業経験のある人間でなければ、企業に協賛をお願いしてお金を集めることはできない。自分のためではなく、協会のため、選手のため、レスリングのためにどれだけ頭を下げられるか。『日本が世界で勝つためにお願いします』という説得をしなければお金は集まりませんよ。レスリングの場合は、何といっても明治乳業さんにそのことを理解していただいて、強化費のかなりの部分を負担していただいている。

前回の一九六四年東京オリンピックの前に、八田一朗会長と、ヘルシンキオリンピックの金メダリストである石井庄八さん(当時電通)のお二人に、レスリングと明治乳業さんをつないでいただいた。

以来、半世紀以上もの長い間、明治乳業さんにはずっとレスリングを応援していただいてきました。その間、明治乳業さんの社長は何人も代わり、レスリング協会の会長も代わったにもかかわらずです。日本レスリング協会は明治乳業さんに深く感謝し、この伝統を今後も大切にしていきたいと思っています」（福田富昭）

レスリングがロンドンで復活した二つめの理由に挙げるべきは、ナショナルトレーニングセンター（NTC）だろう。

二〇〇八年一月に誕生したNTCには常設のマットと合宿所があり、栄養でも医療でも情報でも一流のスタッフが揃う。

かつては各地を転々とした強化合宿も、ナショナルチームとしての誇りと一体感を持って頻繁に組める。直近のオリンピックを目指す選手ばかりでない。ジュニア（二十歳以下）やカデット（十六歳および十七歳）など、各年代ごとのエリートレスラーをNTCに集めることも容易になった。

フェンシングやバドミントンや卓球がメダルを獲得できるようになったのは、NTCが使えるようになった二〇〇八年北京オリンピック以降のこと。日本のスポーツ全体のレベルアップにNTCが大きく貢献したことに疑いの余地はない。

日本の男子レスリングが強くなった三つめの理由は、日本体育大学の藤本英男以外に、優れた指導者が出現したことだ。

ロンドンオリンピックの日本男子レスリングフリースタイルでメダルを獲得したのは、前述の米満達弘とフリー五五キロ級の湯元進一（銅メダル）のふたり。

いずれも拓殖大学卒業後に自衛隊体育学校に入った選手だ。

北京オリンピックまで、男子レスリングのメダルは日本体育大学出身者がほぼ独占していたが、西口茂樹率いる拓殖大学がそこに割って入ったということだ。

二〇二〇年春の時点で、拓殖大学レスリング部顧問であり、日本レスリング協会強化本部長でもある西口茂樹が、自らの指導方針について語ってくれた。

「個人的な話になりますけど、僕は一応世界で三番に入ったし（一九八七年クレルモンフェラン世界選手権）、アジア大会でも優勝している（一九九〇年北京アジア大会）。でも、オリンピックにはいい思い出がなかった。だからこそ、拓大に入ってからがんばれた部分はあったと思います。オリンピックでの借りはオリンピックで返すしかない。ロンドンで米満が勝ってくれて、湯元進一が三番に入ってくれたことで、オリンピックのけじめはつけられたかな。

僕は藤本英男先生の教え子ですから、いいところは全部真似をして練習環境を整えました。僕はよく猛獣使いと言われますけど、藤本先生はその上を行く魔法使い。ハンガリーにヨーロッパ諸国の選手が集まった合宿に参加したことがあるんですけど、藤本先生は全部日本語。『さあ、走って！』って藤本先生が言うと、ハンガリーの選手もルーマニアの選手もみんな走るんです(笑)。指導も全部日本語なのに、ちゃんと伝わる。素晴らしいコーチです。

ただ、藤本先生は日本レスリング協会の中心にはいなかった。そのことから、様々なことでボタンのかけ違いがあり、バルセロナオリンピックの時には、協会と日体大の軋轢があって僕たちはイヤな思いをした。レスリングは小さな所帯ですけど、派閥があり、いがみあいもたくさんある。今もありますけどね。傷つくのは結局は選手。同じ思いを選手にはさせたくないんです」

日体大は体育教師育成学校であり、日体大レスリング部の選手たちの多くは、卒業後、地元の中学や高校に戻ってレスリング部の指導者となる。強い選手が育てば、自分の母校に送り出す。こうして日体大には強い選手が集結することになった。藤本英男監督が素晴らしい練習環境を整えていたこともあり、オリンピックを目指す選手は大学を卒業して企業に就職した後も引き続き日体大の道場で練習した。日体大の中ですべてが循環し、完結するということだ。

レスリング協会と長年にわたって反目を続けてきた藤本英男は、他大学を「弱い、指導力がない」と見下し、自衛隊を「国費を使っているにもかかわらず、成果を出せないのはだらしない」と舌鋒鋭く批判し続けた。

一方、西口茂樹は藤本の教え子であるにもかかわらず、自分が育てた選手を卒業後も拓殖大学で抱え込むことをせず、自衛隊体育学校へと送り出した。

「僕の考えでは、大学時代は選手にとってセミファイナル。米満は、ファイナルの自衛隊で花開いてもらえばいいと思っていました」(西口茂樹)

ロンドンオリンピックで、西口茂樹率いる拓殖大学とともに躍進を遂げたのは自衛隊体育学校だった。女子四八キロ級の小原日登美が金メダル、米満達弘も金メダル、湯元進一が銅メダルを獲得したからだ。

オリンピック後の九月にはJOC最優秀団体として表彰を受けた。自衛隊体育学校は長年にわたって日本レスリングを支え続けてきたが、近年は成果を出せず苦しんできたから、自衛隊内部での評価も高まった。藤本英男の舌鋒鋭い批判にも、一矢報いることができた。

結局、ロンドンオリンピックで日本レスリングが獲得したメダルの数は金四個(女子三個、男子フリー一個)、銅二個(男子グレコ一個、フリー一個)。一九六八年メキシコオリンピック以来の好成績を収めたことになる。

すでに七十歳を過ぎていた福田富昭会長は、ロンドンオリンピック終了後に会長を退くことを心に決めていた。七十歳定年制を言い出したのは、福田自身だったからだ。

だが、福田が会長を退くことはできなかった。

「ロンドンオリンピックが終わったあとの理事会で、私は七十歳になったから会長を退任します、と申し出た。この発言は議事録にもはっきりと残っています。僕は人事改革をやった当事者。昔の協会にたくさんいた年寄りに辞めてもらって、若い人たちを多く入れた。自分が言い出したことを、自分で裏切るわけにはいかない。

ところが、僕が退任すると申し出たら、理事会が否決したんですよ。当時は二〇二〇年東京オリンピックの招致活動が始まっていた頃だから、地元開催の東京オリンピックまでは福田会長にやってもらわないと困る、と。あの時、どんなことをしてでも辞めておけばよかったとは思うけど、どうしても抜けられなかった。でも、やるからには、嫌々続けることはできない。戦争でも、総大将が先頭に立って突っ込んでいかなければ、みんな嫌気がさしてしまう。だから、それまで以上に監督やコーチや選手たちにも、前へ前へと叱咤激励しました」(福田富昭)

日本レスリング協会専務理事の高田裕司は「福田会長に辞めてもらうわけにはいかなかった」と振り返る。

「一番大きいのはスポンサーの問題。もし福田会長がいなくなれば、多くの協賛企業が去るだろうと。その上、政治家にもすごい人脈を持っているから、地元開催の東京オリンピックまではどうしてもがんばってもらわないといけない。昔は福田会長みたいな人がひとりもいなかったから協会にお金がなくて、選手の強化もままならなかった。

『福田はただのビジネスマン』と揶揄する人もいますけど、とんでもない話です」

ロンドンオリンピックの閉会式が終わってまもない二〇一二年九月には、カナダ・アルバータ州のストラスコナカウンティでレスリング女子世界選手権が行われた。五五キロ級に出場した吉田沙保里はあっさりと優勝を飾り、世界選手権十連覇を達成した。

オリンピック三連覇を含めて世界大会十三連覇。ロシアのアレクサンドル・カレリンの記録（オリンピック三連覇、世界選手権九連覇）を上回り、世界大会でも六十二連勝と、カレリンの六十一連勝をついに超えた。

世界大会十三連覇がギネスブックに認定されたこともあって、日本政府は吉田沙保里に国民栄誉賞を授与することを決めた。女子スポーツ選手としては、マラソンの高橋尚子、二〇一一年FIFA女子ワールドカップ日本代表に次ぐ三例目の受賞である。

授賞式は十一月七日に首相官邸で行われた。出席したのは吉田沙保里の父・栄勝、母の幸代、日本レスリング協会からは福田富昭会長、栄和人女子強化委員長、大橋正教ALSOK監督が顔を揃えた。

着物姿で登壇した吉田沙保里には、野田佳彦総理大臣から賞状と記念の盾、そして金色にメッキされた十三ミリ（世界十三連覇にちなんだ）の真珠のネックレスが贈られた。

順風満帆に思えた日本レスリングに、二〇一三年二月十二日、衝撃的な一報が飛び込んでくる。

スイス・ローザンヌで開かれていたIOC国際オリンピック委員会の理事会において、二〇二〇年オリンピックおよび二〇二四年オリンピック（この時点ではともに開催地未定）で実施される二十五の中核競技から、レスリングを外すという決定が下されたのだ。

オリンピックで実施されるのは二十六競技であり、中核競技から外れたレスリングは、他の候補七競技（野球＆ソフトボール、空手、ローラースポーツ、スポーツクライミング、スカッシュ、ウェークボード（水上スキーのこと）、武術）と残り一枠をかけて争わなくてはならなくなった。

IOCのジャック・ロゲ会長は「時代に合ったスポーツをオリンピック競技として実施していく」と発言。ロンドンオリンピックで実施された二十六競技の世界的普及度、観客数、テレビ視聴者数、スポンサー収入などを分析した上での決定であると説明した。

のちに明らかになったことだが、IOCにはFILA国際レスリング連盟への不満が蓄積されていた。FILAの理事会には選手代表も女性の理事も不在で民主的な運営が行われていない。ルールが一般の人々にわかりにくく、男子と女子のメダル数が異なるのもおかしい。

さらにIOCはグレコローマンにも不満を抱いていた。ディフェンスの技術が上がった結果、グレコローマン特有の華麗な投げ技が減少し、試合は押し合いに終始しており、テレビ観戦に適したスポーツとはいえないと判断したのだ。

AP通信は、IOCがレスリングを中核競技から除外した決定を「ビッグサプライズ!」というタイトルをつけて報じた。

世界一八〇の国と地域が加盟するFILAはただちに声明を出した。

「IOC理事会の決定は大変な驚きであり、我々はIOCを説得するために必要なあらゆる手段を講じる」

日本レスリング協会にとって、オリンピックでのメダル獲得はほとんど唯一の普及策である。レスリングの大会に多くの観客は集まらず、テレビの視聴率も期待できない。もしオリンピック種目から外れれば、日本におけるレスリングの存続自体が危うくなる。

二〇二〇年オリンピックで実施される二十六競技が最終的に決まるのは、二〇一三年九月にアルゼンチン・ブエノスアイレスで開かれるIOC総会。時間は限られていた。

IOC理事会の三日後にあたる二月十六日にタイ・プーケットで開かれたFILA総会で、ラファエル・マルティニティ会長はロシア連盟などから責任を追及され、信任投票の結果、一票差で不信任が上回った。事実上の解任である。

「IOCのロゲ会長とFILAのマルティニティ会長は同じスイスの街に住んでいるから、仲がいいんだろうと我々は思っていた。ところが、実際にはそうではなかった。ロゲはインテリのお医者さんだけど、マルティニティは筋のよくない人間。マルティニ

ティはＩＯＣ委員にもなれず、その上、ＩＯＣの改善要求を無視し続けてきた」(高田裕司専務理事)

新たにＦＩＬＡ会長代行(のちに会長)となったのはネナド・ラロビッチ(セルビア)。選手としての実績はないが、自国語のほかにフランス語、英語、ロシア語、スペイン語を自在に操る巨漢のインテリである。

「ラロビッチは思慮深い人間。従来のＦＩＬＡには問題が多かった。これからはこのようにレスリングを改善していきます、とＩＯＣにアピールしてくれた」(福田富昭)

オリンピック種目への存続を目指して、福田富昭率いる日本レスリング協会は早速行動を開始した。まずは署名運動である。各県のレスリング協会はもちろん、スポーツ界、経済界にも署名を依頼し、九十四万人の署名を集めてＦＩＬＡに送付した。

もちろん世界各国もレスリング復活に向けて動いた。

オリンピック発祥の地であるギリシャのオリンピック委員会は「古代オリンピックから行われているレスリングを二十五の中核競技から外したのは、オリンピックの歴史に対してだけでなく、スポーツの根幹と逆行する決定というほかはない」とＩＯＣ理事会の決定を非難。イラン・テヘランで行われた男子フリースタイルワールドカップの際には、参加国代表による除外反対の決起集会が開かれた。

一九九六年アトランタオリンピックを含む十度の世界王者となったブルガリアのヴァ

レンティン・ヨルダノフ協会会長は抗議の意志としてオリンピックの金メダルをＩＯＣに返上。二〇〇〇年シドニーオリンピック金メダリストのサギド・ムルタサリエフ(ロシア)も同様に返上した。

レスリングがオリンピックに残るために最も重要な働きをしたのは、アメリカとロシアの両大国だったといえるだろう。

五月十五日、米国レスリング協会は、政治的に対立しているイランとロシアの選手を招聘して、ニューヨークのグランド・セントラル駅構内で親善対抗戦を実施した。「レスリングはイデオロギーを超え、世界をひとつにすることができる」という素晴らしいアピールだ。こうした派手な演出にかけては、アメリカの右に出る者はいない。

五月十八日にモスクワで開かれたＦＩＬＡの臨時総会は、新会長にラロビッチ会長代行を選出し、新ルールの採用を決定した。これまでの二分三ピリオドのピリオド先取制から、三分二ピリオドのトータルポイント制に変更したのだ。テイクダウン(相手を倒して背後に回ること)は二ポイントになり、早い時間での決着が増えた。ピリオド間のインターバルも三十秒に短縮された。悪評高かった〇—〇でピリオドが終了した場合のボールピックアップ(ふたつのボールが入った袋からひとつを取り出し、同じ色のシングレットを着用した選手が片足タックルの状態から試合を再開、三十秒以内にポイントを取れば攻撃側の選手が、ポイントを取れなければ守備側の選手が勝者となる)も廃止された。

歓迎すべき変化といえるだろう。

「見ている人にとっては、面白いルールになりました。最初の一分間で試合が動かなければ、どちらかの選手にコーション（警告）ポイントが必ず入る。ポイントが入れば、負けている側は攻めないといけないから隙が生まれて点の取り合いになる。同点のまま試合が終わればビッグポイント（大技）、もしくはラストポイントを奪った選手の勝ちになるから、逃げ切ることが難しく、最後まで攻め合いが続く。今のレスリングはラスト三十秒が凄く面白い。一ポイント差でも二ポイント差でも、ラスト十秒で逆転する可能性があるからです」（高田裕司）

さらにＦＩＬＡは組織改革を行い、女性理事を誕生させて、女性委員会と選手委員会を設置することを決定した。

五月二十九日には、二〇二〇年オリンピックおよび二〇二四年オリンピックの最終候補三競技を決定するＩＯＣ理事会が、ロシアのサンクトペテルブルクで開かれた。

候補の八競技がそれぞれプレゼンテーションを行った。

レスリングからはラロビッチＦＩＬＡ会長やキャロル・ヒュン（カナダ、二〇〇八年北京オリンピック女子四八キロ級金メダリスト）ら五名のパネリストが参加した。

この時、福田富昭は、吉田沙保里を連れてサンクトペテルブルクに赴いている。ＩＯＣ委員が宿泊するホテルのロビーにブースを作り、吉田沙保里に、ＩＯＣ委員たちと片っ端から握手させて、レスリングへの支持を依頼したのだ。効果のほどは不明だが、できることはすべてやるのが福田流だ。

選考の結果、レスリングは野球&ソフトボール、スカッシュとともに三競技に残った。レスリングの改革の努力が認められたことは確かだ。しかし、最終決定はあくまでも九月にアルゼンチン・ブエノスアイレスで行われるIOC総会。安心はできない。

サンクトペテルブルクのIOC理事会では、ロンドンオリンピックにおけるテレビ放送時間や新聞記事の大きさ、インターネットへの登場機会や観客数などを分析し、各競技への分配金ランクが発表されている。

Aランク　水泳、陸上、体操
Bランク　バスケットボール、自転車、サッカー、テニス、バレーボール
Cランク　アーチェリー、バドミントン、ボクシング、柔道、ボート、射撃、卓球、重量挙げ
Dランク　カヌー、馬術、フェンシング、ハンドボール、ホッケー、セーリング、テコンドー、トライアスロン、レスリング
Eランク　近代五種

Ｅランクの近代五種がレスリングを蹴落として二十五種目の中核競技に残ったことは不思議だが、ファン・アントニオ・サマランチ前ＩＯＣ会長の息子が国際近代五種連合の副会長かつＩＯＣ理事であることが理由だと噂された。近代五種を守るために、レスリングが除外されたということだ。

真相は不明だが、レスリングはただでさえＤランクであり、グレコローマンとフリースタイル、女子と三つもスタイルがあって参加選手もメダル数も他競技より遥かに多い。その上、すべての種目で男子と女子を行うことがＩＯＣの基本方針だが、男子にあるグレコローマンが女子にはなく、しかも強豪国はカネのない旧ソ連や東欧や中央アジアや中東ばかり。ＩＯＣがレスリングに冷たいのは、理由のないことではないのだ。

七月十九日、ロシア・カザンでは、ユニバーシアードでメダルを獲得したアスリートたちの慰労会が行われた。席上、ウラジーミル・プーチン大統領(柔道家でもある)は、次のように述べた。

「レスリングは陸上競技とともに古代オリンピック以来の伝統ある競技であり、レスリングのないオリンピックを想像することなどできない。レスリングが見ていて面白くないだって？　かつてのレスリングは確かにそうだったかもしれない。だが、それはＦＩＬＡの以前のリーダーたちが改善のための努力を充分にしてこなかったからだ。今や状況は変わった。ルールがスペクタクルなものに生まれ変わったことで、レスリングは明るくエキサイティングなスポーツに変貌した。我々はレスリングがオリンピック競技として存続することを信じ、これからも戦いを続けていく」

ネナド・ラロビッチＦＩＬＡ会長は、レスリング発祥の地とされるギリシャ・オリンピアで行われたオリンピア国際大会の期間中に、オリンピック・ニュース専門サイト「アラウンド・ザ・リングス」のインタビューに応じている。

「オリンピック競技からのドロップ(除外勧告)は、レスリングにとって必要なことだった。私たちは耳が聞こえず、盲目だった。私は長い間改革を訴え続けてきたが、ＦＩＬＡは聞く耳を持たなかった。その結果がオリンピックからの除外勧告だ。私たちは、私たち以外の誰をも非難しない。昨年のロンドンオリンピックでは、観客が退屈さを感じ、どちらの選手が勝ったか理解できないような複雑なルールを実施していたから、一般からの関心を呼び起こすことができなかった。大きな改革には、大きな危機が必要だ。レスリング三千年の歴史の中で、今回が最大の危機だが、私たちはすでに組織、ルール、運営方針のすべてを変えた。言葉だけではなく実行してきた。改革は十年前に行われなければならなかったが、今、私たちはレスリングが今の時代に受け容れられるスポーツに生まれ変わるために必要なことはすべてやった。九月のＩＯＣ総会で存続が決まった場合にも、私たちは組織改革やドーピング対策、観客やメディアの関心を呼ぶための努力を引き続き重ねていくつもりだ」

ギリシャのオリンピアで行われていた古代オリンピックでは、神聖なスポーツであるレスリングを女性が観戦することは許されず、もし観戦すれば殺された。しかし、このオリンピア国際大会では、初めてシングレットを身につけた女子選手が、パラエストラ(古代のレスリング学校または競技場)でエキジビションマッチを戦った。レスリングの歴史は戦士たちの歴史であり、すなわち強い男たちの歴史だった。しかし、もはや時代は大きく変わっていた。

ラロビッチ新会長率いるＦＩＬＡは、矢継ぎ早に手を打つ。八月九日にモスクワで理事会を開催し、二〇一六年リオ・デ・ジャネイロオリンピックで行われるレスリングの階級数を変更したのだ。

ロンドンオリンピックまでのグレコローマン七階級、フリースタイル七階級、女子四階級を、グレコ六、フリー六、女子六に揃えた。

男子の階級を減らし、女子の階級を増やすことにはＦＩＬＡ内部にも多くの反対意見が出た。一九九六年アトランタオリンピックまではグレコもフリーも十階級ずつ。それが八階級、七階級と徐々に減らされ、今度は六階級なのだから当然だろう。だがいま、レスリングは、オリンピックに残れるかどうかの瀬戸際にあった。このままではダメだ。変化を起こさなくては。

そして、運命の九月がやってくる。

二〇一三年九月七日、アルゼンチン・ブエノスアイレスで開かれたＩＯＣ総会は、二〇二〇年の夏季オリンピックとパラリンピックの会場に東京を選んだ。招致活動に関わった日本の関係者たちは狂喜乱舞した。

翌八日には、二〇二〇年東京オリンピックで実施される最後の一競技がレスリングになることが決まった。世界中のレスリング関係者がホッと胸をなで下ろした瞬間だった。

レスリングの改革はさらに続いた。

二〇一四年九月の総会では、一九五四年から使用されてきたＦＩＬＡ(Fédération Internationale des Luttes Associées＝国際レスリング連盟)からＵＷＷ(United World Wrestling＝世界レスリング連合)に名称変更することが決まった。フランス語から英語へ。わかりにくい Lutte からわかりやすい Wrestling へ。レスリングを親しみやすいものにするためには、組織の名称から変えてしまおうということだ。

オリンピックで実施される男子のグレコローマンの階級は、五九キロ級、六六キロ級、七五キロ級、八五キロ級、九八キロ級、一三〇キロ級の六階級。

面白いのは、フリースタイルの階級はグレコローマンとは少々異なり、五七キロ級、六五キロ級、七四キロ級、八六キロ級、九七キロ級、一二五キロ級の六階級に設定されたことだ。

グレコローマンよりもフリースタイルの方が全体的に軽い理由を、ラロビッチ会長は

「アジアの選手は身体の小さい選手が多く、かつフリースタイルが盛んだから」と説明している。

グレコローマンは旧ソ連の諸国が圧倒的に強く(韓国も強い)、フリースタイルはアジアの国々が強いことは確かだ。だが、グレコの最軽量級が五五キロから五九キロとなったことは、日本にとっては厳しい。

女子は四八キロ級、五三キロ級、五八キロ級、六三キロ級、六九キロ級、七五キロ級の六階級となった。

ルールも階級も会長も理事会の構成メンバーも組織の名称も、レスリングのすべてが一新される中、日本レスリングは二〇一六年のリオ・デ・ジャネイロオリンピックと、その先の二〇二〇年の東京オリンピックを目指した。

女子の強さは相変わらず。しかし、男子はロンドンの勢いを生かすことができなかった。二〇一五年九月のラスベガス世界選手権ではグレコローマンもフリースタイルも誰ひとり表彰台に上がれず、五位にさえ入れなかった。オリンピックへの出場枠をひとつも取れなかったことに、強化委員会は大いなる危機感を抱いた。

結局、アジア予選を勝ち抜いて二〇一六年リオ・デ・ジャネイロオリンピックの出場権を得たのは、グレコ、フリーとも六階級中二階級のみ。ロンドンの半分以下になってしまった。

この惨状では、一九五二年ヘルシンキオリンピックから長く続く男子レスリングのメダル獲得の歴史も、ついに途切れるのではないかと誰もが危惧した。

しかし、オリンピック本番の舞台で、日本男子レスリングは辛くも踏みとどまった。トップバッターとして登場したグレコローマン五九キロ級の太田忍(ALSOK)が銀メダルを獲得。ロンドンに続き、再びグレコローマンが日本のメダル獲得の伝統をつないでくれたのだ。

太田は青森県出身だが、全国中学選手権で連続優勝を果たし、山口県の柳井学園高校にレスリング留学した。全国グレコローマン選手権と国体で連続優勝。日本体育大学時代は二〇一二年世界ジュニア選手権(タイ・パタヤ)三位、二〇一四年アジア選手権(カザフスタン・アスタナ)二位、二〇一五年アジア選手権(カタール・ドーハ)でも三位と確実に成長を続けてきた。

二〇一六年三月のオリンピックのアジア予選では、世界を七度制してロンドンオリンピック五五キロ級でも優勝したハミド・スーリヤン(イラン)を初戦で撃破して波に乗り、決勝に進出して本大会への出場権を手に入れた。

本番のリオ・デ・ジャネイロでも太田忍は光り輝いた。再びスーリヤン、世界二位、世界三位を続けざまに撃破したから、このまま優勝まで届くのではないかとさえ思わせたが、リオに入ってから右肩を痛め、痛み止めを打ちつつ戦ってきたこともあって、決勝では前年度の世界チャンピオンであるイスマイル・ボレロ・モリーナ（キューバ）に○―八のテクニカルフォールで敗れて銀メダルに終わった。

失点を恐れずに攻めまくる超攻撃的なスタイルは、名前が〝忍〟であることも手伝って、海外のメディアから〝ニンジャ・レスラー〟という愛称がつけられた。二十二歳七カ月でのメダル獲得は日本グレコローマン史上最年少。二十六歳で迎える二〇二〇年東京オリンピックでの金メダルが期待された。

三月のアジア予選に優勝して一躍注目された六六キロ級の井上智裕（三恵海運）は、本番では三位決定戦で○―一で惜敗して、メダルにはわずかに手が届かなかった。

七から六へと階級がひとつ減らされた男子に比べ、四から六へと女子の階級がふたつも増えたことは、女子レスリング最強国である日本にとっては、間違いなく追い風となったはずだ。

四八キロ級の登坂（とうさか）絵莉（東新住建）は富山県出身。父の影響で九歳からレスリングを始め、少年少女選手権でも全国中学選手権でも優勝した。オリンピックを目指して愛知・中京女子大附属高校（のちに至学館高校）に進み、二〇一一年にはアジアジュニア選手権（ジャカルタ）で優勝。全日本選手権では小原日登美に敗れたものの二位と躍進した。至学館大学に進学すると、ロンドンオリンピックから一カ月半後にカナダ・ストラスコナカウンティで行われた二〇一二年世界選手権に出場し、決勝では不可解な判定で敗れたが、世界トップの実力の持ち主であることを証明した。

以後、登坂は二〇一三年ブダペスト(ハンガリー)、二〇一四年タシュケント(ウズベキスタン)、二〇一五年ラスベガスと三年続けて世界選手権で優勝。

二〇一六年八月十七日に行われたリオ・デ・ジャネイロオリンピック決勝では、ライバルであるマリヤ・スタドニク(アゼルバイジャン)に〇—二でリードされたが、試合終了ギリギリでテイクダウンを奪って同点。登坂に二ポイント(ラストポイント)が入った時、電光掲示板は残り時間五秒を示していた。二十二歳のオリンピックチャンピオンの誕生だった。

同日には女子五八キロ級が行われ、オリンピック三連覇の伊調馨が出場した。これまでは六三キロ級に出場してきたが、本来、伊調の体格は六三キロ級にしては小さすぎる。吉田沙保里と争うことを避けたのである。ただし、伊調の意思ではない。金メダルは一個より二個の方がいいという協会上層部の判断があったのだ。お蔭で減量には無縁だったが、常に自分よりも大きな相手と戦い続けてきたために、ケガも多かった。

このリオ・デ・ジャネイロオリンピックで、伊調は初めて自分の体格に合った階級に出場することができた。三十二歳の伊調にとっては幸運だったといえるだろう。

だが、階級変更にはリスクもあった。初対戦の選手ばかりで、身体の小さな相手はスピードがある。二〇一六年一月のヤリギン国際大会では決勝でモンゴルの選手に敗れ、長く続けてきた連勝記録が一八九でストップした。

リオ・デ・ジャネイロオリンピックの決勝に進出した伊調の対戦相手はワレリア・コブロワ(ロシア)。二年前のタシュケント世界選手権では一〇—〇のテクニカルフォール勝ちを収めている相手だ。だが、伊調の体調は悪く、一方、コブロワは確実に進化していた。

第一ピリオド、伊調はコブロワに背後に回られて一—二でリードされた。第二ピリオドに入っても伊調のペースは上がらない。だが、伊調は残り三十秒で相手がタックルにきたところをつかまえた。必死にバックに回り、残り時間わずか四秒で二ポイントを奪ってそのままタイムアップ。逆転勝利をつかんだ。

四八キロ級の登坂絵莉、五八キロ級の伊調馨の続けざまの逆転勝利で館内の興奮冷めやらぬ中、この日最後の決勝のマットに上がったのは六九キロ級の土性沙羅(至学館大学)だった。

多くの選手と同様に、父親の影響でレスリングを始め、少年少女選手権では三年連続優勝、中学選手権でも二度の優勝を果たした。オリンピックを目指して愛知県の至学館高校に入学、高校でも大学でも結果を残し続けた。

しかし、重い階級ということもあって、世界選手権ではこれまで一度も優勝できず、

ＵＷＷ世界レスリング連合のランキングでは五位に留まっていた。

ところがリオ・デ・ジャネイロオリンピックの本番では、ランキング一位の周風（中国）が初戦で敗退、二位のアライン・フォッケン（ドイツ）も準々決勝で敗れる波乱があった。ふたりに敗れたことのある土性にとっては追い風である。

決勝で土性と対戦するナタリア・ボロビエワ（ロシア）はロンドンオリンピックと二〇一五年ラスベガス世界選手権の二冠王者だが、土性にとっては二戦二勝と相性のいい相手。ボロビエワは積極的に攻め、土性は〇―二と追い込まれたが、新ルールでは相手を倒して（テイクダウン）背後に回れば二ポイント。二―二で並べばラストポイントを得た者の勝利となる。ワンチャンスで逆転できるということだ。

過酷なトレーニングを積んでいる日本選手は、他国をスタミナで上回り、試合終盤でもへバることなく最後の一秒まで攻撃を続けられる。土性はラスト三十秒に、体勢が崩れたボロビエワの足をとって執念のテイクダウンに成功。この日、三つめの金メダルを日本にもたらした。

翌十八日は明暗が分かれた。

五三キロ級代表の吉田沙保里（フリー）は、決勝まで無失点と危なげなく勝ち進んだ。しかも、決勝のヘレン・マルーリス（アメリカ）はそれまで二戦二勝している相手だった。

だが、試合展開は意外なものになった。

第一ピリオドでは一―〇とリードしたが、第二ピリオドでは投げにいったところをマルーリスにバックにつかれて二ポイントを失い、残り一分にはさらに場外際で二ポイントを失って一―四と決定的な差をつけられてしまう。吉田は必死に両足タックルを試みたが、マルーリスにすべて切られてそのままタイムアップ。銀メダルに終わって涙に暮れた。すでに三十三歳。持ち前のスピードが少々衰えるのは無理もなかった。

六三キロ級の代表は川井梨紗子(至学館大学)。父の孝人は日体大在学中にグレコローマン七四キロ級で学生二冠王者、母の初江(旧姓・小滝)は一九八九年スイス・マルティニー世界選手権五三キロ級代表(七位)というレスリング一家に育った。

本来は五八キロ級の選手だが、伊調馨が五八キロ級に下げたことで、栄和人監督が六三キロ級に上げろと命じた。プライドの高い川井梨紗子は、国内予選で伊調馨に勝利してオリンピックに行くつもりだったが、最終的には栄の指示に従うほかなかった。

初めて六三キロ級にエントリーしたのは二〇一五年のラスベガス世界選手権。相手は全員自分より大きく、しかも情報はまったくなかった。それでも二位となってオリンピック代表の座をつかむと、勢いに乗って本番のリオ・デ・ジャネイロオリンピックでも快進撃を続け、見事に金メダルを獲得した。試合内容は日本選手の中でも最高だった。

試合後の記者会見で、川井は「次の東京オリンピックには本来の五八キロ級に落とす。伊調馨さんに勝って代表となり、金メダルを目指す」と宣言した。「伊調から逃げた」

と思われるのがよほど嫌だったのだろう。

結局、リオ・デ・ジャネイロで日本女子は六階級中、四階級で金メダルを獲得。吉田沙保里も銀メダルを獲得し、日本女子レスリングの強さを改めて世界に示した。

リオ・デ・ジャネイロオリンピックの男子フリースタイル六階級のうち、日本が出場権を獲得したのがたった二階級であったことはすでに触れた。

アジア予選を勝ち抜いて五七キロ級に出場したのは弱冠二十歳の樋口黎。名門霞ヶ浦高校時代にはインターハイを二連覇して日本体育大学にスカウトされた。二〇一五年八月にブラジル・サルバドルで行われた世界ジュニア選手権六〇キロ級では二十一位。二〇一六年六月のポーランド国際では優勝しているが、シニアの世界大会はリオ・デ・ジャネイロオリンピックが初めてだった。

経験の少ない樋口は、しかし緊張の色も見せずに勝ち進んでいく。初戦で当たった二〇一四年の世界王者ヤン・ギョンイル(北朝鮮)を一二―二のテクニカルフォールで一蹴。準決勝でも二〇一三年の世界王者ハッサン・ラヒミ(イラン)を一〇―五で下して決勝進出を決めた。

決勝で対戦したのは二〇一五年の世界王者ウラジーミル・キンチェガシビリ(ジョージア、旧グルジア)。樋口は途中まで三―〇とリードしたものの、同点とされ、ラストポイントを奪われて惜敗した。それでも二十歳六カ月の大学三年生が銀メダルを獲得したのだから立派なものだ。和田貴広強化委員長は「これだけのプレッシャーの中、淡々と練習し、浮き足立つこともなかった。あんな二十歳は見たことがない」と舌を巻いた。

男子レスリングのオリンピックメダリストとしては一九八四年ロサンジェルス大会の赤石光生の十九歳五カ月に続く史上二番目の若さ。グレコローマン五九キロ級の太田忍同様、二十歳を過ぎたばかりの若い世代が台頭してきたことは、日本男子レスリングに明るい希望を抱かせるものだった。

リオ・デ・ジャネイロオリンピック七四キロ級に出場した高谷惣亮（ALSOK）は、日本男子レスリングを長く牽引し、二〇一四年世界選手権（ウズベキスタン・タシュケント）では銀メダルを獲得したフリースタイルのエースだ。〝タックル王子〟の愛称をつけられたイケメンでもある。

京都・網野高校在学中の二〇〇七年全日本選手権七四キロ級で二位となって一躍注目され、拓殖大学時代の二〇一一年全日本選手権で初優勝。以後、全日本を五連覇して、二〇一六年三月のアジア予選は右膝靭帯損傷の大ケガを負いながらも決勝に進み、貴重な出場権を得た。

だが、二十七歳の高谷は本番のリオ・デ・ジャネイロオリンピック三回戦でガリムジャン・ウセルバエフ（カザフスタン）に敗れて七位。初戦で敗退したロンドンオリンピックと同様に、メダルには手が届かなかった。

結局、リオ・デ・ジャネイロオリンピックの日本レスリングは、金メダル四個、銀メダル三個の計七個を獲得。一九六八年メキシコオリンピック(金四個、銀一個)を超えたばかりでなく、メダルの総数では一九六四年東京オリンピック(金五個、銅一個)をも上回ったことになる。

男子フリースタイルとグレコローマンの銀メダルは、いずれも日本体育大学の選手が獲得したもの。一九六八年から二〇〇九年まで四十年以上の長きにわたって日体大レスリング部を指導してきた藤本英男が現場を去ったのち、日体大レスリング部監督となった松本慎吾(二〇〇二年釜山アジア大会グレコローマン八四キロ級優勝、二〇〇四年アテネオリンピック七位)の勝利でもあった。

次は二〇二〇年東京オリンピック。地元開催を勝ちとり、オリンピックからの除外の危機を乗り越えた日本レスリングは、さらなる好成績を目指して再スタートを切った。

だが、そこにはかつてない大きな困難が待ち構えていた――。

リオ・デ・ジャネイロオリンピック終了からまもない十月二十日、女子個人としては史上初となるオリンピック四連覇の偉業を達成した伊調馨に国民栄誉賞が授与された。

レスリング界からは吉田沙保里に続いてふたりめ。国民栄誉賞受賞者をふたりも出した競技など、レスリング以外には存在しない(プロ野球選手、大相撲力士を除く)。吉田沙保里と伊調馨の名前は、日本スポーツ史に永遠に刻まれるだろう。

首相官邸で行われた授賞式に紫色の晴れ着で出席した伊調は、安倍晋三首相から表彰状と盾、記念品の金色の帯を受け取った。

同席したのは日本レスリング協会会長の福田富昭、幼少期の伊調を指導した青森・八戸クラブの沢内和興代表、ＡＬＳＯＫの大橋正教監督、父の春行、兄の寿行、そして姉の千春。意外にも、これまでオリンピックや世界選手権で常に伊調のセコンドについてきた栄和人強化本部長の姿はなかった。

二〇二〇年東京オリンピックに向けた強化は一見、順調に進んでいるように見えた。二〇一七年八月に行われたパリ世界選手権は、男子グレコローマン、女子、男子フリースタイルのすべてで金メダルを獲得した史上初めての大会となったからだ。

グレコローマン五九キロ級で優勝した文田健一郎は日本体育大学三年生。父親の文田敏郎も日体大ＯＢで、一九八二年の全日本選手権ではグレコ四八キロ級二位の実力者だ。韮崎工業高校の監督を長くつとめ、ロンドンオリンピックの金メダリスト米満達弘を育てた名伯楽でもある。幼い頃から父親にグレコローマンの英才教育を受けてきた文田健一郎は全国高校生グレコローマン選手権と国体の両大会で三連覇。フリースタイルでも強く、二〇一三年インターハイの六〇キロ級で優勝している。

日本体大入学後はグレコローマンに専念。リオ・デ・ジャネイロオリンピックから間もない二〇一六年十二月の全日本選手権グレコローマン五九キロ級でリオ五輪銀メダリストの太田忍を破って一躍名を上げた。

二〇一七年五月のアジア選手権(ニューデリー)で優勝、六月の明治杯全日本選抜選手権の決勝でも再び太田忍を破り、八月のパリ世界選手権への切符を手に入れた。勢いに乗った文田は、初めての世界選手権で五試合を勝ち抜き、見事に優勝を飾った。

二十一歳八カ月の世界王者は日本グレコローマン史上最年少。一九八三年キエフ世界選手権での江藤正基以来、三十四年ぶりの快挙だった。

以後、日体大で二年先輩にあたる太田忍との代表争いは熾烈を極めた。

「文田はお父さんから、グレコローマンの醍醐味は反り投げなんだ。お前はグレコローマンで金メダルを獲るんだと言われ続けて育った。外国人にすごく強い。リオ五輪ではスパーリングパートナーに過ぎなかった文田が台頭してきたことで、太田忍は大きな危機感を抱いたんです」(強化副本部長の西口茂樹)

パリ世界選手権における日本女子は、四八キロ級の須崎優衣(JOCエリートアカデミー/安部学院高校)、五五キロ級の奥野春菜(至学館大学)、六〇キロ級の川井梨紗子(ジャパンビバレッジ)、六九キロ級の土性沙羅(東新住建)の四名が優勝。

特に注目すべきは四八キロ級の須崎優衣だろう。まだ十八歳の高校三年生。高校生の世界王者は、二〇〇二年ギリシャ・ハルキダ世界選手権六三キロ級の伊調馨以来の快挙だった。

早稲田大学レスリング部出身の父の影響でレスリングを始めた須崎は、少年少女選手権では三度の優勝、中学一年生で全国中学選手権と全国中学選抜大会を制してJOCエリートアカデミーに入学した。外国人にめっぽう強く、世界カデット選手権では三連覇。二〇一七年はヤリギン国際大会（ロシア）、クリッパン女子国際大会（スウェーデン）、アジア選手権（ニューデリー）と勝ちまくり、初出場となったパリ世界選手権でも金メダルを獲得したのだ。逸材というほかない。

パリ世界選手権では、グレコローマン、女子に続き、フリースタイル五七キロ級の高橋侑希（ALSOK）も優勝を飾っている。

日本の男子フリースタイルが世界選手権で金メダルを獲得したのは、じつに一九八一年の五二キロ級朝倉利夫以来三十六年ぶりのこと。その間、一九八四年ロサンジェルスオリンピックでは五七キロ級の富山英明が、一九八八年ソウルオリンピックでは四八キロ級の小林孝至と五二キロ級の佐藤満が、二〇一二年ロンドンオリンピックでは六六キロ級の米満達弘がそれぞれ金メダルを獲得しているが、毎年行われる世界選手権で優勝した選手はひとりもいなかった。

多くの選手と同様に、高橋侑希もまた少年レスリング出身。小学校五年、六年と連続で少年少女選手権で優勝し、中学では全国中学選手権を連覇。いなべ総合学園高校時代には史上五人目となるインターハイ一年生王者となり、史上三人目となる三連覇も達成した。山梨学院大学に入学すると、なんと一年生で全国大学選手権五五キロ級の覇者となった。初出場した二〇一四年のタシュケント世界選手権では五位に入賞したが、翌二〇一五年のラスベガス世界選手権では九位とリオ・デ・ジャネイロオリンピックの出場枠を獲れず、十二月の全日本選手権でも五位に沈んでオリンピック出場を逃した。

二〇一六年十一月にアゼルバイジャンのバクーで行われたゴールデンGP決勝大会では三位、二〇一七年五月のニューデリーアジア選手権では優勝。八月のパリ世界選手権でも金メダルを獲得した高橋侑希は、日本男子の本命ともいえるフリースタイル軽量級で期待の星となった。

世代交代が進んでいた。

リオ・デ・ジャネイロオリンピックの決勝で敗れてから、吉田沙保里の練習量は明らかに減った。ナショナルチームのコーチも引き受けた。まだ引退を表明することはなかったものの、一線を退いたことは誰の目にも明らかだった。

オリンピック四連覇を果たし、国民栄誉賞まで受賞した伊調馨もまた、現役続行を決めかねているように見えた。二〇一七年九月には約二週間にわたってイラン・テヘランにレスリング指導に出かけている。現役バリバリの選手がすることではない。

「イランから、女子レスリングの指導者を送ってほしいという要請があったから、お前、悪いけど行ってきてくれよって馨に頼んだ。イランは難しいところだけど、馨は快く引き受けてくれましたよ。旅費と滞在費は全部イランの協会が出してくれた。彼女は指導者としても優秀で、アメリカとかカナダとかいろんなところへ指導に行ってもらっています」(福田富昭会長)

そんな最中の二〇一八年三月、日本レスリングに激震が走る。

『週刊文春』が衝撃的な記事を掲載したのだ。

「国民栄誉賞の金メダリストに何が？　伊調馨悲痛告白『東京五輪で5連覇は今のままでは考えられない』恩師栄和人強化本部長からの『陰湿パワハラ』」(二〇一八年三月八日号)

リードは次の通りだ。

《今年1月18日、内閣府に提出された一通の告発状、そこには栄監督の指導を離れてから8年に及ぶ伊調の苦境が綴られていた。練習場への出入りを禁じられ、信頼するコーチは左遷されたという。彼女を直撃すると「今の状況を変えたい」、内閣府の調査も「受ける」と明言した。前人未到の4連覇を成し遂げた金メダリストを苦悩させ、選手生命まで奪いかねない陰湿な〝パワハラ〟。その〝加害者〟は、彼女が高校時代から教えを乞い、6人の金メダリストを育てた名伯楽だった。東京五輪まであと2年。レスリ

ング界に一体何が起きているのか》

告発状を作成したのは弁護士の貞友良典。告発者は元日本体育大学監督の安達巧であり、伊調馨自身は一切関わっていない。練習場所を奪われた伊調馨と、日体大の後輩の田南部力がナショナルチームから排除されたことを気の毒に思った安達が動いたのだ。

告発状の提出先が日本レスリング協会でもスポーツ庁でもなく、内閣府であった理由は、日本レスリング協会が公益財団法人だからだ。

公益財団法人は税制上の優遇措置を受ける代わりに、内閣府公益認定等委員会の監督を受ける。問題が生じれば報告を義務づけられ、最悪の場合は認定が取り消される。

しかし、告発状を受け取った内閣府の動きは鈍かった。貞友良典弁護士によれば、内閣府の担当者は「調査は終わった。レスリング協会のガバナンスに問題はない」と回答したという(内閣府は否定)。

業を煮やした安達巧と貞友良典弁護士は、内閣府に告発状を提出したことを『週刊文春』にリークした。メディアを巻き込むことで、栄和人が伊調馨に行ったパワーハラスメントの全貌を世の人々に知らしめ、世論を動かすことで、内閣府を動かし、レスリング協会を動かそうとしたのである。

〝文春砲〟の異名をとる『週刊文春』の記事は正確かつ詳細であったから大評判を呼んだ。

国民栄誉賞を受賞した偉大なアスリートが、女子レスリングの最高権力者から長年にわたってパワーハラスメントを受けていた。スポーツ界でこれほど大きなスキャンダルはめったにない。

福田富昭会長も、高田裕司専務理事も、そして栄和人強化本部長自身も「パワハラは存在しなかった」と告発状および『週刊文春』の記事内容を全面否定した。

日本レスリング協会も公式に「当協会が伊調選手の練習環境を妨げ、制限した事実はございません。同様に、当協会が田南部力男子フリースタイル日本代表コーチに対し、伊調選手への指導をしないよう不当な圧力をかけた事実はございません。選手、コーチ、他関係者が一丸となって『金メダル』という一つの目標に向かって邁進しなければならないこの時期に客観的事実と異なる報道がなされたことを非常に残念に思います」との声明文を出した。

しかし、新聞記者やテレビの記者たちはまったく納得しなかった。当事者である伊調馨自身が記事内容を認めているのだから当然だろう。さらに『週刊文春』の記事中にある栄和人のコメントは、人々に極めて悪い印象を与えた。

「別に答える必要ないけどね。記事にしてどうなるのかなと思うけど。私が五連覇を阻止しているという（記事の）内容だったら心外ですよ。僕の気持ちも汲んでもらわないと。なんで俺が一選手に悩まされなきゃいけないのか」

レスリング協会関係者がいくら否定しても報道は過熱するばかり。記者会見でレスリング協会のパワハラ問題について質問を受けた菅義偉官房長官(当時)は「必要があれば適切に対応していく必要がある。公益財団法人は、公益の増進のための事業を実施する法人として、適切なガバナンスのもとで事業運営が行われることが必要だ」と語った。

ついに日本レスリング協会は、第三者委員会に事実関係の調査を依頼することを余儀なくされた。

元検事長と元裁判官を含む三人の経験ある弁護士によって構成された第三者委員会は選手および関係者十九名にヒアリングを行い、理事会議事録などを参照した上で調査報告書を作成して四月五日に提出。調査報告書は、四件のパワハラを認定している。

報告書によれば、パワーハラスメントは三つの要素を満たすものであるという。

一、優越的な関係に基づいて(優位性を背景に)行われること。

二、業務の適正な範囲を超えて行われること。

三、身体的若しくは精神的な苦痛を与えること、又は就業環境を害すること。

翌四月六日には、日本レスリング協会で臨時理事会が開かれた。栄和人は欠席したが、混乱の責任をとる形で強化本部長の辞表を提出した。

内閣府公益認定等委員会も遅ればせながらヒアリングを行い、第三者委員会と同様に栄和人が伊調馨に行ったパワーハラスメントを認め、四月二十七日には公益財団法人日本レスリング協会に、再発の防止策や選手の練習環境の整備、苦情処理システムの構築、問題が起こった場合の対処について文書で報告するよう求めた。

日本レスリング協会は五月三十一日付で内閣府公益認定等委員会に報告書を提出、協会のガバナンスに問題があったことを率直に認め、再発防止のための具体策を講じることを約束した。

具体策とは、選手およびコーチ選考の基準を明確化して公平性、公正性を確保すること、指導方法や指導方針について選手とコーチの間でのルールを作成すること、協会外部に窓口を設置した苦情処理システムを構築することなどだ。

報告書には、五月二十日の理事会で栄和人強化本部長には解任処分が相当とされたことと、六月二十三日に開かれる評議委員会で栄の解任処分を諮ることも記された。

六月十四日には栄和人が記者会見を開き、次のように謝罪した。

「第三者委員会および内閣府からご指摘いただいたパワハラ認定を真摯に受け止め、伊調選手、田南部コーチ、レスリング協会関係者、また内閣府をはじめとする関係省庁およびこれまでレスリングを応援してくださった国民の皆様に多大なご迷惑をお掛けしたことを心からおわび申し上げます。本当に申し訳ありませんでした」

三日後、栄和人は至学館大学レスリング部監督を解任された。

さて、栄和人が伊調馨に行ったパワーハラスメントとは、いかなるものだったのだろうか？

伊調馨は女子強化委員長のパワハラに耐えながら、どのように練習を続け、オリンピックや世界選手権に勝ち続けていたのだろうか？

『週刊文春』と調査報告書の双方を参照し、時系列に直せばすべては明らかになる。日本レスリング協会が今後、二度とこのような不祥事を起こさないためにも、ここで書き残しておこう。

二〇〇八年八月の北京オリンピックで、伊調馨(当時二十四歳)は見事に金メダルを獲得。アテネに続き二連覇を飾った。しかし、姉の千春は決勝で敗れ、現役引退を表明した。これまで姉妹同時の金メダル獲得だけを目標にしてきた馨は大きなショックを受け、一時は自らの引退まで考えた。

閉会式からまもない同年十月には、東京で女子世界選手権が行われることが決まっていた。アテネ、北京両オリンピックの金メダルラッシュで女子レスリング人気は大いに高まっていたから、日本テレビが中継を申し入れ、日本レスリング協会は喜んで応じた。地上波テレビで宣伝してもらえるばかりでなく、放映権料一億円が入ってくるのだから当然だろう。

ところが、伊調姉妹は東京世界選手権への出場を辞退した。姉はすでに引退を決めていたし、妹は姉が引退したことの精神的ショックからまだ立ち直れなかったからだ。負傷もあり、体調も悪かった。

福田富昭や栄和人ら協会関係者は懸命に説得した。日本テレビは主役ふたりの欠場を理由に、放映権料を六千万円に減額すると告げたからだ。

だが、伊調姉妹が首を縦に振ることはなかった。

翌二〇〇九年四月、伊調馨は姉の千春とともにカナダ・カルガリーに遠征した。この時、伊調馨はそれまでの勝利至上主義とは異なるレスリングの楽しさを改めて知り、同時に現役続行の意志を固めた。

十二月に帰国すると、伊調馨は愛知県の中京女子大には戻らず、東京に練習拠点を移した。栄和人の指導から離れたということだ。しばらくナショナルトレーニングセンター（NTC）に宿泊させてもらい、陸上自衛隊朝霞駐屯地に何度か出稽古に出かけた。たいした練習はできなかったが、それでも全日本選手権の六三キロ級で優勝した。

翌二〇一〇年二月、伊調馨はNTCで行われた女子合宿に参加した。オリンピックを目指す選手は合宿への参加を義務づけられていたからだ。合宿中、女子強化委員長の栄和人は伊調をコーチ部屋に呼び「よく俺の前でレスリングできるな」と吐き捨てた。

第三者委員会が作成した調査報告書は、次のように書いている。

《栄のこの発言は、それまで高校・大学の七年間にわたって伊調馨を一貫して指導してきた監督という立場にあった者が、その指導を受け、栄をレスリングの師と仰いで尊敬の念を抱いていた選手に対して述べた言葉としては、余りに不用意な発言であり、伊調が名古屋を離れた前後の状況(なお、伊調は、沢内和興及び母と一緒に栄に挨拶するため名古屋に赴いている。)に照らすと、長年にわたって眼を掛けてきた弟子が離れていったことに対する師の逆恨みにも似た狭量な心情の発露としか解されず、およそ敬意や思いやりのかけらもない不適切な発言である。したがって、この発言は、パワーハラスメントであると認める》

伊調馨は東京で小さなアパートを借りたが、相変わらず練習場所に不自由していた。そのことを兄の伊調寿行から聞いた佐藤満(当時男子強化委員長)は、伊調馨を男子合宿に連れてくればいいと言った。救いの手を差し伸べた、ということだ。佐藤満は日体大で栄和人の一学年下。優秀な頭脳を持ち、弁の立つ男子強化委員長と、朴訥で口下手な女子強化委員長の相性はいいとは言えない。

男子合宿に伊調馨がやってくると、フリースタイルのコーチたちは快く練習を見たが、中でも田南部力が熱心に教えた。二〇〇四年アテネオリンピック五五キロ級の銅メダリストである田南部は指導力に定評があり、ＡＬＳＯＫの大橋正教監督は「技術面で良いものを持っている一流のコーチ」と評している。

初めて知る男子レスリングの衝撃を、伊調は次のように語っている。

《北京オリンピックの後、東京でひとり暮らしを始めて、あちこち出稽古に行くようになりましたが、そこで男子の選手やコーチと練習するようになってわかったんです。レスリングの奥深さを。兄や姉と同じことがしたくて、3歳の頃にレスリングを始めて、その延長線で自然に体が動くようになって、それまでずっと感覚だけでやってきました。ところが、まったく異次元のレスリングがあった。そんなことも知らないで、よくオリンピックチャンピオンになれたなと思います。(中略)ひとことで言うと、いまよりずっと『高い技術力』。偶然とか力ずくではなく、理論通りにと言いますか。攻めるにしても、守るにしてもすべてが理にかなっていて、言葉できちんと説明できるレスリングです》(伊調馨、『ナンバーPLUS』二〇一二年九月号のインタビューより)

二〇一〇年五月に行われた理事会の席上、栄和人女子強化委員長は、国際大会に出場する選手の選考について次のように言明した。

「九月に行われるモスクワ世界選手権と十一月に中国・広州で行われるアジア大会には、二〇〇九年十二月に行われた天皇杯全日本選手権と二〇一〇年五月に行われる明治杯全日本選抜選手権の優勝者から選考する。ただし、大会前の強化合宿に参加できない者は派遣しない」

すでに二〇〇九年十二月の天皇杯全日本選手権で優勝していた伊調は、二〇一〇年五月の明治杯全日本選抜選手権でも楽々と優勝。九月に行われたモスクワ世界選手権では一ピリオドも失わない完全優勝を遂げた。田南部力のコーチを得て、伊調のテクニックは飛躍的に進歩していたのだ。

だが、栄強化委員長はモスクワのホテルのロビーに田南部力を呼び、「今後は伊調の指導をするな。伊調が辞めても他の選手が育っているからいい。俺の言うことを聞かなければ男子代表のコーチを外す。これは福田(富昭)会長も高田(裕司)専務理事も承諾済みの話だ」と告げた。

栄和人は、自分の指導から離れたというだけの理由で、伊調馨を引退に追い込もうとしていたのだ。

田南部は栄に反論した。「あんなにレスリングに取り組める選手を外すんですか?　俺は、自分からコーチを辞めるとは言えません」

伊調に手を差し伸べたのは男子強化委員長の佐藤満であり、自分は佐藤満の了承の下で伊調をコーチしている。文句があるなら佐藤満さんに言ってください、ということだ。

十一月に中国・広州で行われるアジア大会に出場するのは、もちろん伊調馨であるはずだった。「天皇杯全日本選手権と明治杯全日本選抜選手権の勝者から選考する」とは栄強化委員長自身の言葉であり、伊調馨は両大会に優勝していたからだ。

ところが、実際に派遣されたのは両大会で決勝にも進めなかった西牧未央(至学館大学)だった。栄の教え子である。アテネ、北京の両オリンピックを連覇し、来たるべきロンドンオリンピックでは他の誰よりも金メダルが期待できる最強レスラーから、アジアの強豪と戦う貴重な強化の機会を奪ったということだ。体調が悪かった西牧は、広州アジア大会で七位に終わった。西牧もまた、栄の被害者であろう。

《上記の成績を見る限り、伊調に替えて西牧をアジア競技大会に出場させるべき事情は見当たらないというほかない。協会は、「今後に向けてチャンスを与えるため」と広報しており、(第三者委員会が行った)ヒアリングにおいても一部の者から若手育成との理由で西牧を選抜したとの説明がなされたが、同大会の他階級の代表は坂本日登美(四八キロ級)、吉田沙保里(五五キロ級)、浜口京子(七二キロ級)で、いずれも伊調より年長者であることから説得的とはいいがたい。しかも、こうした経緯について、協会は伊調に対し十分な説明も行っておらず、伊調においても納得感がない状況にある。(中略)選考過程は不明確であり、「公平性及び公正性」が確保されておらず、しかも、本来選考基準を満たしている者に対する十分な説明を行っていないことに照らすと、かかる選任行為は、むしろ伊調を選考から排斥する行為と解すべきであり、選考から外された伊調に対するパワーハラスメントと認めざるをえない》(『調査報告書』)

二〇一一年三月、高田裕司専務理事はＮＴＣセンター長室に佐藤満、和田貴広、田南部力の三人を呼び出してこう言った。

「伊調のコーチをするな。お前（田南部）が見ていると栄（和人）がみじめだろう。お前は女子のコーチじゃない」

「合宿はともかく、ふだんの練習は関係ないんじゃないですか」と田南部は反論した。

いつのまにか、本人の意思とはまったく別のところで、伊調と田南部は協会上層部に弓を引く反逆児とみなされていた。伊調の苦悩は察するにあまりある。

栄和人が支配する日本女子レスリング界から白眼視されてもなお、伊調馨の強さは圧倒的だった。

二〇一一年九月のイスタンブール世界選手権でも、そして二〇一二年八月のロンドンオリンピックでも優勝。吉田沙保里とともにオリンピック三連覇の偉業を達成した。

男子が金一個、銅二個、女子が金三個を獲得してロンドンオリンピックは大成功に終わった。

しかし、男子レスリングに二十四年ぶりの金メダルをもたらした男子強化委員長の佐藤満はその地位を追われ、高田裕司がグレコ、フリー、女子の三スタイルを統括する強化本部長と男子強化委員長を兼務するようになった。高田裕司は自分に反抗的な田南部力を男子コーチから外そうと試みたが、富山英明（日本レスリング協会常務理事）と土方政和（警視庁レスリングクラブ監督）の反対にあって断念した。

ロンドン後の伊調馨はさらなる現役続行を決意、二〇一六年のリオ・デ・ジャネイロオリンピックを目指すことにした。

しかし、男子強化委員長である高田裕司は男子ナショナルチームコーチの田南部に「男子合宿に伊調がくることは認めない」と通告した。田南部は直属の上司の言葉に従わざるをえなかった。

だが、練習時間以外はフリータイムであり、オリンピックを目指す伊調は、NTCを利用する権利を持つ。田南部は男子の練習が終わったあと、NTCのマットを使い、伊調と一対一で三時間程度の練習を行った。

田南部は警視庁レスリングクラブのコーチだったから、合宿のない時期には伊調を警視庁で練習させようと考え、土方政和監督の許可を得た。

こうして伊調はふだんは警視庁で練習し、男子合宿で田南部がNTCにいる時にはNTCに通うようになった。女子合宿があればもちろん参加した。

二〇一四年一月に日本レスリング協会は理事会を開き、高田裕司に代わって栄和人が三スタイルを統括する強化委員長に就任、翌二〇一五年四月からは強化本部長となった。

伊調馨は二〇一五年九月のブダペスト世界選手権で優勝したが、十一月に母親のトシさんが亡くなったことのショックもあって、二〇一六年一月のヤリギン国際大会（ロシア）の決勝で、モンゴルのプレブドルジに敗れてしまった。

伊調が敗れたのは二〇〇七年五月のアジア選手権(キルギス・ビシュケク)での不戦敗以来。連勝記録は一〇八でストップした。実際に戦って敗れたのは二〇〇三年三月のクリッパン女子国際大会(対戦相手はアメリカのサラ・マクマン)にまで遡る。マットに上がった伊調馨は一八九試合も勝ち続けていた。

伊調は田南部力とふたりで敗因を徹底的に分析して、二〇一六年八月のリオ・デ・ジャネイロオリンピックに臨んだ。

ブラジルに向かう前、伊調は福田富昭会長に、「リオ・デ・ジャネイロオリンピックでは、田南部さんを自分のコーチにつけてください」と頼んだ。

「伊調が僕に頼んできましたよ。私に田南部コーチをつけてくださいって。僕はいいよ、と言った。あなたが勝てるならいいじゃないかって。僕は、彼女がわがままを言っているとは思わなかった。彼女が勝つためには何がベストかを考えたんです。選手団には僕から言いました」(福田富昭)

日本レスリング協会会長である福田富昭は、組織を守らなくてはならない立場にある。だがそれ以上に、日本レスリングはオリンピックで金メダルを獲らなくてはならない。伊調馨が金メダルを獲れるのであれば全面的にサポートするべきだ、というのが福田の考え方だ。

強化本部長の栄和人が面白く思ったはずはないが、絶対権力者である福田に逆らうことなど決してできない。

だが、リオ・デ・ジャネイロオリンピック本番のマットで、伊調のセコンドについたのは、栄和人強化本部長と女子強化委員長である笹山秀雄（自衛隊体育学校）のふたり。田南部がセコンドにつくことは許されなかった。

すでに三十二歳になっていた伊調の体調は悪く、両肩には痛み止めの注射を打っていた。だが、田南部との練習で身につけた技術は嘘をつかなかった。

決勝では試合終了直前にポイントを奪い、逆転勝利をつかんだ伊調は、天井を見上げ、天国の母親に勝利を報告した。

偉大なるオリンピック四連覇は、万全とはほど遠いサポート体制の中で達成されたのである。

十月二十日には伊調馨に国民栄誉賞が贈られたが、首相官邸で行われた授与式に栄和人の姿はなかった。伊調馨が吉田沙保里の記録を上回ったことは、栄にとって喜ばしいことではなかったのだ。

授与式が終わり、記者から「（国民栄誉賞の）受賞を誰に一番伝えたいですか？」と聞かれた伊調馨は、次のように述べている。

「これまで自分を支えてくださった皆さま、私が拠点として練習でお世話になっている警視庁第六機動隊の皆さんに伝えたい」

しかし、警視庁レスリングクラブの監督である土方政和は、伊調馨の言葉を喜ばなかったようだ。翌二〇一七年初頭、土方は伊調馨の所属先であるＡＬＳＯＫの大橋正教監督に電話を入れ、「今後は警視庁に練習に来てもらっては困る」と告げた。

前年九月に男子ナショナルチームのコーチから外れた田南部力は、二〇一七年六月からは警視庁レスリングクラブのコーチからも外された。

伊調馨は、練習場所とコーチの両方を奪われたということだ。

協会上層部の何らかの意思が働いた、と考えるのが自然だろう。

二〇一八年二月に『週刊文春』の取材に応じた伊調馨は、警視庁での練習ができなくなったこと、田南部が警視庁のコーチから外されたことについて、次のように語っている。

「田南部コーチにすごく申し訳なく思います。田南部コーチと自分があまりにも近い状況にいたので、栄さんが気に食わなかったようです。（栄氏と、警視庁の）土方さんとの話で、田南部さんが警視庁のコーチから外されて。ちょっと納得できないですね。（中略）田南部コーチがああいう状況なので、また（誰かに）ご迷惑をかけるんじゃないかと思ってしまいます。それに現役を続けるとなると、栄体制の元でやるしかないので、またいろんなことを我慢しながらやっていくとなると……。朝練とか午後練も練習環境が整わないと、なかなか腹をくくれない部分があります。（中略）自分みたいに至学館じゃないところで練習している選手もたくさんいる。そういう子たちにも自分みたいな思いはさせたくありません。遠征でも至学館の子たちばっかり選ばれるというのが結構あったりするので。そういう体制は変えていきたいですよね。だから(試合で)勝つしかないというか……、栄監督に勝つには」(『週刊文春』二〇一八年三月八日号)

栄和人が伊調馨に行ったパワーハラスメントの多くを認めた『調査報告書』は、次のように結ばれている。

《振り返って本件をみると、いろいろな人が自分の思惑の下に行動し、互いに軋轢を生じさせている。どれ一つをとって見ても、小さい、せせこましいというのが正直な感想である。一人ひとりがレスリング競技の原点に立ち戻り、「敬意と思いやり」の心を取り戻してもらいたい。競技において勝つことが重要であることはいうまでもない。しかし、昨今、余りに勝つことにのみ眼を奪われ、勝つことのその先にあるものが見失われているように思う。

協会がレスリング競技の原点に回帰し、メダルの数によって国民からの賞賛を得るだけでなく、これまで以上に、レスリング競技そのものへの感動と感激を伝えることによって、国民からの信頼を獲ち得ることを切に望む次第である》

日本レスリング界を揺るがせたパワハラ騒動のあと、伊調馨は日体大で田南部力と練習を続け、女子選手たちに指導するようになった。

二〇一八年十月の全日本女子オープンから現役復帰。川井梨紗子との代表争いは熾烈を極めたが、二〇一九年七月六日、世界選手権(カザフスタン)代表をかけたプレーオフで敗れて、伊調馨の東京オリンピックへの道は断たれた。すでに三十五歳になっていた。

二〇二〇年初頭から恐るべきコロナウイルスが世界中に蔓延したことで、二〇二〇年東京オリンピックの開催は一年延期された。

本稿を書いているのは二〇二一年四月半ばだが、聖火リレーがスタートしてもなお、七月二十三日に開会式が行われることを確信することはできない。さらなる延期、あるいは中止を求める人々も多い。

それでも選手たちは、押し寄せる不安の中、地元開催のオリンピックという二度とないチャンスを信じて懸命にトレーニングを続けている。

二〇一八年ブダペスト世界選手権のフリースタイル六五キロ級で優勝した乙黒拓斗(山梨学院大学→自衛隊体育学校)は、グレコローマン六〇キロ級(二〇一八年一月に階級区分が変更された)の文田健一郎と並ぶ金メダルの最有力候補だ。

十九歳十カ月の世界王者誕生は、日本男子レスリング史上最年少記録。高田裕司の二十歳六カ月の記録(一九七四年テヘラン世界選手権)を四十四年ぶりに更新した。

自らの記録を塗り替えられた高田裕司は「乙黒はほかの選手とは次元が違う」と絶賛

している。

「乙黒がいいのは反射神経。スピードは持って生まれたもので、誰にも真似ができない。私はずいぶん長くレスリングを見てきましたが、次元が違う。これまでの日本のレスリングは、タックルで攻めるのが基本。私は相手を崩すことを重視してきた。相手を動かして、崩しておいてからタックルに入る。でも、乙黒の場合は相手を崩すことなく、相手が入ってくる瞬間にカウンターで自分が入る。しかも左右まったく同じことができる。右足を狙ったあと、すぐに左足に切り換えられるんです。心配なのはケガだけですね。練習でも常に一〇〇％の力を出すから、ケガが多い。もうちょっと力を抜いてくれるといいんですけど」

山梨県出身の乙黒は、全国少年少女レスリングで五連覇を達成したのちに、上京してJOCエリートアカデミーに進んだ。二〇一四年には高校一年でインターハイ優勝、翌二〇一五年は世界カデット選手権五四キロ級で優勝した。二〇一六年はJOC杯ジュニア六〇キロ級で大学生相手に勝ち進んで優勝。インターハイでは史上四人目となる三連覇を達成したが、直後に膝の十字靭帯を断裂、地元の山梨学院大学に進学した。

二〇一八年ブダペスト世界選手権を制した若き王者は、翌二〇一九年六月の全日本選抜で樋口黎に敗れたが、七月六日のプレーオフではリベンジした。八月の世界選手権（カザフスタン・ヌルスルタン）ではケガの影響もあって五位に沈んだ。十二月の全日本選手権に優勝して東京オリンピック出場を決めた。

フリースタイルの乙黒拓斗と、太田忍との激闘をついに制してオリンピック代表の座をつかんだグレコローマンの文田健一郎。

日本の男子レスリングがフリーとグレコの両スタイルに世界王者を擁してオリンピックを迎えたのは一九六四年東京オリンピック以来のこと。男子の強化は確実に進んでいるといえるだろう。

一方、パワハラ騒動で大きく揺れた女子は厳しい。偉大なる吉田沙保里も伊調馨もすでにいない。驚くべきことに栄和人は至学館大学監督に返り咲き、事件の余震はなお続いている。金メダル候補は須崎優衣と川井梨紗子のふたりだけだ。私の悲観的な予測が外れ、日本女子レスリングが、二〇二〇年東京オリンピックで再び大活躍することを祈っている。

二〇二〇年四月には、再びレスリング協会に激震が走った。国が三分の二を補助していたコーチへの報酬の一部を協会に寄付させ、海外遠征での会食代などに充てていたことが発覚したのだ。流用を発案したのは高田裕司専務理事であり、二〇一〇年からの三年間で十六人から総額一千四百万円を協会に寄付させていた。

責任を問われた高田裕司は副会長と専務理事の役職を解かれ、理事に降格する処分が下されたが、他競技から「レスリングは甘すぎる」という批判の声があることは事実だ。

限られた予算の中で、知恵を絞り、人並み外れた努力で懸命に選手を強化して、常に日本スポーツ界の先頭を走ってきた日本レスリング協会に、近年になって不祥事が続いていることは、歴史を見てきた者として悲しい。

「東京オリンピックが終わるまでは」と無理に無理を重ねてきた福田富昭会長体制の限界は、もはや誰の目にも明らかになっている。

ＩＯＣ理事会でレスリングがオリンピックの中核競技から除外されたことがきっかけとなってＦＩＬＡが大きな機構改革を成し遂げ、ＵＷＷと名称変更までしたことはすでに触れた。

ＪＷＦ日本レスリング協会も、パワーハラスメント事件と公金の不正流用事件を機に人事を一新し、ＵＷＷのように大きな改革に取り組まなくてはならないだろう。国民栄誉賞受賞者をふたりも生みだした偉大なる日本レスリングは、もはやかつてのようなマイナー競技ではないからだ。

日本レスリングの物語の新たなる一章が、希望に満ちたものになることを願っている。

参考文献

日本のレスリングについて知りたいのならば、何よりもまず、東京・永田町の国立国会図書館に行き、新館四階の新聞資料室で「八田一朗コレクション」を閲覧することを勧める。九十九冊に及ぶスクラップブックを繰り返し読めば、戦前の草創期から一九七〇年代までの日本レスリングの歴史の概略を理解できるだろう(現在はマイクロフィルム化されている)。

代々木の岸記念体育館(現在はJapan Sport Olympic Square)内にある日本レスリング協会には、ほぼすべての協会広報誌が保管されている。長く編集長をつとめた宮澤正幸(元・日刊スポーツ記者)は、限られた時間と予算の中で優れた編集を行い、レスリングの歴史に関する記事もしばしば連載している。一九八一年に連載された「格闘技の王者――レスリング」(S・プレオブラジェンスキー)はその代表的なものだ。

現在はインターネット上に「日本レスリング協会公式サイト(http://www.japan-wrestling.jp)」が存在する。オリンピック、世界選手権、日本選手権等、レスリングの公式記録をまとめ上げたのは樋口郁夫編集長(元・共同通信記者)だが、記録ばかりでなくニュース性も充分で、美しい写真と実用的なウェブデザインも素晴らしい。ロンドンオリンピック後の二〇一二年九月には『財団法人日本レスリング協会80年史』が発行された。研究者は必携だろう。

八田コレクション、広報誌、公式サイトという三種の神器以外にも、興味深い資料はいくつかある。

八田一朗には何冊かの著作があるが、まず読むべきは『レスリング』(旺文社、一九五三年)と『わが道を行く』(ベースボール・マガジン社、一九六四年)だろう。波瀾万丈の生涯を手っ取り早く概観するためには、産経新聞の連載をまとめた『凜として――日本人の生き方』(扶桑社、二〇〇五年)が手頃だ。ただし、八田は十二人の登場人物のひとりに過ぎない。

日本レスリング協会副会長(現・最高顧問)のウェブサイト「今泉雄策の考えるレスリング(http://yusaku.jp)」は、トップレベルのレスラーにしてレスリング史にも詳しい氏の面目躍如たるものがあり、一読に値する。

『レスリング』(講談社スポーツシリーズ、一九七八年)の著者は笹原正三としてクレジットされているが、実際には宮澤正幸が執筆したものだ。やや古いが、レスリングの歴史、ルール、トレーニング、栄養、技の紹介がコンパクトにまとまっていて貴重だ。

モダンなテクニックに関心がある人ならば、『レスリング入門』(佐藤満著、ベースボール・マガジン社、二〇〇六年)がいいだろう。編集に細やかな配慮があり、写真もデザインも美しい。技のモデルもフリースタイルが佐藤満と和田貴広と田南部力、グレコローマンが嘉戸洋と豪華だ。

最後に、本書を書くにあたって大いに参考にさせていただいた書籍を一部挙げさせていただく。

『日本アマチュアレスリング協会五十年史』、『早稲田大学レスリング部七十年史』、『明治大学レスリング部七十年史』、『慶應義塾大学體育會レスリング部五十年史』、『鳳の詩・専修大学レスリング部五十年史』、『拓殖大学麗沢会レスリング部五十年史』、『タックルが歴史を刻む　日本体育大学レスリング部五十年誌』、『五十周年記念誌　全国高等学校体育連盟レスリング専門部』、今泉朝雄『日本少年レスリングの歴史と未来』(全国少年レスリング連盟)、布施鋼治『吉田沙保里119連勝の方程式』(新潮社)、杉山三郎『女子レスリング』(中教出版)、栄和人『中京女子大学女子レスリング王国その強さの秘密』(ベースボール・マガジン社)、福田富昭『勝利はいつも美しい』(情報センター出版局)、富山英明『夢を喰う』(郁朋社)、日本アマチュア・レスリング協会編『レスリング世紀の闘い』(双葉書房)

あとがき

二〇〇〇年夏、私はちびっこレスリングを初めて見た。

プロレスラーのケンドー・カシンこと石澤常光が、総合格闘技のＰＲＩＤＥに挑戦することが決まり、「スポーツ・グラフィック・ナンバー」のデスクだった私は、早稲田大学レスリング部で石澤の師匠格にあたる太田章氏にインタビューをお願いした。指定のインタビュー場所は、全国少年少女レスリング選手権大会が行われる駒沢体育館。ライターの須山浩継氏と一緒に聞いた太田氏の話は大変興味深かったが、さらに心に深く刻みつけられたのは、子供たちの戦う姿だった。

就学前の幼児が男女の区別なくたったひとりでマットに上がり、目の前の敵を全力で倒そうとする。勝てば飛び上がって喜び、負ければ父母の胸でワンワンと泣く。

私は衝撃を受けた。これほど子供の教育にいいものは他にない。私は早速近所のレスリングクラブを探し、四歳の息子を通わせた。コーチをしていただいたのは、武蔵野ちびっこレスリングクラブの吉野壽郎先生。吉野先生の師匠は木口宣昭氏であり、木口道場にも何度かお邪魔した。

初めての試合の対戦相手は、山本美憂さんのご子息アーセンくん。わずか数秒でフォールされた。

試合にはなかなか勝てなかったものの、それでも息子は小学校五年生までレスリングを続けた。市のわんぱく相撲大会で自分より遥かに大きな相手をタックルで倒し、浅草寺で行われた本大会に進んだことは、小柄な息子にとって生涯の自信となったはずだ。

私は文藝春秋を退社してライターになり、『1976年のアントニオ猪木』という本を書いた。猪木とモハメッド・アリの試合は、ニューヨークの「ベニハナ」で食事をしていた八田一朗が偶然アリと会い、「俺と戦う日本人ファイターはいないか?」と尋ねられたことがきっかけとなっている。

すでにレスリングの一端に触れていた私が、八田一朗という人物と日本レスリングの歴史に強い興味と関心を抱くようになったのは、自然の成り行きだったろう。

取材に応じていただいたのは以下の方々である(敬称略、順不同)。心より御礼を申し上げる。

村田恒太郎、米盛勝義、伴茂雄、永里高平、白石剛達、押立吉男、霜鳥武雄、富永利三郎、田口美智留、宮澤正幸、保岡陸朗、笹原正三、倉石昇、鳥倉鶴久、松原正之、市口政光、八田正朗、福田富昭、今泉雄策、渡辺長武、小幡洋次郎、八田忠朗、吉田義勝、滝山將剛、金子正明、宗村宗二、藤本英男、松浪健四郎、沢内和興、下田正二郎、大島大和、根岸英次、木口宣昭、本多賀文、菅芳松、平山紘一郎、高田裕司、朝倉利夫、江藤正基、富山英明、太田章、宮原厚次、木名瀬重夫、馳浩、佐藤満、西口茂樹、久木留毅、和田貴広、太田拓弥、松永共広、吉村祥子、今泉朝雄、関誠、樋口郁夫、山名真一郎、横森綾、布施鋼治、Kemalettin Dogrutekin、Kaneo Sugiura、Jean Marc Cardey、Daniel Emelin、Michel Brousse。

数年に及ぶ取材に常に大きな協力をいただいた日本レスリング協会事務局の方々、雑誌連載時の担当者である宮地克二氏、本書の担当者である田中朋子氏、そして本書刊行のためにご尽力いただいた岡崎満義氏(初代「ナンバー」編集長)にも大変お世話になった。

最後に両親と家族、そして師・橋本治に感謝したい。

二〇一二年四月十九日　吉祥寺の自宅にて

柳澤　健

岩波現代文庫版のためのあとがき

単行本『日本レスリングの物語』が刊行されたのは二〇一二年五月。ロンドンオリンピックの少し前だから、すでに九年の歳月が流れている。

ノンフィクションライターは取材がなければ一行も書けない。本書成立のためには多くの人たちの協力が必要だった。インタビューをお願いしたばかりでなく、資料提供でもお世話になった。古い時代のレスリングの資料は乏しかったから、取材では毎回のようにスクラップブックやアルバムをお借りして、片っ端からフィルムカメラと三脚を駆使して自分で複写した。図々しくも食事をご馳走になったこともあった。

本書の「あとがき」には、取材にご協力いただいた方々のお名前を掲げさせていただいたが、この九年間に何人もの方々が逝去された。私が知るだけでも村田恒太郎、永里高平、白石剛達、押立吉男、田口美智留の各氏。ほかにもきっといらっしゃるはずだろう。有為転変は世の習いとはいえ、取材の時の皆さんの笑顔を思い出すと、胸のつぶれる思いがする。本当にありがとうございました。心からご冥福をお祈りします。

ロンドンオリンピック以後、レスリングには国内外でいろいろなことが起こった。多くは「良くないこと」であるように見えたが、あとから振り返れば、必要な変化だったと思える日がくるかもしれない。そうであってほしい。

東京オリンピックの開会式は七月二十三日金曜日。閉会式は八月八日と発表されているが、五月に入って、中止もしくは延期を求める声は一段と大きくなっている。

そんな中、カザフスタンで行われたアジア最終予選で優勝し、三大会連続で出場資格を得た高谷惣亮選手(本書単行本のカバーモデルになってくれた。ちなみに文庫カバーのモデルは乙黒拓斗選手)は次のようなコメントを残した。

「国民の理解を得られない中での舞台になると思いますが、その中でもアスリートたちはアスリートたちの信念を持って戦っていると思う。最終的にどうなるかわからないですが、そこで金メダルを獲るために切磋琢磨しているので、みんなに祝福されるような選手、また大会になってほしいと思ってます」

高谷惣亮選手ほか、日本レスリングチームの東京オリンピックでの活躍を切に願っている。

二〇二一年五月十八日　父の九十四歳の誕生日に

柳澤健

解説　オリンピックと格闘技噺(ばなし)

夢枕　獏

(一)

本書を読むのは二度目となる。

一度目は旧版が発売された二〇一二年、二度目は、去年のことである。これは、本書が文庫化されるにあたって、その解説を頼まれたからである。

読んだ当時も感じたことだが、それをあらためて言葉にしておけば、まず第一に言えるのは、これはたいへんな作業の末にできあがった作品であるということだ。

ぼくはノンフィクションの作家ではなく、フィクションどまん中の作家だが、多少は調べものをしたり、取材をしたりもする。しかし、ぼくの仕事というのは、あくまでフィクション、物語の創作であり、簡単に言ってしまえばいかに上手に嘘をつくか、というのがキモになるのだが、ノンフィクションの場合はそうはいかない。基本的に嘘をつくわけにはいかないのだ。

おそらく、調べれば調べるほど、取材すればするほど、様々な事実や、意見、関係者の記憶違いや、考え方の違いなどが次々に出てきて、そういうものだらけとなり、この事象の洪水に呑み込まれて、ぼくなどはもう身動きができなくなってしまうであろう。取材した相手はもちろん(本書が書かれた当時は)存命中であり、当然そこには然るべき配慮も必要であろう。しかし、全ての人に気をつかっていたら、ノンフィクションは書けない。

では、どうするか。

書き手は、自分の意見や気配を文章から忍者の如くに消して、見た目は淡々と事実や人の語ったことを冷静に記してゆくしかない。

ぼくなどがこういう仕事をしたら、耐えきれず、八田一朗を主人公とした小説のごときものになって、どこかで力の限りに筆をかっとばして、盛りあげに盛りあげてしまうであろう。そうなったら、もはやノンフィクションではない。

このたいへんな作業に耐えぬいて、本書を書きあげた柳澤健に、まず、敬意を込めて拍手をおくりたい。

本書は、日本レスリングの優れた通史とでも呼べるものになっていて、日本レスリング誕生の背景に、柔道があったということまではっきり記されている。

日本のレスラーは、みんな最初は柔道家であった。

しかし、当初、これには大きくふたつの流れがあって、ひとつは日本に在住した日本人レスラーたち(本書に描かれるレスラーたち)の流れであり、もうひとつは、明治の頃、コンデ・コマこと柔道家の前田光世などのように、海外へ出てレスラーと闘った者たちの流れだ。本書冒頭にも出てくる庄司彦雄もそういった柔道家のひとりであり、彼などは、結局、本もののレスラー、つまりプロレスラーになってしまった。そういった人間の中には、太田節三という柔道家もいて、彼は、資産家の未亡人と結婚して、一九二六年当時の金で六億七千万ドルもの資産を手にしたと言われている。もっとも、これは、裁判などを起こされて、全額、彼が自由にできたわけではない。柔道以外では、もと力士のソラキチ・マツダというレスラーもいたのだが、ここはそこまで書く場所ではない。

本書を読んでわかるのは、日本のレスリングを作ったのは、もと柔道家の八田一朗であるということだ(なんと八田一朗は日本のプロレスにも大きな影響を与えているのだ)。そして、オリンピックというものがあったからこそ、レスリングという競技が日本に普及したということだ。もしも、オリンピックというものがなかったら、今日の日本レスリングは今のようなかたちでは存在しなかったであろう。

その理由をここで書いてしまっては、ただ本書の内容をなぞるだけとなり、かと言って、お読みいただければわかるが、本書は解説のむずかしい本であり、しかも、なまじな解説などが入ると、おもしろさが半減してしまうおそれがある。

そこで、ここから先は、本書を読み終えた方のための、お茶の一服、あるいは付録としてお楽しみいただけるような話題を書かせていただくこととしたい。
内容は、オリンピックと格闘技である。

(一)

古代オリンピックは、紀元前七七六年にギリシアで始まったとされている。ホメロスが『イリアス』や『オデュッセイア』を書いたのが、前七五〇年頃だから、最初のオリンピックが開催された時、彼はすでにこの世に誕生していたことであろう。日本はまだ縄文時代である。

そもそものことで言えば、オリンピック競技のほとんどは、槍を投げることも、速く走ることも、レスリングもボクシングも、戦争のための術、技であった。これは、書いておいていい。

ただ、古代の彼らがすばらしかったのは、このオリンピック開催中は、基本的に戦争は中断したということである。つまり、オリンピックに出場する選手とその関係者は、戦争中である敵国の土地を、開催地へ向かうため、自由に、安全に通過することができたのである。

戦争にほぼ直結する競技と言えば、まず、レスリングとボクシングである。

本書に関連したことで言えば、レスリングだが、これが競技としてオリンピックに登場するのは、第三十三回大会(前六四八年)からである。ボクシングは、それより二十年早い第二十三回大会(前六六八年)からだ。

このレスリングに強かった有名人と言えば、プラトンがいるが、残念ながらプラトンは、オリンピックで優勝したことがない。

このレスリング、ルールは今より苛烈であった。何しろ試合時間は無制限、相手選手の指を折ってもよかったのである。プラトン、オリンピアでの優勝経験こそないもののイストミア祭では、レスリングで二度優勝しているらしい。プラトンも、相手選手の指を折ったりしていたのであろうか。この指折りだが、ちゃんと技の名があって、「アクロケイリスモス」と呼ばれている。

さて、古代オリンピックには、ボクシングとレスリングの他に、パンクラチオンと呼ばれるもうひとつの格闘競技があった。

今日呼ばれるところのＭＭＡ(ミックスドマーシャルアーツ)のことであり、これがブラジルで始まった当初はヴァーリトゥードなどと呼ばれていた。なんでもありの総合格闘技である。

パンクラチオン、ルールは、殴ってもいいし、指を折ってもいい。禁止事項は、眼をえぐることと、噛みつくことだけだ。

ブラジルで始まったヴァーリトゥードのルールも、最初は、噛みつくこと、眼をえぐることだけが禁止されていて、古代オリンピックのパンクラチオンと同じルールだったのである。しかも、このヴァーリトゥード、その祖は、日本人の柔道家、前田光世である。

他流試合をして世界中を回っていた前田光世が、ブラジルで柔道を教え、それがグレイシー柔術となり、ヴァーリトゥードが生まれたのである。

プラトンは、このパンクラチオンについて、

「不完全なボクシングと不完全なレスリングとが合体した競技である」

との言葉を残している。

なにしろ、人体——男子の最大の急所である睾丸を握りつぶしてもいいし、蹴りつぶしてもいいというルールであったから、かなり陰惨なシーンもあったことであろう。睾丸と言えば、そもそも内臓である。臓器である。それが、たまたま人体の中心からぶら下がって外に出ているだけだ。これをつぶされたら痛いに決まっているのである。

これほどびっくりな競技であったパンクラチオンだが、ある国では、ルールがもっと過酷であったという。

禁止事項がひとつしかなかった。

それは「眼をえぐってはいけない」というもので、つまり、嚙みついてもよかったのである。

その国というのは、あの有名なスパルタである。スパルタ教育などという言葉が、マスコミでよく言われていた時代があったが、それもうなずける話である。

スパルタのある選手、オリンピックのパンクラチオンの試合で相手選手に嚙みついてしまった。

当然、相手選手は怒って、

「なんでおまえは女のように嚙みつくのだ」

と、抗議した。

すると、スパルタの選手、

「違うぞ。おれは女のように嚙みついたのではない。ライオンのように嚙みついたのだ」

そう答えたというのである。

ああ、これは『バキ』のジャック・ハンマーみたいだな。

こんなエピソードが残っているくらい、スパルタは凄かったのである。

そして、驚くなかれ、古代オリンピック千年以上の歴史の中で、同じ大会で、ひとりの選手が、ボクシング、レスリング、パンクラチオンの、三つの競技に出場して、そのどれもに優勝してしまったというのである。

選手の名前もわかっている。クレイトマコスという漢だ。

このエピソードを知った時には、中国拳法の選手や、日本からは野見宿禰(のみのすくね)が出場した、古代オリンピックの物語を小説に書いてみたいと強く強く思ったりしたものである。

野見宿禰が、シルクロードを渡ってギリシアまでゆき、このクレイトマコスと闘う話を書きたくなってしまったのである。

書こう書こうと思いながら、もう、二十五年あまり、ぼくはもう七〇歳になってしまった。

『餓狼伝』が完結したら、『東天の獅子』の前にぜひこの話を、と思っているのだが——おっと、ここはぼくのことを書く場所ではなかった。書くのは古代オリンピックの格闘技噺であった。

このパンクラチオン、優勝はしたものの、その勝ち名のりを受けながら、怪我のため死んでしまったという、アリキオンという名の選手もいたというから、どれほど過酷な競技であったことか。

そんなわけで、総合格闘技ＭＭＡもだいぶ成熟してきたと思うので、そろそろ現代的ルールでオリンピック競技にしてもいいのではないかと思っているのだが、どうだろう。

裸体なら、ＵＦＣを中心とするＭＭＡ、着衣(ジャケット)を着てということなら、日本の空道(くうどう)などがぼくのおすすめなのだが、いかがなものであろうかというところで、この稿を閉じたい。

（作家）

本書は『日本レスリングの物語』(岩波書店、二〇一二年五月刊行)に書き下ろしの終章と「岩波現代文庫版のためのあとがき」「解説」を増補したものである。なお文庫化にあたり掲載図版の絞り込みを行った。

増補版 日本レスリングの物語

2021年7月15日　第1刷発行

著　者　柳澤 健（やなぎさわ たけし）

発行者　坂本政謙

発行所　株式会社 岩波書店
〒101-8002 東京都千代田区一ツ橋 2-5-5
案内 03-5210-4000　営業部 03-5210-4111
https://www.iwanami.co.jp/

印刷・精興社　製本・中永製本

ISBN 978-4-00-603326-2　Printed in Japan

岩波現代文庫創刊二〇年に際して

二一世紀が始まってからすでに二〇年が経とうとしています。この間のグローバル化の急激な進行は世界のあり方を大きく変えました。世界規模で経済や情報の結びつきが強まるとともに、国境を越えた人の移動は日常の光景となり、今やどこに住んでいても、私たちの暮らしは世界中の様々な出来事と無関係ではいられません。しかし、グローバル化の中で否応なくもたらされる「他者」との出会いや交流は、新たな文化や価値観だけではなく、摩擦や衝突、そしてしばしば憎悪までをも生み出しています。グローバル化にともなう副作用は、その恩恵を遥かにこえていると言わざるを得ません。

今私たちに求められているのは、国内、国外にかかわらず、異なる歴史や経験、文化を持つ「他者」と向き合い、よりよい関係を結び直してゆくための想像力、構想力ではないでしょうか。

新世紀の到来を目前にした二〇〇〇年一月に創刊された岩波現代文庫は、この二〇年を通して、哲学や歴史、経済、自然科学から、小説やエッセイ、ルポルタージュにいたるまで幅広いジャンルの書目を刊行してきました。一〇〇〇点を超える書目には、人類が直面してきた様々な課題と、試行錯誤の営みが刻まれています。読書を通した過去の「他者」との出会いから得られる知識や経験は、私たちがよりよい社会を作り上げてゆくために大きな示唆を与えてくれるはずです。

一冊の本が世界を変える大きな力を持つことを信じ、岩波現代文庫はこれからもさらなるラインナップの充実をめざしてゆきます。

（二〇二〇年一月）